C⁺⁺ 객체지향 프로그래밍

김인국·이계성 共著

 21세기사

Preface

이 책은 객체지향 언어의 기본이 되는 C++ 프로그래밍 언어를 이용하여 대학의 공학 전공과정 전반에 걸쳐있는 문제들을 객체지향적으로 해결하는 방법을 소개하고 있다. C++는 객체지향 프로그래밍을 위해 C를 확장한 언어이다. C는 다른 언어들에 비해 속도가 빠르고 이식성이 뛰어나서 시스템 및 응용 소프트웨어를 개발하는데 널리 사용되어 왔다. 그러나 하드웨어의 발전에 따라 소프트웨어도 그 규모가 확장되어 왔고, 거대해진 소프트웨어를 기존의 접근 방법으로 설계, 유지 및 보수한다는 것은 불가능에 가까운 일이 되고 말았다. 이에 1970년대 후반에 미국 벨연구소의 비얀 스트라우스트럽은 당시 유행하고 있던 객체지향 개념을 C에 도입하여 'C with classes'를 개발하였는데, 이를 C++ 프로그래밍 언어라 부르게 되었다.

이 책은 우리나라 대학의 공학 전 분야에 걸쳐 프로그래밍에 대한 산업체의 요구가 보편적이며, 이에 대응하는 교육과정이 필요하다는 인식하에 집필되었다. 또한 이 책은 프로그래밍의 기초가 되는 논리적 사고의 향상이 필요하고 다양한 방법을 통한 문제 해결 능력의 제고가 필요하다는 인식하에 집필되었다. 따라서 이 책을 충실히 학습한다면 컴퓨터를 이용한 문제 해결 능력과 공학적 프로그래밍 기술을 습득할 수 있을 것이고, 컴퓨터 세대의 학생들이 해당 전공에서 요구되는 컴퓨터 활용 기술을 확보할 수 있게 도와줄 것이다.

이 책은 모두 16개의 장으로 구성되어 있으며 객체지향 프로그래밍의 개요부터, Visual Studio 2008 활용법, 클래스와 객체, 상속과 다형성, 프로그램 디버깅, 연산자 오버로딩, 복사 생성자, 템플릿 등 객체지향 프로그래밍의 제반 내용을 밀도 있게 다루고 있다. 이 책은 학습자가 기본적인 C 프로그램 작성 능력을 가지고 있다고 가정하고 있다. 만일 여러분이 C 프로그램을 작성할 수 없다면 이 책을 학습하기 전에 C 언어를 공부해야 할 것이다.

끝으로 이 책이 C++ 언어에 관심이 있는 학생들이나 실무자들에게 큰 도움이 되기를 바라며, 이 책을 집필하는데 많은 도움을 준 관계자 여러분께 감사드린다.

저자 대표 김인국

Contents

CHAPTER 1

객체지향
프로그래밍 개요

1.1 객체지향 개념

언어(言語. language)는 의사소통의 도구를 일컫는 말이다. 사람들 간의 의사소통 도구로 사용되는 언어는 자연 언어(natural language)라 부르며 우리말, 영어, 중국어, 일본어 등이 이에 속한다. 이에 비해 프로그래밍 언어(programming language)는 사람과 컴퓨터 간의 의사소통 도구로 사용되는 언어이다. 사람은 프로그래밍 언어를 이용하여 컴퓨터가 풀어야 할 문제를 기술하는데 이와 같이 기술된 문제 풀이 절차를 프로그램(program)이라 부른다.

이 세상에 무수히 많은 자연 언어가 존재하듯이 프로그래밍 언어도 많은 종류가 존재하고 있는데 C++의 모체가 되는 C 언어(앞으로는 그냥 C라고 부르기로 하자)는 프로그래밍 언어들 중에서 가장 많이 사용되고 있는 것 중의 하나이다. C는 1970년경 미국 벨연구소의 컴퓨터과학자들인 브라이언 커니건(Brian Kernighan)과 데니스 리치(Dennis Ritchie)에 의해 만들어진 프로그래밍 언어로서 그들이 속한 그룹에서 아울러 만들어진 바 있는 유닉스(Unix) 운영체제와 더불어 그 사용이 급속히 확산되기 시작하여 오늘날에는 가장 널리 사용되는 프로그래밍 언어가 되었다. 1970년대 후반 미국 벨연구소의 비얀 스트라우스트럽(Bjarne Stroustrup)은 당시 유행하고 있던 객체지향 개념을 C에 도입하여 'C with classes'를 개발하였는데, 이를 C++라 부르게 되었다.

객체지향 프로그래밍에서는 객체가 기본이 되어 이들 간의 관계로 프로그램이 구성되게 되는데 객체, 객체지향 프로그래밍, 그리고 객체지향 언어의 정의는 각각 다음과 같다.

• 객체(object)는 연산을 수행하고 지역적인 상태를 갖는 개체(entity)이다. 따라서 객체는 데이터와 프로시저(procedure)의 결합으로 볼 수 있다.

• 객체지향 프로그래밍(object-oriented programming)은 다음의 각각을 구현하는 방법이다.
  ① 객체는 기본적인 구성 요소이다.
  ② 각 객체는 어떤 클래스(class)의 인스턴스(instance)이다.
  ③ 클래스들은 상속성 관계에 의해 서로 연관되어 있다.

• 언어는 다음의 조건들을 만족할 때 객체지향 언어라 부른다.
  ① 언어가 객체를 지원한다.

② 언어에서 객체는 클래스에 속한다.

③ 언어가 상속성을 지원한다.

1.2 객체지향 언어

객체지향 언어는 고급 프로그래밍 언어의 범주에 속하며, 고급 프로그래밍 언어는 다음 과 같은 세대를 거쳐 발전해 왔다.

① 1세대 언어 : 1세대 언어의 예는 FORTRAN이다. 이 언어의 특징은 수식을 계산하는 능력으로 주로 과학 기술 계산용으로 사용되었다.

② 2세대 언어 : 대표적인 2세대 언어로는 Pascal과 C가 있다. 이러한 언어들은 알고리즘 을 효율적으로 기술하는 것을 주안점으로 하였다.

③ 3세대 언어 : 3세대 언어의 예로는 Modula와 Ada가 있다. 이 언어들은 추상 데이터 타입(abstract data type)의 개념을 도입하였다.

④ 4세대 언어 : 4세대 언어는 객체 지향 언어로서 예로는 Smalltalk와 C++가 있다. 이 언 어들은 상속성을 이용하여 추상 데이터 타입간의 관계를 표현하는 것을 강조한다.

C++는 C에 객체지향(object-oriented) 개념을 도입하여 확장한 프로그래밍 언어로서 객 체지향 프로그래밍 언어라 부른다. 이에 비해 기존의 C는 절차지향(procedure-oriented) 프로그래밍 언어라 부른다. 절차지향 프로그래밍 언어로 기술된 프로그램의 기본 구성 요소는 함수(function) 또는 프로시저(procedure)이다. 프로그램이 하는 일은 그 안에서 기술되어 있는 함수나 프로시저들 간의 관계로 설명된다.

객체지향 프로그래밍 언어로 기술된 프로그램의 기본 구성 요소는 객체(object)이다. 객 체는 다시 데이터와 함수들로 구성되는데 이와 같은 환경에서 프로그램이 하는 일은 그 안에서 기술되어 있는 객체들 간의 관계로 설명된다.

C++를 비롯한 객체지향 언어들은 모두 캡슐화(encapsulation), 다형성(polymorphism), 그리고 상속성(inheritance)의 세 가지 특징을 공통으로 가지고 있으며 이들에 대한 설명

은 다음과 같다.

(1) 캡슐화

캡슐화는 데이터와 그것을 다루는 코드를 연관시키는 구조를 말한다. 이렇게 연관된 데이터와 코드를 객체라 부른다. 바꾸어 말하면 객체는 캡슐화를 지원하는 도구라고 할 수 있다.

객체 안에 있는 데이터와 코드는 공개(public)될 수도 있고 비공개(private)될 수도 있다. 비공개된 데이터와 코드는 해당 객체 안에서만 액세스가 가능하다. 즉 비공개된 데이터와 코드는 해당 객체 외부에서는 접근이 불가능하다는 것을 의미한다. 공개된 데이터와 코드는 해당 객체의 외부에서 액세스가 가능하다. 일반적으로, 객체의 공개 부분은 객체의 비공개 부분과 외부와의 인터페이스 역할을 수행한다.

객체는 일종의 사용자가 정의한 추상 데이터 타입의 변수이다. 새로운 객체가 만들어졌다는 것은 새로운 추상 데이터 타입이 하나 만들어졌다는 것과 같다.

(2) 다형성

다형성은 다양한 형태라는 의미를 갖는데, 하나의 이름을 연관된 두 가지 이상의 용도로 사용할 수 있게 하는 성질이다. 객체지향 프로그래밍에서 다형성은 하나의 이름으로 여러 동작들을 지정할 수 있게 해준다. 여러 동작 중에서 특정 동작을 선택하는 것은 주어진 데이터 타입에 의해서 결정된다.

C는 다형성을 제공하지 않는데, 따라서 어떤 수의 절대값을 구하기 위해서는 그 수의 데이터 타입에 따라 abs( ), labs( ), 또는 fabs( ) 함수 중의 하나를 선택하여 계산한다. 그러나 다형성을 제공하는 C++에서는 abs( ) 라는 함수를 호출하기만 하면 된다. 함수를 호출할 때 사용되는 데이터 타입이 어떤 함수가 실제로 사용될 것인지를 결정한다.

보다 일반적인 다형성의 개념은 "하나의 인터페이스에 여러 방법들"로 설명할 수 있다. 이 말은 서로 다른 여러 동작들을 하나의 인터페이스로 설계하는 것이 가능하다는 의미이다. 특정 동작을 선택하는 것은 데이터 타입에 따라 결정된다. 이것은 비슷한 종류의 동작들을 같은 인터페이스로 설계함으로써 복잡성을 줄여주는 이점을 갖는다.

(3) 상속성

상속성은 하나의 객체가 다른 객체의 특성을 이어 받을 수 있게 해 주는 것이다. 하나의 객체는 다른 객체로부터 일반적인 성질들을 상속받고, 이에 자신에게 필요한 특징들을 추가할 수 있다. 상속성은 객체들 사이에 계층적인 클래스(hierarchical classification)의 개념을 지원한다. 상속을 활용하여 코드를 재사용할 수 있어 프로그램을 단순화 시킬 수 있다. 또한 개념의 상세성 수준에 따라 프로그램을 작성할 수 있는 유연성을 제공한다.

1.3 C++ 프로그램 구조

C에서와 마찬가지로 하나의 C++ 프로그램은 여러 개의 파일로 구성된다. 이 파일들은 두 가지 종류로 나누어 볼 수 있는데, 그들은 헤더 파일과 소스 파일이다. 헤더 파일은 .h 확장자를 가지며 여러 형태의 선언들을 포함하고 있다. 헤더 파일 중에 어떤 것은 시스템이 정의한 것이고 또 다른 것은 사용자가 정의한 것이다. 소스 파일은 C++ 소스 코드를 저장하는데 소스 파일 이름에 사용되는 확장자는 컴파일러에 따라 달라진다. 우리는 소스 파일을 위한 확장자로 '.cpp'를 사용하기로 한다. 헤더 파일은 #include 지시어를 이용하여 소스 파일에 포함된다.

C++ 프로그램이 실행되기 전에, 프로그램에 포함된 소스 파일들은 개별적으로 컴파일되고, 링크된 후, 로드되어야 한다. 통상적인 C++ 프로그램은 여러 소스 파일과 헤더 파일들로 구성되기 때문에 하나의 헤더 파일이 여러 번 포함되는 일이 발생할 수 있고 이는 컴파일 에러로 귀결될 수 있다. 하나의 헤더 파일이 중복 포함되는 것을 막으려면 다음과 같은 프리프로세서(preprocessor) 지시어를 사용하면 된다.

```
#ifndef FILENAME_H
#define FILENAME_H
// 헤더 파일의 내용을 이곳에 삽입
...
...
#endif
```

하나의 프로그램에서 여러 개의 파일을 사용하는 경우에 생기는 또 다른 문제는 하나의 파일에서 선언되고 다른 파일에서 사용되는 변수의 사용 범위에 관한 것이다. C++ 프로그램에서는 통상 다음과 같은 네 가지 형태의 범위가 사용된다.

(1) 파일 범위

함수 정의나 클래스 정의 내에 포함되지 않은 선언은 파일 범위에 속한다.

(2) 함수 범위

레이블(label)은 그것이 선언된 함수 정의 내부의 어느 곳에서든 사용될 수 있다. 레이블이 사용되는 경우는 go to 문의 목적지로 사용되는 경우뿐이고 go to 문은 구조적 프로그래밍에서 사용되지 않기 때문에 함수 범위는 다루어지지 않을 것이다.

(3) 지역(local) 범위

하나의 블록 내에서 선언된 이름은 블록 범위에 속한다. 이 이름은 그것이 속한 블록 내에 포함된 서브 블록 내에서도 사용될 수 있다.

(4) 클래스(class) 범위

클래스 정의와 연관된 선언은 클래스 범위에 속한다.

각 변수에게는 범위가 주어진다. 하나의 변수는 범위와 이름에 의해 유일하게 식별된다. 변수는 그것의 범위 내에서 사용될 수 있다. 예를 들어, 하나의 블록 내에서 정의된 변수는 그 블록 내에서만 액세스가 가능하다. 파일 범위로 선언된 변수는 프로그램내의 어디서든 액세스가 가능하다.

C++ 프로그램의 문장(statement)은 C 프로그램의 문장과 같은 문법 및 같은 의미를 갖는다. C++ 연산자는 new와 delete의 경우만을 제외하고는 C 연산자와 일치한다. new와 delete에 대해서는 향후에 설명하기로 한다. 또 다른 차이는 C++가 입출력 연산자로 shift left(〈〈)와 shift right(〉〉) 기호를 사용한다는 것이다. 이에 대해서는 C++의 입출력을 논할 때 공부하기로 한다.

C와 C++의 중요한 차이점은 C++가 연산자 오버로딩을 허용한다는 것이다. 연산자 오버로딩이란 연산이 적용되는 피연산자의 타입에 따라 연산자의 기능이 달라질 수 있다는 것이다.

1.4 데이터 타입과 연산자

C++에서 사용가능한 기본적인 데이터 타입은 정수형, 실수형, 문자형, 그리고 논리형이 있다 각 데이터 타입은 상수 혹은 변수의 형태로 사용될 수 있는데 상수란 주어진 값이 변경될 수 없는 데이터를 말하고 변수는 필요에 따라 그 값이 변경될 수 있는 데이터를 말한다. 본 절에서는 기본적인 자료형의 종류와 이들을 처리하기 위한 연산자들에 대해 살펴보기로 한다.

(1) 정수형

정수형 데이터는 소수점을 가지고 있지 않은 수치 데이터이다. 7, 237, 5000과 같은 수를 정수 상수라 부른다. 정수 값을 저장하는 변수를 정수 변수라 하는데, 이를 사용하기 위해서는 먼저 변수를 선언해야 한다. 변수 선언문은 다음과 같이 데이터 타입과 변수명으로 구성된다.

(2) 데이터타입 변수명;

C++에서 변수 이름을 정하는 데는 다음과 같은 규칙이 사용된다. 이 규칙은 함수나 클래스의 이름을 정하는데도 동일하게 적용된다.

① 이름은 영문자(A~Z, a~z)와 숫자(0~9), 그리고 밑줄 문자(_)의 조합으로 정한다.

② 첫 문자는 반드시 영문자나 밑줄 문자로 시작해야 한다.

③ 대소문자는 서로 다른 것으로 구분된다.

④ C++의 예약어는 변수이름으로 사용할 수 없다.

정수형 데이터는 세 가지의 형태로 사용될 수 있는데, 그들은 short, int, 그리고 long의
타입이다. 각 타입은 하나의 정수를 저장하기 위한 기억 공간의 크기로 구분되는데, 통
상 int 타입을 기준으로 short 타입은 int 타입의 반이, 그리고 long 타입에는 int 타입에
할당된 공간의 배가 주어진다. 이들의 선언 양식은 다음과 같다.

```
int total;
short index;
long sum;
```

정수형 데이터는 앞서 설명된 바와 같이 세 가지로 나눌 수 있지만 각 정수형 타입 앞에
unsigned란 예약어를 붙이면 여섯 가지로 세분된다. unsigned란 말 그대로 부호가 붙지
않은 정수(즉 양수)만을 저장하는 변수를 선언할 때 사용한다. 〈표 1-1〉은 각 정수형 데
이터 별로 주어진 기억 공간의 크기와 그곳에 저장할 수 있는 값의 범위를 보여준다.

〈표 1-1〉 정수형 데이터의 종류

정수형	크기	저장할 수 있는 값의 범위
short	2	$-2^{15} \sim 2^{15} - 1$
unsigned short	2	$0 \sim 2^{16} - 1$
int	4	$-2^{31} \sim 2^{31} - 1$
unsigned int	4	$0 \sim 2^{32} - 1$
long	8	$-2^{63} \sim 2^{63} - 1$
unsigned long	8	$0 \sim 2^{64} - 1$

변수를 선언하고 사용할 때는 그 변수에 저장될 값의 범위에 맞도록 데이터 타입을 정해
주어야 한다. 예를 들어, 실제 저장될 값이 2^{30}의 크기를 갖는데, 이 값을 저장할 변수를
short 타입으로 선언하게 되면 올바른 값이 저장될 수 없을 것이다.

변수를 선언함과 동시에 값을 줄 수가 있는데 이를 변수의 초기화라 하고 다음과 같이
사용된다.

```
int total = 7;
```

(3) 실수형

실수형 데이터는 소수점을 가지고 있는 수치 데이터이다. 실수형 데이터는 소수형과 지수형의 두 가지로 표현할 수 있다. 소수형 실수의 예는 314.15이고 이를 지수형으로 표현하면 0.31415×10^3이 된다. 지수형 실수인 0.31415×10^3을 C++ 프로그램에서 사용하려면 다음과 같이 가수부(mantissa)와 지수부(exponent)로 나누어 표현해야 한다.

$$0.31415 \times 10^3 \Rightarrow 0.31415E3$$

즉 E를 기준으로 그 앞에 가수부를 쓰고 그 뒤에 지수부를 쓴다. 실수형 데이터는 float 형과 double 형의 두 가지로 나뉘는데 float 형 데이터에 4 바이트가 주어질 때 double 형 데이터에는 8 바이트의 공간이 주어진다. 〈표 1-2〉는 실수형 데이터 공간에 저장할 수 있는 값의 범위를 보여준다.

〈표 1-2〉 실수형 데이터의 종류

유형	크기	값의 범위
float	4	$\pm 3.4 \times 10^{-38} \sim \pm 3.4 \times 10^{38}$
double	8	$\pm 1.7 \times 10^{-308} \sim \pm 1.7 \times 10^{308}$

(4) 문자형

문자형 데이터 타입은 영문자, 숫자, 특수 문자 등을 표현하는 데이터 형으로 C++에서 하나의 문자 상수는 다음과 같이 한 쌍의 단일 따옴표를 이용하여 표현한나.

```
'A', 'b', '7', '$'
```

문자는 통상 하나의 바이트를 이용하여 표현되는데 문자를 비트열로 표현하기 위한 약속을 코드(code)라 부르며 대표적인 것으로 아스키(ASCII) 코드가 있다. 이외에 EBCDIC 코드가 있으며 하나의 문자를 표현하는데 두 개의 바이트를 사용하는 유니코드(unicode)도 있다.

C++에서는 특수 문자(escape sequence)를 사용하여 출력 상태를 제어할 수 있다. 특수 문자는 ₩로 시작한다. 특수 문자의 종류와 의미는 〈표 1-3〉과 같다.

〈표 1-3〉 확장 문자의 종류와 의미

확장 문자	의미
\n	줄을 바꾼다(new line)
\t	수평 탭으로 일정 간격을 벌린다.
\b	백스페이스(한 칸 후진)
\r	같은 줄의 맨 앞으로 커서를 옮긴다.
\f	출력 용지를 한 장 넘긴다.
\a	경고음을 낸다.
\/	/ 문자를 출력한다.
\'	' 문자를 출력한다.
\"	" 문자를 출력한다.
\0	널(NULL) 문자

(5) 문자열형

문자열(string) 데이터 타입은 일련의 문자들의 집합으로 구성되고 이중 따옴표를 이용하여 표기하여야 하며, 이를 저장하기 위해서는 문자형 배열을 선언하여 사용하여야 한다. 문자열 상수의 예와 변수 선언의 예는 다음과 같다.

```
"spring", "fall has come"
char str[7] = "spring";
```

위의 변수 선언 예에서 str 배열의 크기를 7로 선언한 것은 "spring" 문자열의 여섯 개 문자 이외에 마지막 위치에 널(NULL) 문자가 저장되어야 하기 때문이다. 널 문자는 문자열의 끝을 알리기 위해 사용된다. 따라서 모든 문자열 데이터가 저장될 때에 가장 마지막 위치에는 널 문자가 반드시 저장된다.

(6) 논리형

C++의 논리형 데이터 타입은 다음과 같이 사용될 수 있다.

```
bool decision = true;
bool opp = false;
```

이외에도 논리형 데이터 타입에서 0이 아닌 값은 true로, 0은 false로 간주된다. 즉 다음
과 같은 사용은 위의 예와 같은 결과를 나타낸다.

```
bool decision = -7;        // true가 할당된다
bool opp = 0;              // false가 할당된다
```

(6) 기본 연산자

연산자(operator)는 연산 대상이 되는 피연산자(operand)에 대해 연산을 수행하는 기호
이다. 연산자는 연산에 필요한 피연산자의 수가 두 개이면 이항(binary) 연산자, 하나이
면 단항(unary) 연산자라 부른다. C++에서 사용 가능한 연산자에는 산술 연산자, 관계
연산자, 논리 연산자, 증감 연산자, 대입 연산자, 그리고 비트 연산자가 있다.

■ 산술 연산자

산술(arithmetic) 연산자는 사칙 연산(덧셈, 뺄셈, 곱셈, 나눗셈)의 연산자들과 나머지 연
산지가 있다. 이들의 의미와 연신 결과는 〈표 1-4〉와 같다.

〈표 1-4〉 산술 연산자

연산자	의미	표현	연산결과
+	덧셈	7+3	10
-	뺄셈	7-3	4
*	곱셈	7*3	21
/	나눗셈	7/3	2
%	나머지	7%3	1

산술 연산자가 연이어 사용되는 경우에는 다음과 같은 연산 우선순위를 적용하여 처리한다.

① 괄호 안의 연산자를 우선하여 계산한다. 중첩된 괄호는 가장 안쪽의 괄호를 우선하여 계산한다.

② 곱셈, 나눗셈, 나머지 연산자가 그 다음으로 같은 우선순위를 갖고 계산된다.

③ 덧셈, 뺄셈 연산자가 그 다음으로 같은 우선순위를 갖고 계산된다.

④ 같은 우선순위를 갖는 연산자가 여러 개 있는 경우에는 왼쪽에 있는 연산자부터 우선해서 처리한다.

■ 관계 연산자

관계(relational) 연산자는 두 수를 비교하는 연산자로 연산의 결과는 참 또는 거짓이 되며 주로 제어문에서 조건을 검사하기 위한 식으로 많이 사용된다. 〈표 1-5〉는 관계 연산자와 그 의미를 보여준다.

〈표 1-5〉 관계 연산자

연산자	의미	표현	연산결과
==	같다	7 == 8	false
!=	다르다	7 != 8	true
>	크다	7 > 8	false
>=	크거나 같다	7 >= 8	false
<	작다	7 < 8	true
<=	작거나 같다	7 <= 8	true

■ 논리 연산자

논리(logical) 연산자는 AND, OR, NOT의 세 가지가 있는데 이들의 의미와 연산 결과는 〈표 1-6〉과 같다.

〈표 1-6〉 논리 연산자

연산자	의미	표현	연산결과
&&	논리곱 연산자	1 && 0	false
||	논리합 연산자	1 || 0	true
!	논리부정 연산자	!0	true

0을 false로, 1을 true로 볼 때 논리 연산자들의 연산 결과를 보여주는 진리표는 〈표 1-7〉과 같다.

〈표 1-7〉 진리표

AND와 OR 진리표				NOT의 진리표	
값		AND	OR	값	NOT
0	0	0	0	0	1
0	1	0	1	1	0
1	0	0	1		
1	1	1	1		

■ 증감 연산자

증감 연산자는 변수의 값을 1 증가시키거나, 1 감소시킬 때 유용하게 사용할 수 있는 연산자이다. 1 증가시키기 위한 연산자는 ++이고, 1 감소시키기 위한 연산자는 --인데 이들은 단항 연산자이다. 또한 피연산자가 연산자의 앞에 나올 때는 연산 후에 값을 증가시키게 되고, 피연산자가 연산자의 뒤에 나올 때는 연산 전에 값을 증가시키게 된다. 증감 연산자의 표현과 의미는 〈표 1-8〉과 같다.

〈표 1-8〉 증감 연산자

표현	의미
++i	연산 전에 i값 1 증가
i++	연산 후에 i값 1 증가
--i	연산 전에 i값 1 감소
i--	연산 후에 i값 1 감소

증감 연산자의 사용 예는 다음과 같다.

```
i = 5;
j = i++;
```

두 문장을 실행하고 난 후의 i와 j의 값은 각각 6과 5이다.

(7) 대입 연산자

대입 연산자는 동일한 변수가 대입 연산자의 왼쪽과 오른쪽에 모두 기술되어 있는 경우에 이 변수를 한 번만 기술하기 위한 방법으로 다음과 같이 사용된다. 여기서 op는 '+', '-', '*', '/' 등 여러 산술/논리 연산자가 사용될 수 있다.

```
x op= y   <----->   x = x op y
```

대입 연산자의 사용 예는 다음과 같다.

```
i = 5;
j = 7;
i += j;
```

위 문장을 실행하고 난 후의 i와 j의 값은 각각 12와 7이다.

(8) 비트 단위 연산자

비트 연산자는 정수형 데이터의 비트를 직접 제어하는데 사용된다. 비트 연산자의 종류와 의미는 〈표 1-9〉와 같다.

〈표 1-9〉 비트 연산자

연산자	명칭	설명
&	AND	대응되는 비트가 모두 1인 경우에만 결과가 1이 됨

연산자	명칭	설명
|	OR	대응되는 비트 중 하나만 1이어도 결과가 1이 됨
^	XOR	대응되는 비트가 서로 다를 때 결과가 1이 됨
<<	left shift	지정된 수만큼 비트들을 왼쪽으로 이동시킴
>>	right shift	지정된 수만큼 비트들을 오른쪽으로 이동시킴
~	1의 보수	0 비트는 1로, 1 비트는 0으로 바꾸어 줌

연산자들 중에 1의보수 연산만 단항 연산자이고 다른 모든 연산자들은 이항 연산자들이다. shift 연산은 왼쪽에 있는 피연산자를 오른쪽에 있는 피연산자가 지정하는 수만큼 이동시킨다.

```
sum << 2
sum >> 3
```

두 문장 중 위의 것은 sum의 각 비트를 왼쪽으로 두 자리씩 이동시키며 가장 오른쪽의 두 비트는 0으로 채워진다. 또한 이 경우, 가장 왼쪽의 두 비트는 저장할 공간이 없으면 버려진다. 두 개의 문장을 이어서 실행하는 것은 sum >> 1 과 같은 의미를 가지나 양쪽 끝에 버려진 비트는 사라지므로 동일한 결과를 갖지는 않는다.

1.5 변수, 함수, 식별자

1.5.1 변수

데이터 선언은 이름과 데이터 타입을 연관 짓는 것이다. C++에서 선언할 수 있는 데이터의 목록은 다음과 같다.

① 상수	7, "spring" 또는 3.14 등이 상수의 예이다.
② 변수	변수는 데이터 타입의 인스턴스이며 프로그램 실행 중에 그 값이 변경될 수 있다.
③ 상수 변수	이들은 값이 할당될 수 없는 변수들이다. 따라서 이들은 초기화되어야 한다. 즉 이들의 값은 그들이 선언될 때에 고정된다. 상수 타입 변수는 선언할 때에 const 키워드를 앞에 붙임으로써 선언된다.(예를 들어, const int WEEK = 7;)
④ 열거형 타입	정수 상수들의 열을 선언하기 위한 방법의 하나이다. enum Boolean { FALSE, TRUE } FALSE와 TRUE는 Boolean 형의 정수 상수들이고 그들의 값은 각각 0과 1이다.

⑤ 포인터	포인터는 객체의 메모리 주소값을 갖는 변수이다. 예를 들어,
	
	int i = 7;
	int *ip;
	ip = &i;
	
	여기서 ip는 정수에 대한 포인터로 선언되었다. 그리고 ip에 정수 변수 i의 주소가 할당되었다.

⑥ 참조(reference) 타입	이것은 C에는 없는 C++의 장치이다. 참조 타입은 객체에 다른 이름을 부여하기 위한 것이다. T 타입의 객체에 대한 참조는 T에 &를 첨가함으로써 선언된다. 예를 들어,
	
	int i = 7;
	int& j = i;
	i = 77;
	printf("i=%d, j=%d", i, j);
	
	위 예제에서 j는 참조 타입이다. 이것은 i에 대한 다른 이름을 나타낸다. i의 값이 변경되면, j의 값도 따라서 변경된다. printf 문이 실행되었을 때, i와 j의 값은 모두 77이다.

(1) C++에서의 주석문

C++에서의 주석문은 두 가지로 표시될 수 있다.

① 여러 줄 주석문 : 이것은 C에서의 주석문과 같다. /*   */ 안에 적힌 모든 문장은 컴파일러에 의해 무시된다.

② 한 줄 주석문 : 이것은 C++에만 있는 것이다. // 뒤의 한 줄 문장은 컴파일러에 의해 무시된다.

C++의 한 줄 주석문은 여러 줄 주석문이 갖는 문제점을 해결한다. 여러 줄 주석문에서 주석문안에 또 다른 주석문이 존재한다면, 즉, /* ..... /* ..... */ ..... */ 의 경우에는 주석문이 의도된 대로 인식되지 못한다는 문제가 있다.

(2) C++에서의 입출력

C++에서 입출력을 실행하기 위해서는 iostream.h 헤더 파일을 포함시켜야 한다. 키워드 cout은 표준 출력 장치에 출력하기 위해 사용된다. cout 뒤에 나오는 << 연산자는 출력되는 개체들을 분리시킨다. 출력되는 개체들은 표준 출력 장치에 왼쪽에서 오른쪽 순으로 출력된다.

>> [예제 1-1] C++에서 출력문의 사용 예

```
1.  #include <iostream.h>
2.  void main( )
3.  {
4.      int n = 7; float f = 3.14;
5.      cout << "n = " << n << endl;
6.      cout << "f = " << f << endl;
7.  }
8.  }
9.  }
10. }
```

위 프로그램은 표준 출력 장치에 다음을 출력한다.

```
n = 7
f = 3.14
```

cin 키워드는 C++에서 입력에 사용된다. >> 연산자는 입력되는 변수들을 분리하는데 사용된다. 공백(탭, newline, 그리고 공백 문자)은 표준 입력 장치에서 서로 다른 값들을 분리하는데 사용된다.

》》 [예제 1-2] C++에서 입력문의 사용 예

```
1.  #include <iostream.h>
2.  void main( )
3.  {
4.     int i, j;
5.     cin >> i >> j;
6.  }
```

위 프로그램이 실행될 때 다음과 같은 표준 입력 장치상의 입력은 모두 i와 j에게 각각 5
와 10의 값을 할당한다.

```
Input 1;
    5    10 <Enter>

Input 2;
    5 <Enter>
    10 <Enter>
```

C++의 입출력의 장점은 형식이 없다(format-free)는 것이다. 즉 프로그래머는 입출력되
는 값들의 타입이나 순서를 명시하지 않아도 된다. 또 다른 장점은 다른 C++ 연산자들과
같이 I/O 연산자들이 오버로딩될 수 있다는 것이다.

C++에서 파일 I/O는 헤더 파일 fstream.h를 포함시킴으로써 수행된다. 하나의 파일 스
트림 변수([예제 1-3]에서 outFile)는 파일의 이름([예제 1-3]에서 my.out)을 표시하는 문
자열로 초기화되고 두 번째 인자는 파일이 사용될 모드([예제 1-3]에서 ios::out은 파일이
출력용으로 사용됨을 명시한다)를 나타낸다. 파일이 열려 있지 않은 경우에는 outFile=0
이다. outFile이 성공적으로 열렸다면 이것은 cout 대신에 파일 my.out으로 출력되도록
사용된다.

>>> [예제 1-3] C++에서 파일 I/O의 사용 예

```
 1.  #include <iostream.h>
 2.  #include <fstream.h>
 3.
 4.  void main( )
 5.  {
 6.     ofstream outFile("my.out", ios::out);
 7.     if (!outFile) {
 8.        // standard error device
 9.        cerr << "cannot open my.out" << endl;
10.        return;
11.     }
12.     int n = 50; float f = 20.3;
13.     outFile << "n: " << n << endl;
14.     outFile << "f: " << f << endl;
15.  }
```

1.5.2 함수

C++에는 두 가지 종류의 함수가 있는데 그들은 정규(regular) 함수와 멤버(member) 함수이다. 멤버 함수는 특정 C++ 클래스와 연관된 함수이다. 멤버 함수에 관한 자세한 내용은 뒤에 가서 언급하기로 한다. 이곳에서 살펴볼 함수의 특징은 위에서 언급한 두 가지 형태의 함수들에 공통적인 것이다.

함수는 함수 이름, 매개변수들의 리스트(입력), 반환 값의 타입(출력), 그리고 코드 부분으로 구성된다. [예제 1-4]에서 max는 함수의 이름이고, int a, int b는 매개변수들의 리스트이며, int는 반환 값의 타입이고, { 와 } 사이에 있는 것은 함수의 코드이다.

>>> [예제 1-4] 함수의 예

```
 1.  int max(int a, int b)
 2.  {
 3.     if (a > b) return a;
 4.     else return b;
 5.  }
```

C++의 모든 함수들은 반환 값을 갖는다. 반환할 것이 없는 함수의 경우에는 반환 값의 타입으로 void를 사용한다. 함수로부터 반환되는 값은 return 문을 사용하여 반환된다. return 문이 실행됨과 동시에 함수는 종료한다. 함수는 실제 매개변수 값을 제공함으로써 실행이 시작된다.

C++에서 매개변수들에는 값이 전달된다. 이것은 별다른 지시가 없을 때 자동적으로 실행되는 매개변수 전달 방식이다. 객체의 값이 전달될 때, 그 값은 함수 내의 로컬 저장소에 복사된다. 함수는 이 로컬 복사본을 액세스한다. 결국, 함수 내에서 값으로 전달된 매개변수에 대한 변경은 로컬 복사본을 변경시킬 뿐이다. 다시 말해, 값을 전달(passing by value)하는 것은 실제 매개변수의 값에 영향을 미치지 않는다.

매개변수는 참조에 의해 전달될 수도 있다. 이를 위해서는 매개변수가 참조 타입이 된다는 것을 명시해야 한다. 이것은 타입 지시자의 뒤에 &를 붙임으로써 명시된다. 프로그램 [예제 1-4]의 매개변수 리스트에서 int a를 int& a로 선언함으로써 a를 참조에 의해 전달할 수 있다. 객체에 대한 참조가 전달될 때는, 객체 자신이 함수의 로컬 저장소로 복사되는 것이 아니라, 참조되는 객체의 주소가 함수내의 로컬 저장소로 복사된다. 따라서 함수는 주소에 의해 참조된 객체를 액세스하게 된다.

별다른 지시가 없을 때 자동적으로 실행되는 매개변수 전달 방식이 값의 전달이라는 것에 대한 한 가지 예외는 배열의 경우이다. 배열은 항상 참조에 의해 전달된다. 다시 말해, 배열은 함수내의 로컬 저장소에 복사되지 않는다. 따라서 함수 내에서 배열에 가해진 변경은 실제 배열에 그대로 반영된다. 함수가 배열 매개변수로 호출되면 배열의 첫 번째 원소의 주소가 전달된다. 배열이 위와 같은 형태로 전달되기 때문에 함수는 배열의 크기를 알지 못한다. 따라서 함수가 배열의 크기를 알게 하기 위해서는 배열의 크기를 별도의 매개변수로 보내주어야 한다.

함수 오버로딩(overloading)이란 같은 이름을 갖는 함수가 하나 이상 존재할 수 있다는 뜻이다. C++에서 다음의 모든 함수들은 같은 이름인 max를 가지고 있지만 공존이 가능하다.

```
int max(int, int);
int max(int, int, int);
int max(int*, int);
int max(float, int);
int max(int, float);
```

1.5.3 식별자

C++에서 변수 이름 및 함수 이름 같은 것을 식별자(identifier)라 부른다. C++에서 식별자를 정하는 데는 다음과 같은 규칙이 사용된다. 이 규칙은 클래스의 이름을 정하는데도 동일하게 적용된다.

① 이름은 영문자(A~Z, a~z)와 숫자(0~9), 그리고 밑줄 문자(_)의 조합으로 정한다.

② 첫 문자는 반드시 영문자나 밑줄 문자로 시작해야 한다.

③ 대소문자는 서로 다른 것으로 구분된다.

④ C++의 예약어는 이름으로 사용할 수 없다.

1.6 제어문

프로그램의 기본적인 실행은 저장된 명령문의 순서대로 실행하는 것이다. 이러한 실행의 흐름을 변경하고자 할 때 사용하는 것이 제어문이다. C++에서 제어문은 선택문, 반복문, 그리고 분기문이 존재한다. 선택문은 다시 if 문, if else 문, 그리고 switch 문으로 구성되고, 반복문은 for 문, while 문, 그리고 do while 문으로 구성되며, 분기문으로는 break 문과 continue 문이 존재한다.

1.6.1 선택문

선택문은 제시된 조건을 판단하여 조건에 합당한 문장을 수행하고자 할 때 사용된다. 선택문에는 if 문, if else 문, switch 문이 있다.

(1) if 문

if 문은 주어진 조건을 만족하는 경우에 특정 문장을 수행하는 제어문이다. 사용 형식은
다음과 같다.

```
if (조건식) {
    문장집합;
}
```

if 다음의 조건식의 결과 값이 참이면 문장집합을 수행하고 그렇지 않으면 문장집합을
수행하지 않고 다음으로 실행 흐름이 넘어간다.

(2) else 문

if else 문은 주어진 조건을 만족하는 경우와 그렇지 않은 경우에 실행해야 할 문장을 각
각 지정하는 제어문이다. 사용 형식은 다음과 같다.

```
if (조건식) {
    문장집합1;
} else {
    문장집합2;
}
```

if 다음의 조건식의 결과 값이 참이면 문장집합1을 수행하고, 거짓이면 문장집합2를 수
행하는데 각 문장이 실행된 후에는 if 문 다음으로 실행의 흐름이 넘어간다.

위에서 소개된 if else 문은 하나의 조건식을 주고 그 결과 값이 참인 경우와 거짓인 경우
에 수행할 문장을 각각 지정하는 것이었는데 이를 응용하면 관련된 여러 개의 조건식에
대해 수행할 문장을 지정할 수 있다.

```
if (조건식1) {
    문장집합1;
} else if (조건식2) {
```

```
      문장집합2;
   } else if (조건식3) {
      문장집합3;
   } else {
      문장집합4;
   }
```

위 식에서 조건식1의 결과 값이 참이면 문장집합1이 수행된다. 문장집합2는 조건식1의 결과 값이 거짓이고 조건식2의 결과 값이 참인 경우에 수행된다. 문장집합3은 조건식1과 조건식2의 결과 값이 모두 거짓이고 조건식3의 결과 값이 참이면 수행되며, 문장집합4는 조건식1, 조건식2, 그리고 조건식3의 결과 값이 모두 거짓인 경우 수행된다. 각 문장 십합이 수행된 후에는 실행의 흐름이 전체 if 문 다음으로 넘어간다.

(3) switch 문

switch 문은 다중 if else 문과 같은 용도로 사용된다. if else 문의 조건식이 참 또는 거짓으로 계산되는 것에 비해 switch 문 다음의 식은 통상 정수 값을 반환하게 되고 이 정수 값에 따라 수행해야 할 실행문을 지정하게 된다. switch 문의 사용 형식은 다음과 같다.

```
switch(정수식) {
   case 정수값1: 문장1;
   case 정수값2: 문장2;
   .....
   case 정수값n: 문장n;
   [default: 문장n+1;]
}
```

switch 문의 정수식의 값을 계산한 결과 값과 일치하는 정수값을 찾고, 있다면 해당 문장이 실행된다. 정수식에는 변수나 수식이 올 수 있으나, 정수값에는 변수나 수식이 올 수 없다. 정수식의 값과 일치하는 것이 없는 경우에 수행될 문장을 default 문을 이용하여 기술할 수 있다.

1.6.2 반복문

반복문은 특정 실행문 또는 실행문들의 집합을 반복해서 수행하고자 할 때 사용한다. 반복되는 횟수는 반복문안의 조건식의 결과 값에 따라 결정된다. 반복문에는 for 문, while 문, 그리고 do while 문이 있다.

(1) for 문

for 문은 지정된 횟수만큼 반복하고자 할 때 사용한다. for 문의 사용 형식은 다음과 같다.

```
for (초기식; 조건식; 증감식) {
    문장집합;
}
```

초기식에서는 for 문을 제어하게 될 제어 변수의 값이 초기화된다. 초기화된 제어 변수의 값을 이용하여 조건식의 값이 계산되며 계산된 결과 값이 참이면 문장 집합이 실행된다. 문장집합이 실행되고 나면 증감식에 의해 제어 변수의 값이 증가되며, 증가된 조건 변수의 값을 이용하여 조건식의 값을 다시 계산한다. 계산된 결과 값이 참이면 문장집합을 수행한다. 이와 같은 과정은 조건식의 값이 거짓으로 계산될 때까지 반복되며, 조건식의 값이 거짓으로 계산되면 더 이상 문장을 수행하지 않고 for 문 다음으로 실행 흐름이 넘어간다.

(2) 다중 for 문

for 문안에 다른 for 문이 포함된 경우에 이를 다중 for 문이라 한다. 다중 for 문은 필요에 따라 이중, 삼중으로 중첩될 수 있다. 다음은 이중으로 중첩된 for 문의 사용 형식이다.

```
for (초기식1; 조건식1; 증감식1) {
    for (초기식2; 조건식2; 증감식2) {
        문장집합;
    }
}
```

바깥 쪽 for 문의 조건식1이 참이 될 때마다 안쪽 for 문 전체가 한 번 반복된다. 각각의 for 문은 서로 다른 반복문이므로 서로 다른 제어 변수를 사용해야 한다.

for 문의 세 가지 식에 어떤 것도 기입하지 않으면, 조건이 항상 참으로 가정되어 문장이 무한히 반복된다. 이러한 수행을 멈추려면 문장 안에 break 문이나 return 문을 사용해야 한다.

```
for (  ;  ;  ) {
   문장집합;
}
```

(3) while 문

while 문에서는 조건식을 계산하여 결과 값이 참이면 문장집합을 한 번 수행한다. 그 다음에는 조건식을 다시 계산하며, 계산된 결과 값이 참이면 문장집합을 다시 수행하고 그렇지 않으며 while 문 다음으로 실행 흐름이 넘어간다. 이러한 과정의 반복은 조건식의 결과 값이 거짓으로 계산될 때까지 계속된다. while 문의 문장집합은 조건식에 따라 한 번도 실행되지 않을 수도 있다. while 문의 사용 형식은 다음과 같다.

```
while (조건식) {
   문장집합;
}
```

(4) do while 문

do while 문은 while 문과 비슷하나 반복 실행을 결정하는 식이 문장집합의 뒤에서 기술된다는 점이 다르다. do while 문의 사용 형식은 다음과 같다.

```
do {
   문장집합;
} while (조건식);
```

do while 문에서 문장 집합은 일단 한 번은 실행된다. 그 후 조건식을 계산하며 결과 값이 참이면 문장집합을 반복 실행하게 되고 그렇지 않으며 do while 문 다음으로 실행 흐름이 넘어가게 된다.

1.6.3 분기문

분기문에는 프로그램의 실행 흐름을 특별하게 제어하는 break 문과 continue 문이 있다.

(1) break 문

break 문은 반복문에서 제어 범위를 벗어나기 위해 사용한다. 구체적으로 switch 문에서 break 문이 사용되면 switch 문의 범위를 벗어나 다음으로 실행 흐름이 넘어간다. 마찬가지로 for 문, while 문, do while 문 내부에서 break 문이 사용되면 그 즉시 반복문의 범위를 벗어나 다음으로 실행 흐름이 넘어간다.

(2) continue 문

break 문이 반복문의 제어 범위를 벗어나는 것인데 비해 continue 문이 반복문 내에서 실행되면 그 즉시 반복문의 조건식을 계산하는 부분으로 실행 흐름이 옮겨지게 된다. 조건식의 결과 값이 참이면 반복문의 실행이 계속될 것이고, 그렇지 않으며 실행 흐름이 반복문의 다음으로 넘어가게 된다. continue 문은 switch 문에서는 사용되지 않는다.

CHAPTER **2**

Visual Studio 활용방법

우리는 일반적으로 프로그램을 사용한다. 이러한 프로그램을 사용할 수 있게 만든 사람들을 프로그래머(programmer)라고 하고 프로그래머가 프로그램을 만드는 작업을 프로그래밍(programming)이라고 한다. 이번 장에서는 프로그래머가 프로그래밍을 하기 위해 사용하는 개발 도구를 이용하여 소스 프로그램(source program)을 작성하고 실행하는 과정을 학습하고자 한다.

2.1 툴 사용법

2.1.1 프로그램 작성 과정

프로그램은 우리가 컴퓨터에게 작업을 지시하는 명령어들의 조합이다. 원하는 작업을 지시하는 명령어들을 이용해 문법에 맞춰 기술하면, 이를 컴퓨터가 이해하는 언어로 번역하여 컴퓨터가 실행할 수 있는 파일로 만들게 되는 것이다.

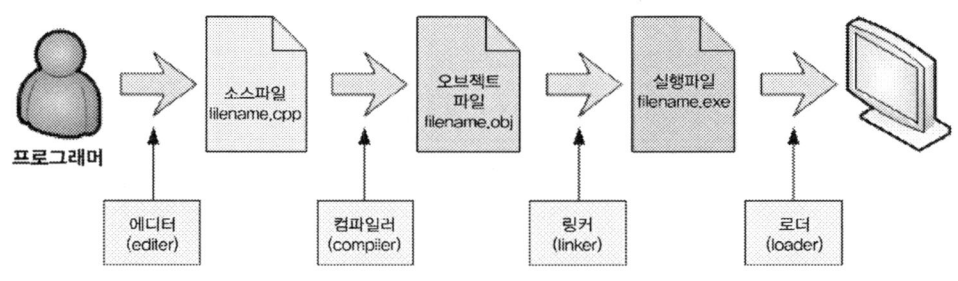

[그림 2-1] 프로그램 개발 과정

[그림 2-1]에서 보는 것과 같은 과정을 거쳐 프로그램이 개발되는데, 각 과정을 상세히 살펴보도록 한다.

(1) 편집 단계(edit)

위 그림에서 '에디터(editer)'를 이용하여 원하는 작업을 C++ 언어를 이용하여 작성하는 단계로 이렇게 만들어진 것을 '소스 코드(source code)'라고 한다. 소스 코드는 텍스트 형태로 입력할 수 있으며, 윈도우의 경우 메모장에서 편집할 수도 있고, 통합 개발 환경인 비주얼 C++(visual C++)에 내장되어 있는 에디터를 사용할 수도 있다. 이렇게 작성한 텍스트 파일은 반드시 확장자가 "*.cpp"로 저장되어야 하며, 이렇게 저장된 파일을 "소스 파일(source file)"이라고 한다. 소스 파일 이름은 프로그래머가 마음대로 지을 수 있는데, 되도록 어떤 내용이 작성된 프로그램인지 기억하기 쉬운 이름으로 작성하는 것이 좋다.

(2) 컴파일 단계(compile)

C++언어는 고급언어이다. 고급언어는 사람이 이해하기 용이한 형태로 만들어진 언어이다. 그러나 컴퓨터가 이해할 수 있는 형태의 언어는 기계어이다. 즉, C++언어로 만들어진 언어는 컴퓨터가 바로 이해할 수 없다는 것이다. 그렇기 때문에 고급언어인 C++언어로 만들어진 소스 코드는 컴퓨터가 이해할 수 있는 형태인 기계어로 바꿔주어야 한다. 이 일을 수행해 주는 것이 바로 '컴파일러(compiler)'이며, 컴파일러가 하는 일은 고급언어로 작성된 소스 파일을 분석하여 컴퓨터가 이해할 수 있는 형태인 기계어로 변환하는 일(컴파일, compile)을 한다. 우리가 앞으로 사용할 개발 도구인 비주얼 C++의 경우 컴파일 메뉴를 선택하면 컴파일러가 현재 작성된 소스 파일을 컴파일(compile)해 준다.

컴파일러는 소스 파일의 문장들이 문법에 맞게 작성되었는지 검사하고, 문제가 없는 경우 각 문장을 기계어로 변환하게 된다. 이때, 문제가 있다면 "오류(error) 발생"을 표시하고 컴파일을 종료하기도 한다. 이 경우에는 반드시 오류를 수정해야만 성공적인 프로그램 실행이 가능해진다. 컴파일이 성공적으로 수행되면 기계어로 작성된 "*.obj" 파일이 만들어지는데, 이러한 파일을 '오브젝트 파일(object file)'이라고 한다.

(3) 링크 단계(link)

링크(link)는 연관된 오브젝트 파일들을 라이브러리 파일과 연결하여 하나의 실행 파일(executable file)을 만드는 과정이다. 즉, 이 링크 단계를 거쳐야만 실행 프로그램 파일인 "*.exe"가 만들어지는 것이다. 컴파일 단계와 링크단계가 구분되어있는 이유는 소스 파일은 프로그램을 만들 때 여러 개로 만들어질 수 있는데, 이때 각 소스파일에 모두 오류가 없어야만 제대로 실행파일이 만들어질 수 있다. 예를들어 1개의 프로그램에 작성된 소스 파일이 10개라고 할 때, 이중 1개의 파일에서 오류가 발생했다고 가정하자. 그런데,

만약 컴파일 단계와 링크 단계가 나뉘어있지 않다면 오류가 발생한 1개의 파일을 수정한 후에 다시 10개의 파일을 다시 컴파일하고 링크해야할 것이다. 그러나 컴파일 단계와 링크 단계가 나뉘어있는 경우 고쳐진 소스파일만 다시 컴파일하고 나머지 오류없이 컴파일을 마친 9개의 파일은 그대로 사용하여 링크 단계를 적용하면 되기 때문에 보다 효율적일 수 있다.

(4) 실행 단계(execute)

실행 단계는 링크 단계에서 만들어진 "*.exe" 파일을 실행하게 된다. 위 그림에 보면 로더(loader)라는 것으로부터 실행한다고 소개되어있는데, 이 로더는 실행할 프로그램을 찾아 실행이 되도록 절차를 자동으로 진행해주는 프로그램이다.

위의 단계와 함께 추가적으로 발생되는 작업들을 간단하게 순서도로 설명하면 [그림 2-2]와 같다.

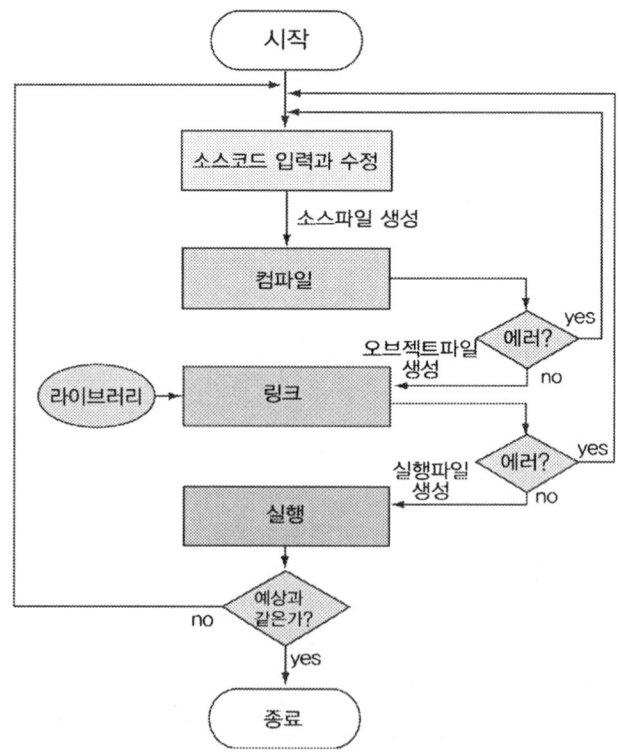

[그림 2-2] 순서도로 나타낸 프로그램 개발 과정

2.1.2 통합 개발 환경 소개

현재 우리가 프로그램을 만들기 위해 사용하는 소프트웨어는 편집과 컴파일, 실행 그리고 디버그를 하나의 프로그램에서 다 수행할 수 있도록 만들어진 통합 개발 환경(IDE : integrated development environment) 도구들이다. 이러한 도구들의 등장으로 프로그래머는 보다 더 효율적으로 프로그램을 작성할 수 있게 되었다. 우리는 이번 장에서 윈도우 환경에서 사용할 수 있는 소프트웨어 개발 도구들을 살펴보고 그 중에서 비주얼 C++라는 통합개발도구를 중점으로 프로그램을 직접 작성하고 실행해보도록 한다.

〈표 2-1〉 통합 개발 환경

도구 이름	설명
비주얼 스튜디오	마이크로소프트 윈도우즈에서 실행되는 통합개발환경으로 프로그램, 웹사이트, 웹 프로그램들을 개발할 수 있다. 비주얼 베이직이나 비주얼 J# 등 특정 언어로만 프로그래밍 할 수 있는 언어별 버전도 제공하고 있다.
볼랜드 디벨로퍼 스튜디오	델파이와 C++빌더라는 이름으로 더 알려져 있는 볼랜드사에서 출시한 통합개발 환경이며, 델파이는 볼랜드의 터보 파스칼을 기반으로 하며, C++빌더는 델파이의 C++ 버전으로 취급되기도 하는 옛 볼랜드의 C++기반 개발 툴이다.
이클립스	현재 자바 개발자들에게 많이 사용되고 있는 자바 개발 도구로 다양한 플랫폼에서 사용 가능하며, 플러그인 프레임워크를 활용하면 자바 외 다른 프로그래밍 언어를 이용할 수 있도록 확장할 수 있다.
넷빈즈	자바 기반의 사용자 프로그램을 개발하기 위한 플랫폼 또는 자바, 자바 스크립트, PHP, 파이썬, 루비, 그루비, C, C++등을 개발하기 위한 통합 개발 환경으로 썬 마이크로시스템즈에서 개발한 통합 개발 환경이다.

〈표 2-1〉은 현재 사용중인 통합 개발 환경 중 몇 가지만 소개하고 있다. 이 중에서 본 교재에서는 비주얼 스튜디오를 사용하여 C++ 소스코드를 작성하고 실행하며 설명한다. 이제부터 비주얼 스튜디오를 설치하는 방법부터 차례대로 설명하도록 한다.

2.1.3 비주얼 C++의 실행

비주얼 C++을 실행하기 위해서는 먼저 시작 버튼을 누른 다음 프로그램에서 비주얼 C++을 찾아 클릭하거나 바탕화면에 바로가기 아이콘을 찾아 더블클릭 한다.([그림 2-3] 참조)

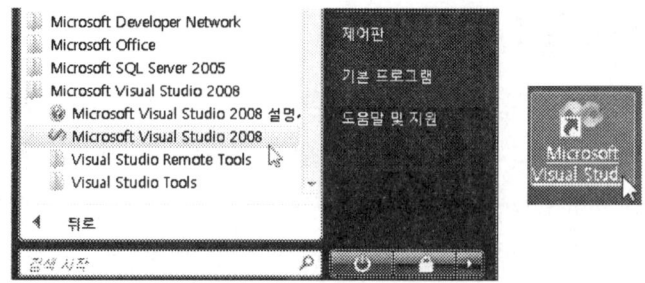

[그림 2-3] 실행 방법

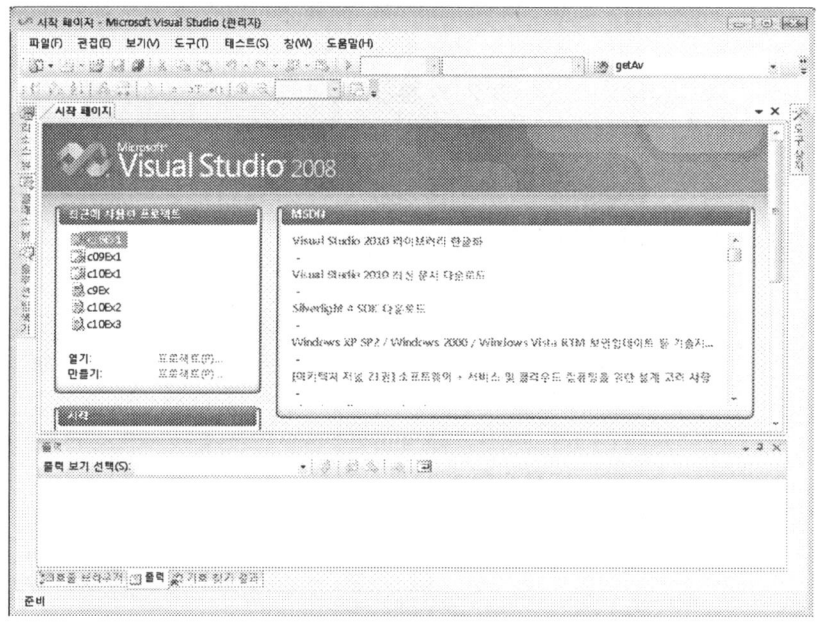

[그림 2-4] 시작화면

이렇게 프로그램을 실행하고 난 후에는, C++ 소스코드를 작성하고 실행할 수 있는 환경을 만들어 주어야 하는데, 이때 우리는 워크스페이스(workspace)와 프로젝트(project)라는 것을 기억할 필요가 있다. 워크스페이스는 말 그대로 작업 공간이다. 프로젝트는 하나의 실행파일을 만들기 위해 필요한 모든 파일을 하나로 묶어 놓은 것을 지칭한다. 워크스페이스에는 이러한 프로젝트가 여러 개 존재할 수 있다. 즉, 워크스페이스와 프로젝트의 관계는 [그림 2-5]처럼 나타낼 수 있다.

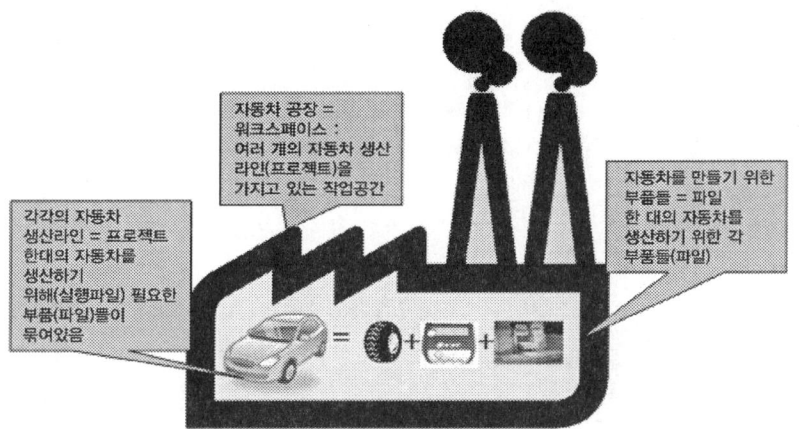

각각의 자동차
생산라인 = 프로젝트
한대의 자동차를
생산하기
위해(실행파일) 필요한
부품(파일)들이
묶여있음

자동차 공장 =
워크스페이스 :
여러 개의 자동차 생산
라인(프로젝트)을
가지고 있는 작업공간

자동차를 만들기 위한
부품들 = 파일
한 대의 자동차를
생산하기 위한 각
부품들(파일)

[그림 2-5] 워크스페이스와 프로젝트 그리고 파일

비주얼 C++ 프로그램에서 기본적인 워크스페이스는 자동으로 생성된다. 그러므로 우리
는 프로젝트만 만들어 사용하도록 한다. 다음은 프로젝트를 만드는 과정이다. [그림 2-6]
의 순서대로 실행하면 된다.

여기서 '새로 만들기(N)' 메뉴는 새로운 프로젝트, 웹사이트, 파일 등 새로운 것을 만들고
자 할 때 선택하는 메뉴이다.

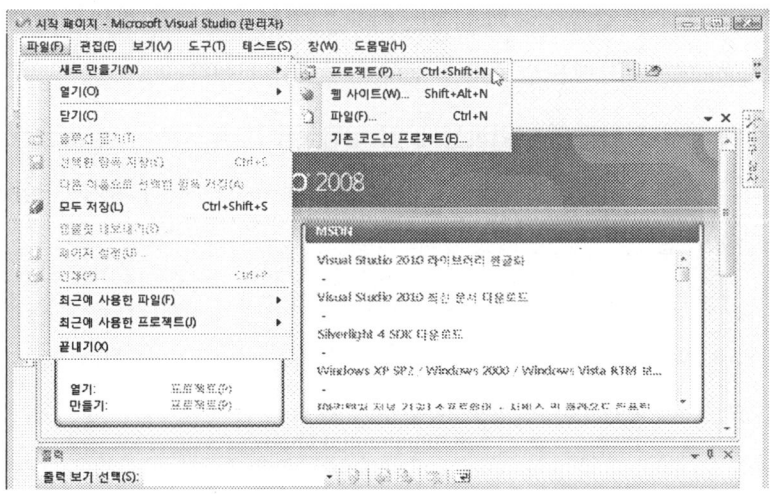

[그림 2-6] 새로운 프로젝트 생성 화면 1

[그림 2-6]에서 보는 것과 같이 새 프로젝트에 대한 상세한 내용을 여기서 지정할 수 있다. 프로젝트 형식(P)는 'Win32'로 지정해야 한다. 템플릿(T)에는 'Wind32 콘솔 응용 프로그램'을 선택해야 한다. Win32 콘솔 응용 프로그램은 콘솔을 이용하여 문자 기반의 입출력 응용프로그램을 작성하겠다는 것을 의미하는데, 이것은 윈도우에서 DOS 창을 이용하여 텍스트 형태로 입력과 출력을 하는 아주 간단한 프로그램 형태를 말하며, 우리는 이 기반으로 하는 프로그램을 앞으로 작성하고 실행할 것이다.

그다음에는 프로젝트 이름을 입력하는데 이 이름은 되도록 영문으로 그리고 본인이 작업하는 프로그램이 무엇인지를 나타낼 수 있도록 적어주는 것이 좋다. 또한 이름에는 숫자를 조합해도 된다.

마지막으로, "위치"는 지금 작업하는 프로젝트가 저장되는 위치인데, 기본적으로 "C:₩Program Files₩Microsoft Visual Studio₩MyProjects"가 지정되어 있다. 그러나, 앞으로 우리 교재에서는 예제의 설명을 용이하게 하기 위함은 물론 독자가 따로 예제를 찾아보기 쉽게 하기 위하여 파일을 저장하는 위치를 변경하고자 한다. 변경은 [그림 2-7]과 같이 변경하면 된다.

[그림 2-7]에서 보이는 위치는 D:₩ 즉 시스템 드라이브인 C:₩드라이브를 제외한 다른 데이터 드라이브에(없는 사람은 C:₩ 드라이브에 설정해도 무방함) CPPEx라는 폴더를

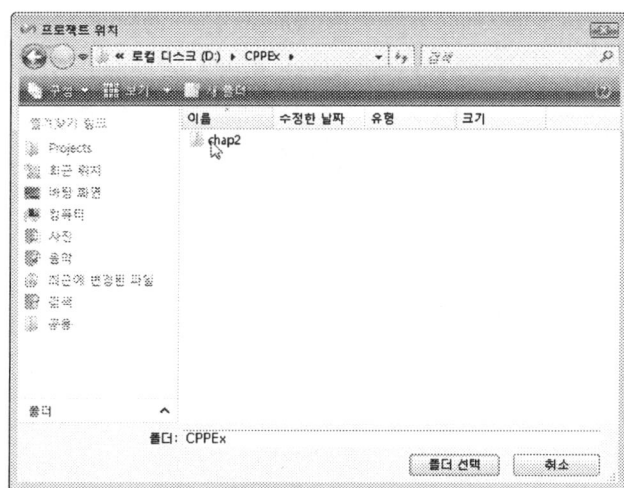

[그림 2-7] 프로젝트 위치 변경 화면

하나 만들고 그 중에서 우리가 지금 공부하고 있는 챕터 번호를 하위 폴더로 만들어 지정하고 있다. 앞으로 각 챕터별 소스파일은 해당 챕터 번호를 이용하여 "chap번호" 폴더에 각각 저장하는 형태로 만들어질 것이며, 각 챕터 폴더 하위에 각 예제별로 폴더가 만들어져 해당 필요한 파일들이 폴더 하위에 저장될 것이다.

[그림 2-7]에서 OK 버튼을 누르면 아까 Project 선택 화면으로 되돌아가는데, 이때 Location이 변경된 것을 확인할 수 있다. 그 후, Project name에 "test"라고 입력하면 [그림 2-8]과 같이 될 것이다.

[그림 2-8]에는 현재 프로젝트 설정에 대한 설명이 간략히 기술되어 있다. 이 상태에서 '다음' 버튼을 누르면 [그림 2-9]와 같은 응용프로그램 설정에 관한 화면이 나타날 것이다. 여기서 선택해야 할 것은 '추가 옵션' 부분이다. 기본적으로 선택되어 있는 항목은 '미리 컴파일된 헤더(P)'이다. 이것에 대한 설명은 뒤로 미루고, 아무것도 없는 '빈 프로젝트'를 클릭하여 선택한다. 이름이 의미하듯이 헤더 파일도 없고 소스 파일도 없는 그야말로 아무 것도 없는 상태로 시작한다는 뜻이다.

이제 화면 하단에 보면 '마침' 버튼이 나오게 된다. 마침 버튼을 누르면 프로젝트 설정이 마무리된다. 그리고 비주얼 스튜디오 초기 화면 상태로 돌아간다. 유일한 차이는 화면 상단에 'test'란 이름이 새로이 표기되는 점이다.

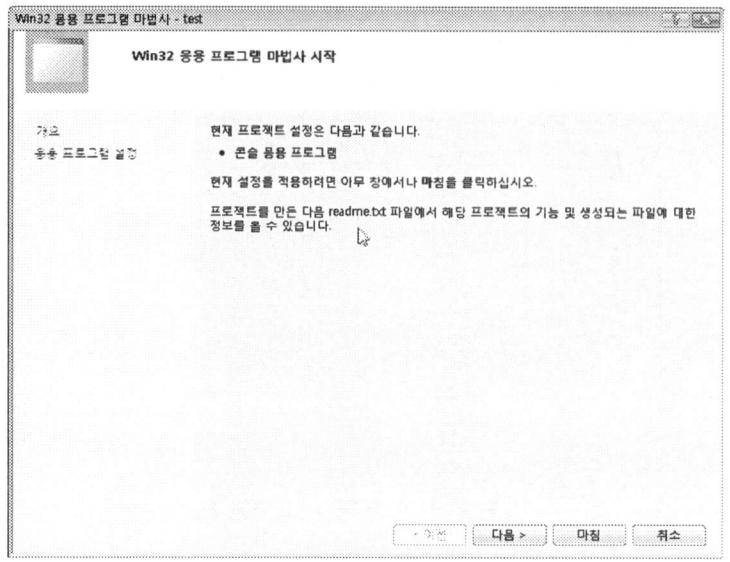

[그림 2-8] 새로운 프로젝트 생성 화면 2

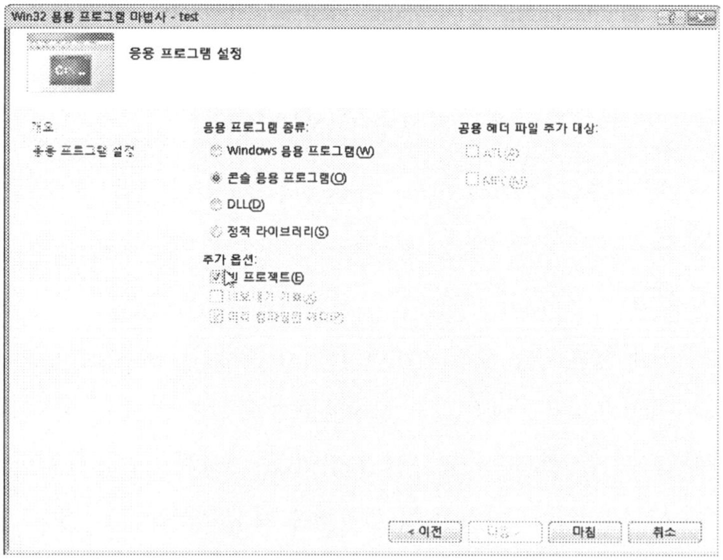

[그림 2-9] 새로운 프로젝트 생성 화면 3

현재까지는 작업 공간과 환경만을 만들었을 뿐이다. 이제 할 일은 이 환경에서 실제 컴퓨터에게 작업을 지시할 파일을 작성하는 것이다. 이를 위해 [그림 2-10]과 같이 '프로젝트(P)' 〉〉 '새 항목 추가(W)' 메뉴를 클릭한다.

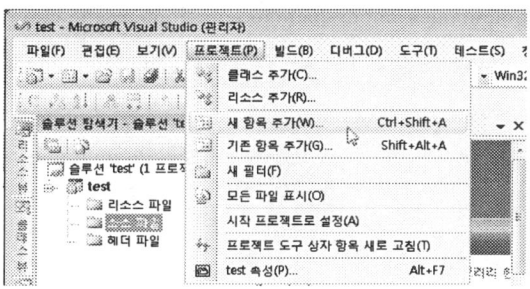

[그림 2-10] 새 항목 추가 1

'새 항목 추가' 메뉴를 누르면 [그림 2-11]과 같은 화면이 나타난다.

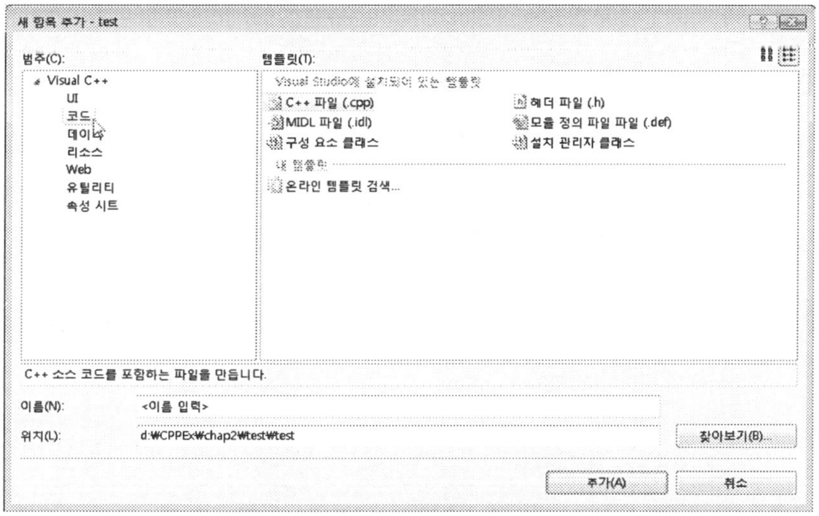

[그림 2-11] 새 항목 추가 2

'범주'에서 'Visual C++' 밑에 있는 항목 중 '코드'를 선택한다. '템플릿(T)'에서 'C++ 파일 (.cpp)'를 클릭하여 선택한다. 이 과정은 C++ 파일을 생성하는 과정이다. 이제 C++ 파일 이름을 제공해야 한다. 화면 하단에 있는 '이름(N)' 부분에 프로그램 파일 이름을 입력한다. 한 가지 예로 'test'를 입력한다. 그러면 test.cpp 파일이 새로운 생성되어 프로젝트에 추가되는 결과를 갖게 된다. '추가(A)' 버튼을 누르고 나면 [그림 2-12]의 화면처럼 test.cpp라는 탭을 갖는 화면이 나타난다.

이제 우리가 앞으로 소스 코드를 작성하고 실행할 기본적인 환경을 다 만든 상태이다. [그림 2-12]의 화면을 보면 비주얼 C++프로그램 안에 test.cpp라는 이름이 있는 윈도우창이 하나 더 있는데, 바로 이 창이 "에디터"창이다. 이 창에 소스코드를 작성하여 저장하고, 그렇게 저장한 파일을 컴파일 한 후 실행하게 된다.

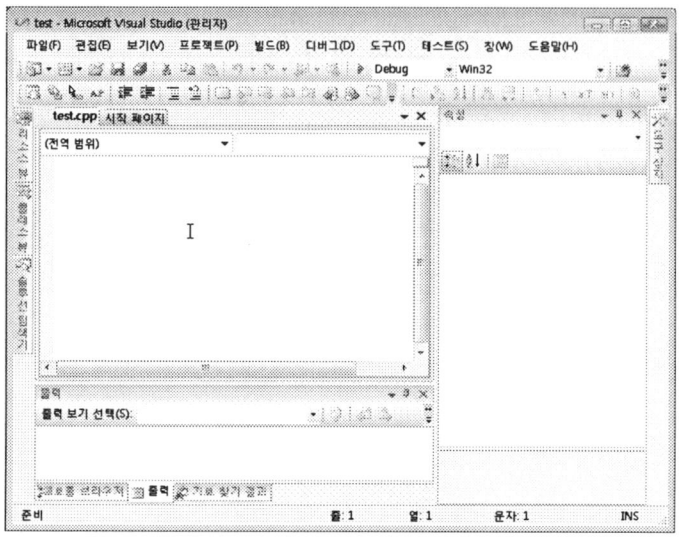

[그림 2-12] 새 항목 추가 3

[그림 2-13]은 앞의 과정을 통해 만들어진 실행 화면에서 맨 좌측에 '솔루션 탐색기' 탭을 눌렀을 경우 나타나는 화면이다.

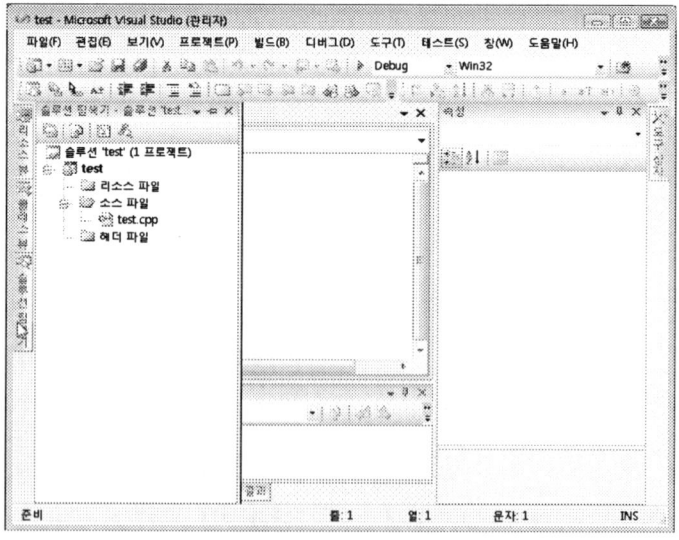

[그림 2-13] 실행 화면

화면 좌측에 있는 탭은 '리소스 뷰', '클래스 뷰', '솔루션탐색기'로 이뤄져 있다. 현재 우리
는 기본 적인 사용법을 배우는 과정이므로 이중 '솔루션탐색기' 탭에 대해서 살펴보기로
한다. '솔루션탐색기' 탭을 눌렀을 경우 그 화면에는 현재 우리가 작성한 구성요소에 대
해 모든 것을 요약하여 표기한 것을 확인할 수 있다.

```
솔루션 'test' (1 프로젝트)
    test
        리소스 파일
        소스 파일
            test.cpp
        헤더 파일
```

빈 프로젝트를 생성하였기 때문에 현재 프로젝트 내에 존재하는 것은 test.cpp가 유일하
다. 그러면, 새로운 프로젝트를 생성해보자. 이때, 기존에 열려있는 test 프로젝트를 닫으
려면 '파일' 〉〉 '솔루션 닫기' 메뉴를 선택하여 프로젝트를 닫는다. 그렇게 test 를 닫은
후, 새로운 프로젝트 Hello를 만들어 보도록 한다. 새로운 Hello는 경로는 그대로
D:₩CPPEX₩CHAP2₩ 하위에 만들어지도록 하며, 파일의 이름도 Hello.cpp가 되도록
한다. 완성된 실행 화면은 [그림 2-14]와 같다.

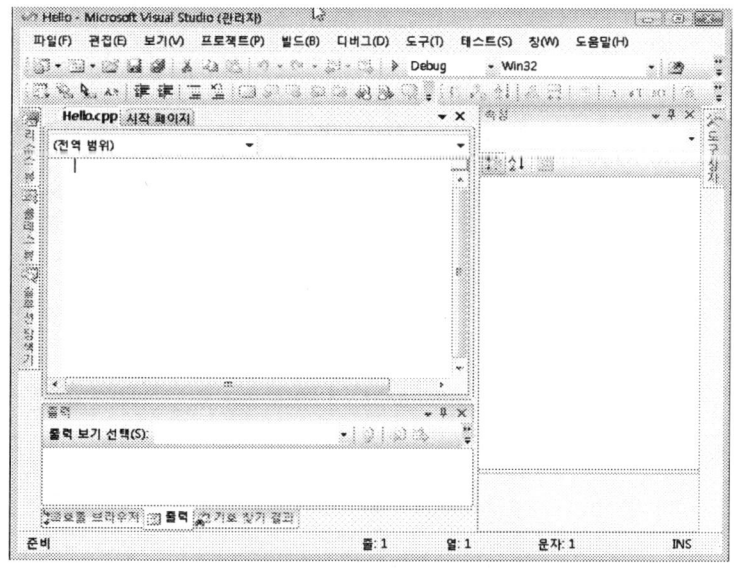

[그림 2-14] Hello 프로젝트 화면

이때, Hello 프로젝트가 생성된 폴더를 열어보면 [그림 2-15]와 같다.

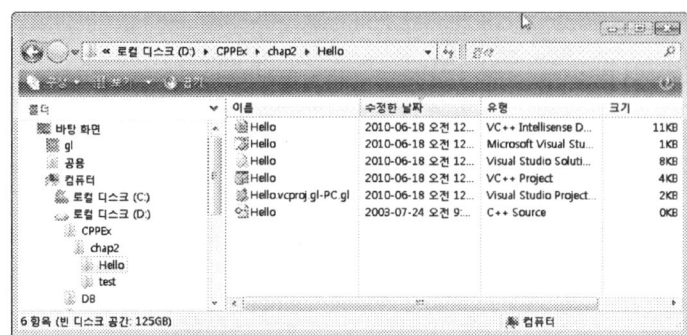

[그림 2-15] Hello 프로젝트의 파일 구성

이제 [예제 2-1]과 같이 Hello.cpp 윈도우에 다음과 같이 소스 코드를 입력하자. 여기서 각 라인의 가장 앞의 숫자들은 후에 설명을 위해 임의로 붙인 것으로 실제 코드에는 적지 않는 부분이다.

>> [예제 2-1] chap2₩Hello₩Hello.cpp

```
1.  /* Hello.cpp */
2.
3.  #include <iostream>
4.
5.  using namespace std;
6.
7.  void main(void){
8.      cout << "Hello C++ Programming~!" << endl;
9.  }
```

[그림 2-16]은 [예제 2-1]을 에디터 창에 입력할 때 주의할 점을 적은 것이다. 잘 보고 주의하여 입력하도록 한다.

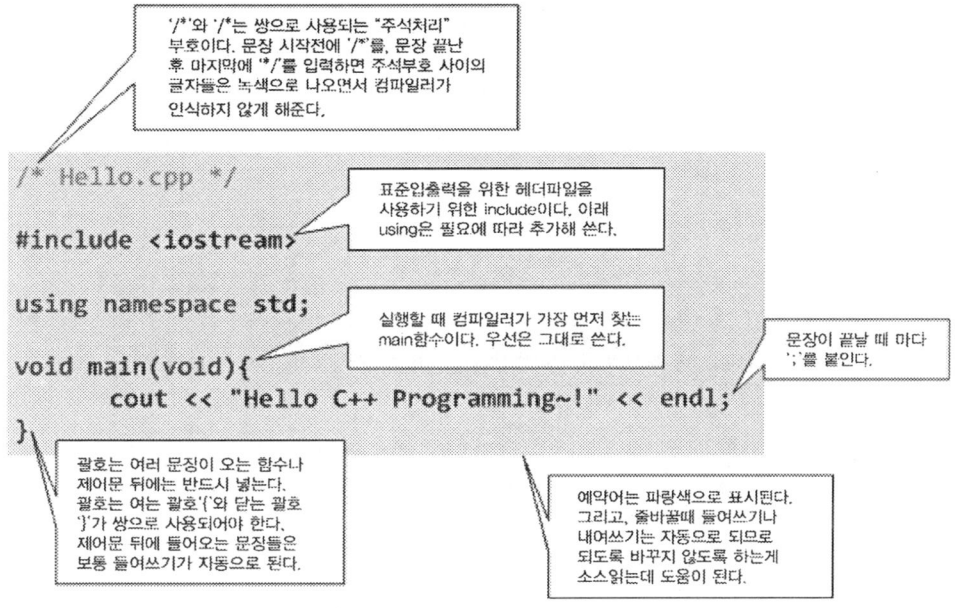

[그림 2-16] 소스 입력시 주의할 점

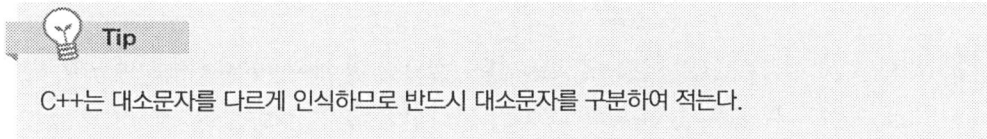

Tip

C++는 대소문자를 다르게 인식하므로 반드시 대소문자를 구분하여 적는다.

이렇게 입력한 후, 메뉴의 '빌드' >> '컴파일' 또는 단축 키 Ctrl + F7 키를 눌러 컴파일을 하도록 한다. 오타 등 실수 없이 위의 소스 코드와 똑같이 입력했다면 화면 좌측 하단에 있는 출력 인도우에 [그림 2-17]과 같이 메시지가 출력될 것이다.

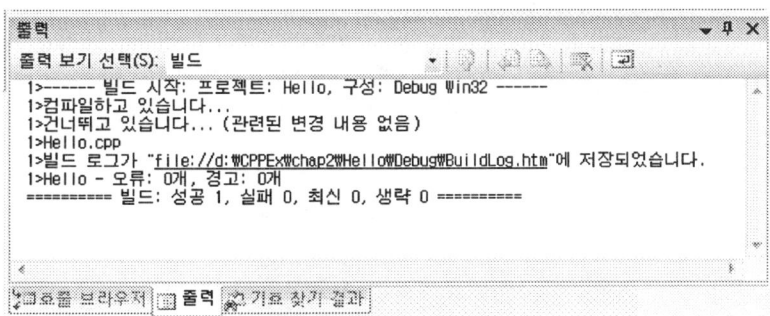

[그림 2-17] 컴파일 후 메시지

만약 오류(error)나 경고(warning) 앞의 숫자가 0이 아닌 다른 숫자라면 소스 코드에 오타나 잘못된 부분이 있음을 의미한다. 오류는 반드시 수정해야 정상적으로 실행된다.

그리고 여기까지 수행하면 Hello 프로젝트의 폴더에 [그림 2-18]과 같이 파일들이 생성되어 있을 것이다.

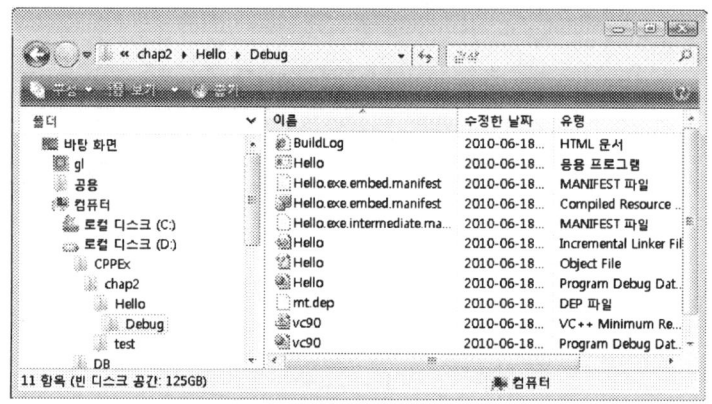

[그림 2-18] 컴파일 후 Debug 폴더의 파일

컴파일한 후 문제가 없다면 다시 링크를 한다. 컴파일 할 때와 마찬가지로 메뉴의 '빌드' 〉〉 'Hello 빌드' 메뉴를 누르면 된다. 문제가 없다면 [그림 2-19]와 같은 메시지가 출력된다. 만약 여기에서 오류나 경고가 있다면 소스 코드를 수정한 후 컴파일과 링크를 다시 해야 한다.

```
출력                                                    ▾ ╄ ✕
출력 보기 선택(S): 빌드                    ▾ | ⟳ | ⟳ ⟳ | ✕ | ◻
 1>------ 빌드 시작: 프로젝트: Hello, 구성: Debug Win32 ------
 1>컴파일하고 있습니다...
 1>Hello.cpp
 1>링크하고 있습니다...
 1>매니페스트를 포함하고 있습니다...
 1>빌드 로그가 "file://d:\CPPEx\chap2\Hello\Debug\BuildLog.htm"에 저장되었습니다.
 1>Hello - 오류: 0개, 경고: 0개
 ========== 빌드: 성공 1, 실패 0, 최신 0, 생략 0 ==========
 |
```

[그림 2-19] 링크 후 메시지

링크를 마치게 되면 Hello.exe 응용프로그램이 생성된다. [그림 2-20]에서처럼 '디버그' 〉〉 '디버깅하지 않고 시작(H)' 메뉴를 누르면 프로그램이 실행된다. 단축키로 'Ctrl + F5'

를 눌러도 같은 효과를 가진다.

우리는 처음 프로젝트를 선택할 때 Win32 Console Application으로 선택했다. 그 중 비어있는 프로젝트(An Empty Project)를 선택했음을 기억해야한다. 이것이 바로 [그림 2-21]에 대한 선택이었다고 생각하면 된다. 여기까지 되었으면 소스 코드의 결과가 원래 하려던 작업이 맞는지 확인하고 아무 키나 눌러 결과 창을 닫도록 한다. 만약 결과가 생각했던 것과 다르다면 마찬가지로 아무 키나 눌러 결과 창을 닫은 후, 소스 코드를 수정해야 한다.

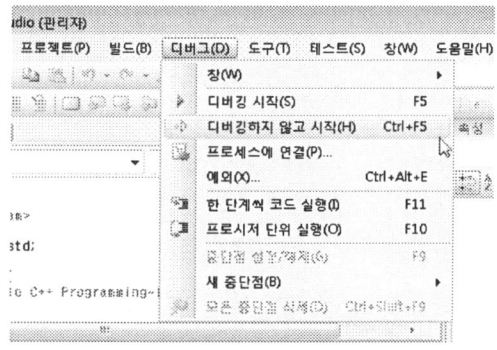

[그림 2-20] 프로그램 실행

[그림 2-21] 실행 결과

2.2 콘솔 응용프로그램 작성 및 분석

2.1절의 툴 사용법에서 프로그램을 작성하는 부분에 대해 간략하게 살펴보았다. 이제 [예제 2-1]의 소스 코드를 가지고 프로그램 작성 방법에 대해 좀 더 자세하게 학습해 보기로 한다.

2.2.1 소스 코드 작성 기본

[예제 2-1]의 01번 줄에 /*부터 */까지는 주석(comment)문장이다. 주석은 컴파일러가 무시하며 프로그램 실행에 영향을 미치지 않는 부분이다. 그러므로 주석에는 프로그램에 대한 설명을 비롯한 소스 코드에 대한 설명을 기록한다. C++에서 사용되는 주석 기호는 위에 나온 "/* ~ */"와 "//"가 있는데, "/* ~ */"는 주로 한 라인 이상의 주석을 작성할 때 사용하며, "//"는 1줄의 주석을 작성할 때 사용한다. 또한 "/* ~*/"에서 /와 *는 붙여 써야 하며, 주석의 시작 전에 /*를, 주석 내용이 다 입력된 다음에는 */를 반드시 붙여주어야 한다. 그리고 "//"은 코드 문장의 뒤 또는 주석을 입력할 해당 라인에 '/'를 붙여서 2개 연속으로 입력하면 된다. 주석 처리 효과는 "/* ~ */"의 경우 뒤에 기호가 입력되면, 그리고 "//"의 경우 엔터가 입력되면 끝나게 된다.

[그림 2-22]는 여러 가지 형태의 주석 입력 방법이다.

```
① /* Hello.cpp */
② /* 이 주석 기호는 여러 줄의
      주석을 입력하고자 할 때
      사용하면 편리하다. */
③ // 한줄의 설명을 적을 때 편리한 주석기호
④ #include <iostream> //문자 뒤에 간단히 붙일때 편리
```

[그림 2-22] 여러 가지 주석 형태

[예제 2-1]에서 02, 04, 06번 줄에 있는 빈 줄은 소스 입력 후 소스를 읽을 때 보기 좋게 하기 위해 비워둔 것이다. 실행에 영향을 미치는 부분은 아니다.

03번 줄에 있는 #으로 시작하는 문장은 선언문으로 전처리기(preprocessor) 지시문장이다. #include는 특정 파일을 소스 코드에 포함시키도록 지시한다. 이때 포함되는 파일은 헤더 파일(header file)로 소스 코드가 실행할 때 필요로 하는 정보들이 들어있는 파일이다. 헤더 파일은 '〈 〉' 괄호를 이용해 입력하고 경우에 따라 ' " " '(큰 따옴표)를 이용해 입력하기도 하는데, 간단하게 라이브러리 헤더 파일의 경우 '〈 〉', 사용자 정의 헤더 파일의 경우 " "를 사용한다고 보면 된다. 그리고 전처리기 지시문장 끝에는 세미콜론(';')를 붙이면 안된다. 그리고 새롭게 정의된 C++ 표준에서는 새로운 버전의 헤더파일을 사용하기 위해 헤더파일 이름 뒤에 확장자 '.h'를 붙이지 않는다. 이번 예제에서 03번 줄에 포함

시킨 iostream은 C++에서 사용하는 표준 입출력함수들을 정의하고 있는 헤더파일이다.

05번 줄에 using과 namespace에 대한 설명은 뒷 장에 나오니 여기서는 설명하지 않겠다. 다만, 새롭게 정의된 C++ 표준 형태에서는 이 방법으로 코딩을 하니 기억해두자.

07번 줄은 main() 함수를 정의하고 있는 문장이다. 함수(function)는 일을 수행하는 명령문이 들어있는 곳이다. C++ 언어로 코드를 작성한다는 것은 이러한 함수들을 만들어 일을 수행하게 한다고 보면 된다. 그 중에서 main() 함수는 실행할 때 컴퓨터가 가장 먼저 찾는 함수이다. 여기서 기억해야하는 또 하나는 모든 C++ 프로그램 내에는 반드시 1개의 main() 함수만 존재해야 한다는 것이다. 만약 2개 이상의 main()함수를 만들게 되면 컴파일시 오류가 발생하게 된다.

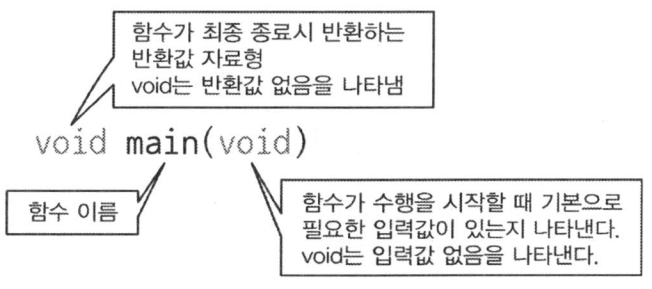

[그림 2-23] main() 함수의 형태

main() 뒤에는 중괄호 "{ }"가 오게 된다. 대체적으로 모든 함수 뒤에는 이러한 중괄호가 열리고 닫히게 되는데, 괄호 사이에 프로그래머가 작성하고자 하는 코드 내용이 들어가게 된다. 괄호는 반드시 짝을 이루어 입력되어야 하는데 만약 열린 괄호와 닫힌 괄호의 개수가 맞지 않게 되면 오류가 발생하니 주의하도록 한다. 또한, 괄호가 열린 후 엔터를 입력하면 다음 라인이 들여쓰기가 되는데, 이는 추후 소스코드를 읽을 때 보기 편하게 하기 위한 것이므로 그대로 두도록 한다. 그런데 만약 소스파일을 만들 때, 소스코드 확장자를 "cpp"로 하지 않았다면, 즉 "text" 형태로 열어둔 상태라면 들여쓰기가 자동으로 되지 않는다.

중괄호 내에 들어가는 문장들이 바로 프로그램이 어떻게 동작할지를 지시하는 명령어들이다. 이 명령어들이 문법과 순서에 맞춰 입력되었다면 정상적으로 동작하게 될 것이다. 문장을 입력할 때, 대부분의 문장 뒤에는 세미콜론(;)이 입력되어야 한다. 이 세미콜론은 컴파일러에게 문장이 끝났음을 알리는 부호이다. 입력하지 않을 경우 오류가 발생하므로 주의하도록 한다. 또한 명령어들이 순서에 맞춰 입력되어야 하는데, 컴파일러는 문장을 차례대로 실행하기 때문이다. 만약 순서를 잘못하여 작성한다면 실행 오류가 발생하게 된다.

이렇게 문장들이 다 입력된 후 09번 줄과 같이 중괄호를 닫게 되면 main()함수가 종료된다.

08번 줄의 cout은 C++에서 사용하는 기본 출력 함수로 모니터 화면에 큰 따옴표(" ") 내에 적혀있는 내용을 출력하는 일을 한다. 앞에서 설명한 iostream 헤더파일 내에 정의되어 있는 라이브러리 함수로 이미 정의가 되어있는 함수이다. 이 함수에서 큰 따옴표 내에 적혀있는 문장은 화면에 내용 그대로가 출력되며, cout 뒤에 "〈〈" 기호는 연산자로 연산자 뒤의 내용을 수행한 후 cout하라는 의미라 보면 된다. 후에 더 자세히 보도록 하겠다. 그리고 cout은 왼쪽에서 오른쪽으로 결합해 나가며 순서에 맞춰 하나씩 수행된다. 즉, 큰 따옴표 내의 문자를 모니터에 출력하도록 한 후, 'endl'을 수행하게 되는데, 이때 endl은 C언에서의 '₩n'과 같은 의미, 즉 줄바꿈을 의미한다. 그런데 'endl'은 '₩n'와는 다르게 버퍼의 처리이다. '₩n'은 줄바꿈 처리 후 출력 버퍼에 값이 남아있어 다른 입력을 위해서는 출력 버퍼를 비워야 했다. 그러나 endl은 이 출력 버퍼를 비우는 처리까지 함께 해주므로 별도의 작업이 필요 없다는 것이다. 이렇게 입력한 뒤 반드시 세미콜론으로 문장이 끝났다는 입력을 해주어야 한다.

 Tip

만약 문장 입력 중 중괄호나 큰 따옴표를 짝을 맞춰 입력하지 않을 경우 반드시 오류 발생. 반드시 맞추도록 한다.

2.3 프로그램 작성 및 실행

2.3.1 예제 프로그램

앞의 예제와 유사한 유형으로 다른 프로그램을 작성하여 실행하여 보도록 하자.

앞에서 실습한 Hello 프로젝트를 닫고 새로운 프로젝트를 생성하도록 한다. 이때, 지금 활성화되어있는 프로젝트를 닫기 위해 에디터 창의 닫기 버튼을 누르면 다만 에디터 창만 닫힐 뿐이다. 우리는 새로운 main() 함수를 만들려고 한다. 그런데 이미 main() 함수가 있는 프로젝트에 새로운 main()을 만들면 오류가 날 뿐이다. 그러므로 프로젝트 자체를 닫아야 하는데, 닫는 방법은 메뉴의 File 〉〉 Close Workspace를 선택하여 프로젝트 자체를 닫도록 한다. 그리고 앞에서 설명했던 순서로 새로 프로젝트를 생성하는데, 이름은 ch2_1로, 소스 파일 이름도 ch2_1.cpp로 만들어 아래와 같이 코드를 입력하도록 한다.

> ### Tip
>
> 기존에 만들었던 프로젝트를 열고자 할때는 File 〉〉 Open Workspace를 선택하여 해당 폴더 내의 "*.dsw" 파일을 선택하면 소스 파일을 비롯하여 해당 프로젝트를 생성할 때 선택했던 환경 자체가 모두 열리게 된다.

》》 [예제 2-2-1] chap2\ch2_1\ch2_1.cpp (1)

```
1.  #include <iostream>
2.
3.  using namespace std;
4.  void main(void){
5.      int a = 10;    // 정수형 변수 a 선언, 값 초기화함
6.      cout << "간단한 연습을 합니다.";
7.      cout << a;
8.      cout << "C++ 언어를 배웁니다.";
9.  }
```

위 [예제 2-2-1]의 소스코드처럼 입력하면 실행 결과는 다음과 같다.

■ 실행 결과

앞에 Hello 실행과는 다르게 실행 코드에 cout 함수 3개가 사용되었다. 그런데 [실행 결과]는 1줄로 나오고 있다. 이는 바로 C++에서의 '명령문'의 사용유무에 따른 차이인 것이다. [예제 2-1]과 비교해 보면, cout 함수 구문의 가장 마지막에 'endl'이 없다. 앞에서도 언급했듯이 endl은 줄바꿈 하라는 의미를 갖는다. 그런데 위의 cout문 어디에도 이 endl문이 들어있지 않다. 즉, cout문을 위 그림과 같이 별도로 문장을 따로 적었다고 해서 출력도 두 줄로 나오지 않는다는 것이다. 프로그래밍을 통해 원하는 모양으로 출력하기 위해서는 그 모양이 나올 수 있도록 명령문으로 지시해야 한다는 것이다. 그러면 위 예제를 다음 [예제 2-2-2]와 같이 변경해보도록 하자.

아래 [예제 2-2-2]의 06번 줄은 2줄로 표현되었으나 이것은 독자가 보기 좋게 하기 위한 임의의 줄바꿈이므로 실제 코드 작성시에는 한 줄로 입력하면 된다.

>> [예제 2-2-2] chap2₩ch2_1₩ch2_1.cpp (2)

```
1.  #include <iostream>
2.
3.  using namespace std;
4.  void main(void){
5.      int a = 10;
6.      cout << "간단한 연습을 합니다." << a
7.          << "C++ 언어를 배웁니다.";
8.  }
```

■ 실행 결과

위 [예제 2-2-2]의 [실행결과]에서 보는 것과 같이, [예제 2-2-1]의 [실행결과]와 같은 결과가 나온다. cout 함수 문장은 [예제 2-2-2]의 06번 줄과 같이 연결해서 입력할 수가 있다. cout문은 바로 뒤의 << 연산자 뒤에 나오는 내용부터 차례대로 모니터에 가져다 쓴다. 특히 큰 따옴표에 있는 문장은 그 안에 적힌 내용 그대로를 모니터에 출력하기 때문에 차례로 출력되는 것이다. 또한 기억할 내용은 cout 뒤에 문장이나 변수, 수식 등을 넣을 수가 있는데, 이때 문자의 경우는 큰 따옴표 안에 적어야 하나 변수나 수식은 큰 따옴표 없이 그냥 쓰며, 문장, 변수, 수식들 사이사이에는 반드시 << 연산자를 이용하여 연결해 주어야 한다. 만약 그렇지 않으면 오류가 발생하니 주의하기 바란다.

■ cout 문장 표현 방법

```
cout << "간단한 연습을 합니다."  a  "C++ 언어를 배웁니다.";      : 틀린 구문
cout << "간단한 연습을 합니다." << a << "C++ 언어를 배웁니다.";  : 옳은 구문
```

그럼 위의 코드를 다음 [예제 2-2-3]과 같이 수정해 보도록 한다.

[예제 2-2-3] chap2₩ch2_1₩ch2_1.cpp (3)

```
1.  #include <iostream>
2.
3.  using namespace std;
4.  void main(void){
5.      int a = 10;
6.      cout << "간단한 연습을 합니다 "<< endl;
7.      cout << a << endl;
8.      cout << "C++ 언어를 배웁니다.\n";
9.  }
```

06, 07, 08번 줄 각각에 endl과 "₩n"은 모두 줄바꿈을 위해 들어있는 것이다. 이 두 개의 차이는 앞서 간단하게 언급하였으니 참고하기 바란다. 이렇게 수정한 후 실행을 하면 다음과 같은 결과가 나온다.

■ 실행 결과

위의 06, 07, 08번 줄을 다음과 같이 한 줄로 입력하여도 실행결과는 같게 나온다.

---

cout<<"간단한 연습을 합니다."<<endl<<a<<endl<<"C++ 언어를 배웁니다.\n";

그럼 예제를 하나 더 연습해 보자.

현재 연습했던 ch2_1은 닫고 새로운 프로젝트를 생성한다. 이때 프로젝트 이름은 ch2_2
로 하고, 소스 파일 이름도 ch_2_2.cpp로 하도록 한다. 그리고 [예제 2-3]과 같이 소스 코
드를 입력하도록 한다.

>> [예제 2-3] chap2\ch2_2\ch2_2.cpp

```
1.  #include <iostream>
2.
3.  using namespace std;
4.  void main(void){
5.      int a, b;
6.
7.      cout << "첫 번째 정수 입력 : ";
8.      cin >> a;
9.      cout << "두 번째 정수 입력 : ";
10.     cin >> b;
11.
12.     cout << "입력된 두 수 : " << a << "\t" << b << endl;
13.     }
```

위 [예제 2-3] 소스 코드에서, 05번 줄은 정수형 변수 a와 b를 선언하고 있다. 이렇게 선
언한 변수의 값을 08, 10번 줄에서 각각 cin 함수를 통해 키보드로 값을 입력받도록 하고

있다. cin 함수는 키보드로 데이터를 입력받기 위해 사용하며, 〉〉 연산자를 붙인다. 그리고 〉〉 연산자 뒤에 키보드로 입력받은 값이 저장될 변수를 적으면 된다. 그리고 각 문장은 반드시 세미콜론으로 끝을 내주고 줄바꿈하면 된다.

07, 09번 줄의 문장없이 08, 10번 줄의 문장만 있다면 실행할 때, 아무런 메시지 없이 실행 창에 커서만 깜박거리며 입력만 기다리게 되는데, 이때 그냥 정수 값을 입력해주면 문제없이 실행되지만 실행 화면을 보는 입장에서 보다 친절한 설명이 필요할 것 같아 07, 09번 줄을 추가한 것이다.

그리고, 12번 줄에 cout은 cin 함수를 통해 키보드로 입력받은 정수 2개가 제대로 각 변수에 입력되었는지 확인하기 위해 넣어보았다. 이때 "₩t"는 tab과 같은 효과로 일정 칸을 띄어쓰기 하기위해 넣는 형식지정문자열이다. 이렇게 입력한 소스 코드의 실행 결과는 다음과 같다.

■ 실행 결과

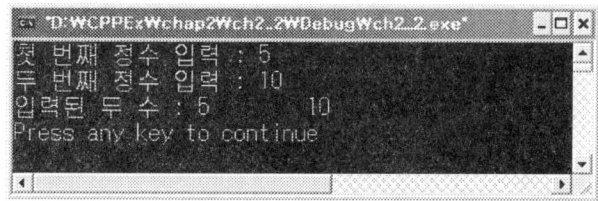

■ 오류 수정

앞의 몇 가지 연습을 통해 프로그램을 실행시켜 보았을 것이다. 그런데 앞의 코드들은 이미 정상적으로 실행하는 것을 확인하고 올린 코드이기 때문에 똑같이만 입력한다면 오류가 생기지 않을 것이다. 그런데, 우리가 소스 코드를 작성하다보면 실행 결과가 보이지 않고 무언가 잘못되었다는 오류 메시지만 확인되는 경우가 있을 수 있다. 이는 소스 코드 내에 글자 입력 등 문법적인 오류부터 논리적인 오류까지 다양한 원인에 의해서 나오게 된다. 다음 [그림 2-24]는 오류 발생 시점과 종류들이다.

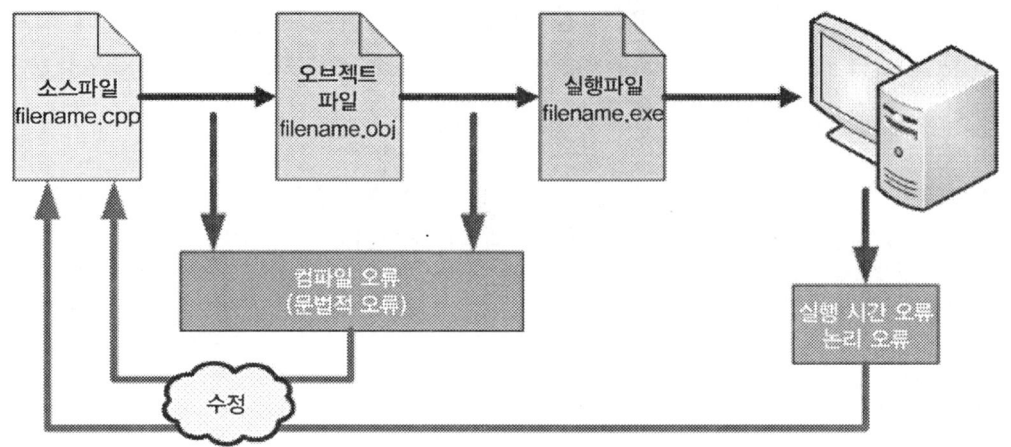

[그림 2-24] 수행 오류

- 컴파일 오류 : 오타, 세미콜론 누락 등 대부분의 문법적인 오류

- 실행시간 오류 : 실행 도중 0으로 나누는 연산과 같은 오류

- 논리 오류 : 문법적으로는 문제가 없으나 논리적으로 잘못되어 원하는 결과가 나오지 않는 오류

앞에서 컴파일이나 링크시 나왔던 메시지 중 오류(error)나 경고(warning)는 이러한 오류들이 발생했는지 프로그래머에게 알려주는 것이다.

- 오류(error) : 컴파일, 링크가 중단되었으며, 계속될 수 없는 심각한 오류

- 경고(warning) : 컴파일, 링크는 가능하나 그대로 두었을 경우 문제가 될 수도 있는 오류

그러면, 앞의 [예제 2-2-3]의 코드를 수정하여 오류가 발생되도록 해보자.

연습했던 ch2_1.cpp를 열기 위해서는 현재 열려있는 프로젝트를 닫고, '파일' 〉〉 '열기' 〉〉 '프로젝트/솔루션' 메뉴를 이용하여 ch2_1 프로젝트/솔루션을 클릭하여 해당 프로젝트를 연다.

⟨≫⟩ **[예제 2-4]** chap2₩ch2_1₩ch2_1.cpp (4)

```cpp
1.  #include <iostream>
2.
3.  using namespace std;
4.  void main(void){
5.      int a = 10;
6.      cout << "간단한 연습을 합니다."<< endl;
7.      cout << a << endl;
8.      cout << "C++ 언어를 배웁니다.\n"
9.  }
```

[예제 2-4]는 기존 [예제 2-2-3]과 같은데 08번 줄의 마지막에 세미콜론만 삭제하였다. 이렇게 한 후 컴파일 해보도록 하자.

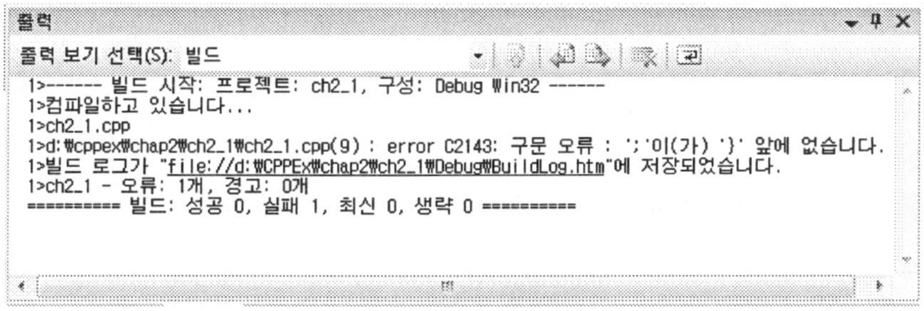

[그림 2-25] 오류 메시지

경우에 따라, 하나의 문법적 오류에 의해 1개 이상의 오류가 발생할 수도 있으니 오류는 첫 줄부터 수정하는 것이 효율적이다. 화면에 보이는 오류 메시지를 더블 클릭하면 에디터 창에 오류가 발생한 해당 라인으로 바로 이동한다. 더블 클릭하였을 경우 화면 맨 하단에 나타나는 메시지를 살펴보자.

' error C2143: 구문 오류: ' ; ' 이(가) ' } ' 앞에 없습니다. '

이 메시지는 세미콜론이 없음을 지적하는 오류 메시지이다. 9번 줄에 가서 보면 실제로는 프로그램의 맨 마지막 줄인 '}'에 오류가 발생하였다고 표기되어 있다. 그러나 실제 오류는 8번 줄 맨 끝에서 발생한 것이다. 컴파일러는 8번 줄 끝에 있어야 할 세미콜론이 없으므로 9번 줄에 있을까 가정하면서 조사하다가 9번 줄에서도 없어 오류 메시지를 발생시키는 것이다. 해당 라인 마지막에 세미콜론을 추가하고 컴파일 하면 오류가 해결되었음을 알 수 있을 것이다. 컴파일 오류는 이러한 방법으로 하나씩 수정해가면 된다.

실행 시간 오류 역시 이런 식으로 수정해 나가면 되는데, 논리 오류는 에러 메시지가 나오는 것이 아니라 실행은 정상적으로 되나 결과값이 프로그래머가 원하는 결과가 아닌 경우이므로, 이는 결과를 보고 프로그래머가 소스 수정을 해야한다.

2.3.2 디버깅

컴파일 오류나 실행 시간 오류 같은 경우는 오류 메시지가 나오기 때문에 수정하는데 편리하다. 그러나 논리 오류는 왜 이러한 잘못된 결과가 나왔는지를 알아내어야 하기 때문에 한 줄씩 코드를 재해석해야 한다. 이런 작업을 보다 편리하게 해주는 것이 바로 디버거(debugger) 도구이다. 디버거는 코딩한 소스 코드를 한 줄씩 실행해 주는데, 이러한 디버거를 이용하여 우리가 코딩한 소스 코드의 잘못된 곳이나 중간 결과 등 프로그램의 동작을 한 줄씩 따라갈 수 있도록 도와준다. 이러한 기능은 결국 코드의 각 문장들이 실행되는 순서를 알 수 있기 때문에 유용하다. 디버거를 사용하는 방법을 살펴보도록 하자.

[예제 2-5]에 있는 소스 코드를 새로운 프로젝트 ch2_3₩ch2_3.cpp에 작성하도록 하자.

>> [예제 2-5] chap2₩ch2_3₩ch2_3.cpp

```
1.  /* 디버거 실습 ch2_3 */
2.  #include <iostream>
3.
4.  using namespace std;
5.
6.  void main(void){
7.      int a = 10;
8.      int b = 20;
9.      int sum;
10.
11.     sum = a + b;
12.
13.     cout << "sum = " << sum << endl;
14.  }
```

이 코드는 아무 이상 없이 실행이 되는 코드이다. 그런데, 이때 [그림 2-26]과 같이 메뉴에서 디버그 >> '한 단계씩 코드 실행(I)' 메뉴를 클릭하도록 하자.

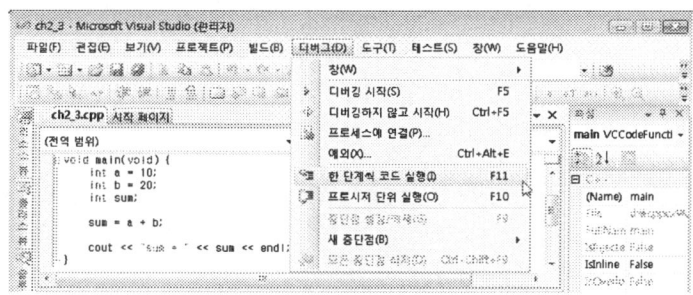

[그림 2-26] 디버거 실행 (1)

그러면, 실행시킬 때와 같이 [그림 2-27]과 같은 창이 생긴다. 이때, 코드를 보여주는 창을 자세히 살펴보자.

```
void main(void) {
```

이 줄 좌측에 보면 화살표가 표기되어 있음을 확인할 수 있다. 디버깅 모드에서 실행되는 현재 실행 위치를 표기하는 화살표이다. 이후 F11 키 또는 메뉴의 '디버거' >> '한 단계씩 코드실행'을 누르면 [그림 2-28]에서 보듯이 한 문장 씩 코드가 실행된다.

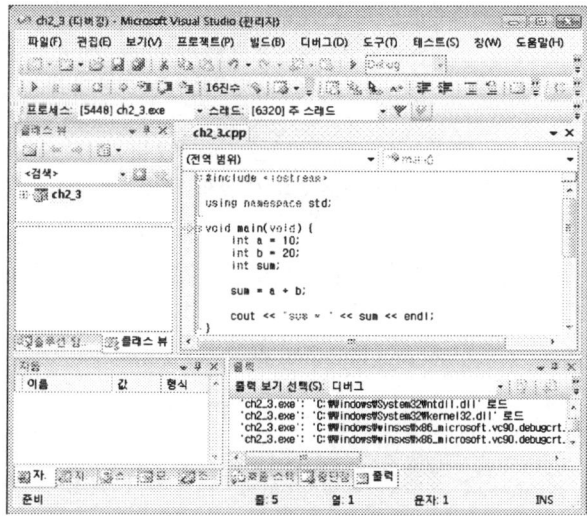

[그림 2-27] 디버거 실행(2)

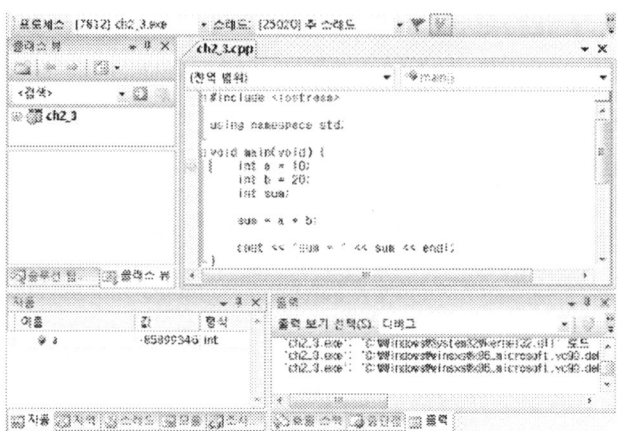

[그림 2-28] 디버거 실행(3)

F11키를 한 번 더 누르면 [그림 2-29]와 같게 된다.

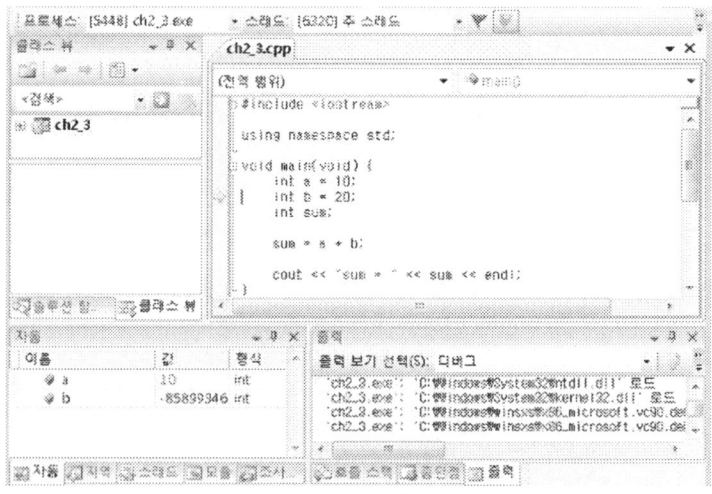

[그림 2-29] 디버거 실행(4)

이때 코드의 좌측에 화살표가 표기되어 있음을 확인할 수 있다. 현재의 위치는

```
    int b = 20;
```

이다. 좌측에 표기된 화살표는 현재의 실행단계가 이 코드가 실행되기 바로 직전에 있음을 의미한다. a는 이미 10으로 배정이 완료된 상황이지만 b는 아직 20으로 배정이 되지

않은 상태이다. 이를 확인하기 위한 것으로 화면의 좌측 하단에 보면 a와 b 값이 표기되어 있는 창이 있다. a는 10을 가지고 있지만 b는 -85899346 이라는 이상한 값을 갖게 된다. 이 값은 미지의 값으로 어떤 특정 값으로 배정되지 않았음을 표시한다. [그림 2-28]에서 같은 창을 살펴보면 그 시점에서 (즉, a=10;가 실행되기 전) a 값 또한 아직 확정되지 않은 상태이다.

디버거를 한 번 더 실행하면 위 [그림 2-29]의 좌측 하단에 자동 창에 보면 변수 a에 값 10이 대입되었으며, 변수 b가 생성되었음을 볼 수 있다. 이런 식으로 F11을 한 번씩 눌러 cout이 있는 라인까지 진행해 보도록 하자. 그러면 [그림 2-30]과 같이 진행될 것이다.

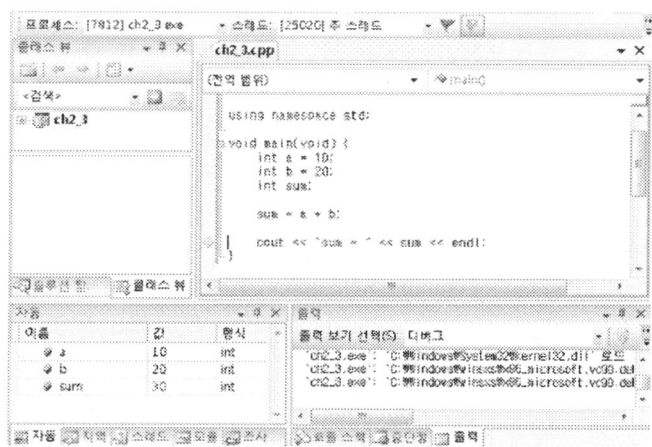

[그림 2-30] 디버거 실행(5)

이렇게 한 줄씩 실행해 가다가 main() 함수가 끝나게 되면 디버깅이 종료된다. 다른 코드도 이렇게 한 줄씩 실행해 가면 변수에 값이 대입되는 과정이 보여 지기 때문에 연산이 어디서 어떻게 되는지 확인할 수 있다. 만약 중간에 디버거를 끝내고자 한다면 '디버그' >> '디버그 중지' 메뉴를 선택하도록 한다.

지금까지 실제 C++를 학습해 나갈 때 사용할 통합개발도구인 비주얼 스튜디오 C++를 직접 설치하고 이 프로그램을 사용하여 실제 간단한 프로그램들을 실행시켜 보았다. 앞으로 이 방법대로 프로그램을 작성하고 실행하도록 하자.

C++의 개요

3.1 표준입출력

3.1.1 개념

프로그래밍 언어에 있어서 기본적인 오퍼레이션중의 하나는 표준 입출력 장치를 통한 데이터의 입력/출력이라 할 수 있다. 표준 입출력 장치는 전통적으로 키보드와 스크린을 의미하며 매크로 정의에 의해 STDIN, STDOUT 으로 나타낸다. C++ 에서는 이러한 표준 입력과 표준출력 연산을 버퍼를 통한 표준 입출력 함수인 cout, cin을 사용하여 수행한다. 두 함수는 character 의 'C'와 입/출력을 의미하는 in/out 으로 문자 및 문자열에 대한 입출력 기능을 수행한다. 이러한 표준 입출력에 사용되는 객체는 cout, cin이며 이는 istream, ostream에 정의되어 있다.

(1) 기본 입출력 객체 cout, cin

두 개의 기본 입출력 함수 cout, cin은 iostream의 헤더에 ostream 과 istream 으로 정의 되어 있고 이것은 템플릿 클래스 basic_ostream과 basic_istream을 재정의 한 것이다. 이는 다음과 같이 정의 되어있다.

```
typeof basic_ostream<char> ostream
typeof basic_istream<char> istream
```

즉 cout과 cin은 다음과 같이 기본 클래스가 basic_ostream, basic_istream 인 곳에 정의 되어 있는 함수인 것이다.

```
basic_ostream -> ostream -> cout
basic_istream -> istream -> cin
```

표준 입, 출력 장치로 입력하거나 출력하는 연산은 스트림(stream)이라는 구조를 사용한다. 스트림은 사용자의 프로그램에서 파일, 콘솔 그리고 기타 프로그램 등으로 데이터를 입, 출력하기 위한 통로라 할 수 있다. 만일 "ABC" 라는 글자를 화면에 표시하거나 파일에 저장 하려고 하는 경우 사용자는 먼저 화면 또는 파일과 연결되는 스트림을 열고 그 스트림을 통해 데이터를 보낸 후 이를 화면에 표시 하거나 파일에 저장 하게 된다.

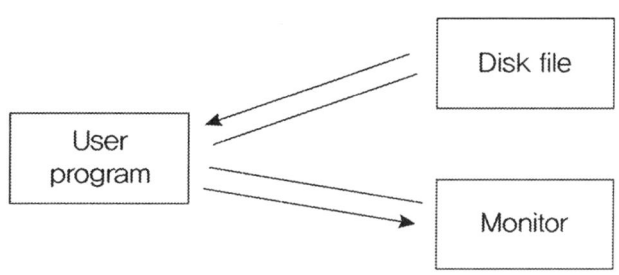

[그림 3-1] 파일 입력 및 모니터 출력 스트림

[그림 3-1]은 사용자 프로그램이 데이터를 파일로부터 읽기 위한 스트림과 화면에 출력 하기 위한 두 가지 스트림을 보여준다. 사용자는 파일 입력 또는 화면 출력을 위하여 정 해진 절차에 따라 스트림을 생성하고 그 스트림에 데이터를 넣어 목적을 달성할 수 있 다. 이렇게 스트림 방식을 사용하는 이유는 하나의 통일된 통로를 정의하고 그곳에 통일 된 방식으로 데이터를 입력하거나 출력함으로써 표준화된 절차에 의해 엑세스가 가능하 기 때문이다. 이는 장치에 의존적인 방식으로 인한 메소드의 중복을 방지하여 효율적인 시스템 엑세스 방식을 제공한다. 스트림은 내 프로그램 입장에서 보았을 때 외부로부터 입력되는 경우 "입력 스트림" 이라하고 외부로 출력하는 경우 "출력 스트림" 이라한다. [그림 3-1]에서 사용자는 디스크 파일을 읽기 위한 입력 스트림 한 개와 콘솔로 출력하기 위한 출력 스트림 한 개를 열었다. 이를 통하여 파일로부터 데이터를 입력하여 저장하 고, 콘솔에 내용을 표시할 수 있다.

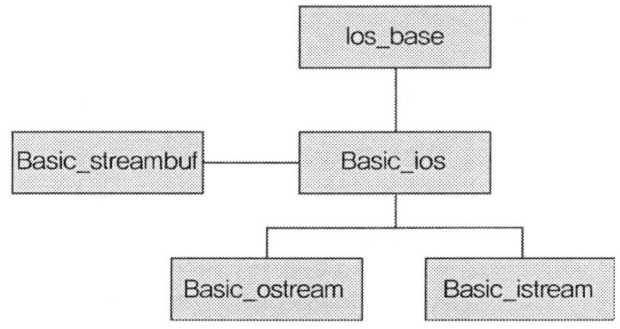

[그림 3-2] 입, 출력 스트림 클래스 관계도

이 장의 초반에 언급했던 ostream 과 istream 은 표준화된 데이터 입, 출력을 위해 스트림을 구현해 놓은 표준 클래스이다. 표준 클래스의 여러 객체들 중 콘솔 입출력을 위한 객체들이 cout, cin 이다. 이상의 클래스 구현을 위한 마이크로소프트의 클래스 구조는 [그림 3-2]와 같다.

[그림 3-2]에서 ios_base 클래스는 입출력 형식을 정하는 관련 기능들을 정의한다. basic_ios 클래스에서는 istream 클래스와 ostream 클래스에서 사용하는 기본 클래스에 대해 정의한다. basic_streambuf 클래스에서는 입출력 스트림 사용 시 버퍼 관련 메소드들을 정의한다.

(2) 입출력 버퍼링

스트림을 사용한 출력의 경우 데이터가 스트림을 통해 즉시 수행되는 것이 아니고 출력 데이터를 모아 두었다가 지정된 크기만큼 모인 경우 이를 내보내는 방식을 사용한다. 이는 매번 자료가 발생할 때마다 내보내는 것보다는 적당한 크기로 모아서 한 번에 내보내는 것이 효율적이기 때문이다. 입력 스트림 또한 데이터를 적당한 크기로 모아서 입력하는 방식을 사용하며 이러한 입출력 방식을 버퍼링(buffering) 이라한다. 버퍼링은 이상에서 설명한 바와 같이 입출력 동작을 효율적으로 만들기도 하지만 지연된 쓰기와 읽기로 인해 의도하지 않는 결과를 초래하기도 한다. 이렇게 일정량의 자료를 이동할 때 잠시 자료를 저장하는 메모리를 버퍼라 하며, 이러한 동작을 버퍼링 이라한다. 다음의 그림은 이상에서 언급한 버퍼링의 예이다.

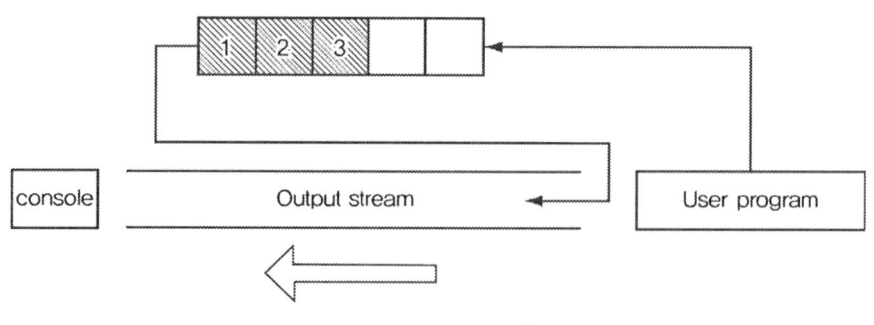

[그림 3-3] 버퍼를 이용한 출력 스트림

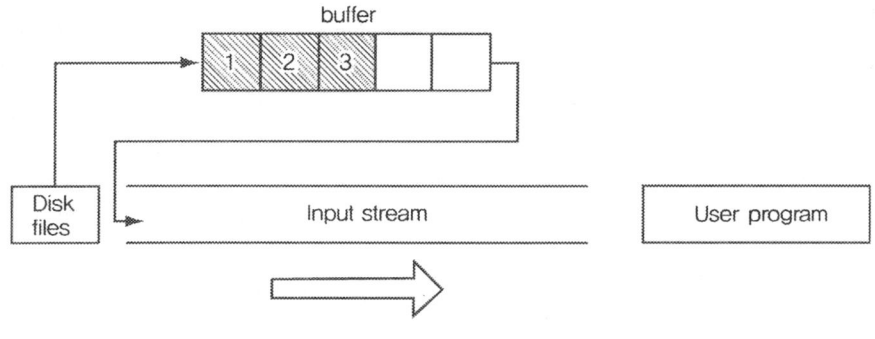

[그림 3-4] 버퍼를 이용한 입력 스트림

[그림 3-3]은 사용자 프로그램에서 콘솔에 출력하는 예제이다. 유저 프로그램은 현재 스트림에 할당된 버퍼에 필요한 데이터를 쓰고 적당한 크기의 데이터가 쌓였을 때 또는 주기적으로 콘솔에 출력하게 된다. 실제 PC에서 키보드의 특정키를 누fms 경우 당장 화면에 보이지는 않지만 조금 후에 그동안 누른 키들이 화면에 한꺼번에 출력되는 것을 보았을 것이다. 이것은 운영체제의 메시지 큐에서 키보드 이벤트 메시지를 도착하는 대로 처리하지만 우선순위가 높은 작업 또는 과도하게 많은 양의 데이터가 도착하는 경우 지연되어 출력하기 때문이다. [그림 3-4]는 반대로 디스크 파일로부터 사용자 프로그램으로 데이터가 입력되는 예제이다. 지정된 경로로부터 파일 스트림을 열면 사용자 프로그램에서는 스트림 포인터를 알 수 있고, 이 포인터를 통해 입력 스트림 버퍼를 읽어 파일로부터 데이터를 읽어 들일 수 있다.

이상과 같이 버퍼를 이용한 입출력은 많은 경우에 사용 되지만 데이터를 바로 사용하기 위하여 버퍼의 내용을 즉시 출력해야 하는 경우도 있다. 이를 위하여 버퍼의 내용을 즉시 출력하고 버퍼를 비워버리는 flush() 라는 함수가 있다.

다음의 예제는 일반적인 콘솔 출력과 즉시 출력되는 flush 출력의 사용 예를 보여준다.

```
cout << "Hello world" << flush;
cout << "Hello world" << endl;
```

위 두 가지 콘솔 출력 결과는 같지만 첫 번째 줄의 명령은 문자열을 버퍼로 내보낸 후 이를 바로 출력하며, 두 번째 결과는 "Hello world"를 우선 버퍼에 쓰고 endl('₩n')을 만난 후에 출력한다.

이상의 예제에서 입출력 방향은 연산자 "〈〈"와 "〉〉"로 지시한다. "〈〈" 와 "〉〉"은 C++에서 비트의 left-shift 또는 right-shift 연산자로서 뿐만 아니라, 스트림 입출력을 위한 연산자로도 사용된다. 이 연산자는 예약어 "cout", "cin" 과 더불어 문자열, 그리고 모든 표준 자료형의 입출력에 사용된다. 이것은 헤더파일 〈iostream〉에서 지원한다. "〉〉" 연산자는 cin과 함께 키보드로부터 문자열이나 표준형 자료를 읽어 변수에 할당시키기 위해서 사용하며, "〈〈" 연산자와 cout은 콘솔에 문자열 내지 표준형 자료를 출력시키기 위해서 사용한다. 이들 콘솔 입출력문은 C 언어의 표준 입출력 헤더인 stdio.h에서 지원하는 양식화된(formatted) 입출력 함수인 printf(), scanf() 함수와 유사하지만, C++의 콘솔 입출력문은 입출력 형식을 필요로 하지 않기 때문에 보다 사용이 편리하다.

예를 들면, 키보드로부터 스트림 입력문은 단순히 cin 〉〉 variable;로 서술된다. 이때 입력되는 자료는 변수명의 자료형에 따른다. 만약 스트림을 모니터에 출력하려면 "cout 〈〈" 뒤에 문자열 상수 또는 변수명 및 제어문자(escape sequence)를 작성하고, 한 행에 여러 자료를 출력시키려면 연산자 "〈〈"을 반복하여 서술한다. 다음은 cout 함수를 사용하는 예제이다.

>> [예제 3-1] using 문장을 사용한 cout을 사용한 콘솔 출력 예제

```
1.  #include <iostream>
2.  using namespace std;
3.
4.  main()
5.  {
6.      cout << "Hello, World!" << "\n";
7.      printf("Hello, World!\n");
8.  }
```

이때 cin, cout은 비쥬얼 스튜디오 2003부터 다시 정의되어 네임스페이스 std 공간에 정의되어 있기 때문에 이 명칭을 사용하려면 2번 줄과 같이 using namespace std; 으로 선언해 간단히 cout으로 사용할 수 있으나, 만약 선언하지 않으면 [예제 3-2]와 같이 std::cout 으로 명칭을 지정해야 한다.

>> [예제 3-2] 스코프 연산자를 사용하여 cout을 사용한 콘솔 출력 예제

```
1.  //Hello-world
2.  #include <iostream>
3.
4.  main()
5.  {
6.      sdt::cout << "Hello, World!" << "\n";
7.      printf("Hello, World!\n");
8.  }
```

[예제 3-3]은 cin 메소드를 사용한 콘솔 입력 예제이다.

>> [예제 3-3] cin 메소드를 사용한 콘솔 입력 예제

```
1.  #include <iostream>
2.
3.  using namespace std;
4.
5.  main(void)
6.  {
7.      int  inp;
8.      cin >> inp;
9.      cout << "모니터 출력 연습" << inp+100 << " 완료\n";
10.     cout << "STOP!!!\n";
11. }
```

3.2 네임스페이스

3.2.1 개념

네임스페이스(namespace)는 클래스 간에 이름의 충돌을 방지하기 위한 장치이다. 이 때문에 비주얼 C++ 2003 이상에서는 새롭게 C++ 헤더가 정의되었기 때문에 cout, cin 함수를 그냥 사용했을 경우 정의되지 않았다는 에러 메시지를 출력한다. 이러한 이유로 이

들은 std::cout, std::cin과 같이 사용 하여야 한다. 학습용 프로젝트의 경우 적게는 1개에서 10개 이하의 클래스를 사용하지만 실제 개발에는 다수의 프로젝트에 수백 개의 클래스로 이루어진다. 이렇게 다수의 클래스에서 공유 변수를 사용하거나 전역 변수를 사용하게 되는데 이때 변수 및 함수의 이름들은 같은 공간에 위치하여 동일한 이름을 가지고 있는 변수들이 사용된 경우 클래스 위치와 관계없이 변수 이름 충돌이 발생한다. 하나의 디렉토리에 동일한 이름의 파일이 하나 이상 존재할 수 없는 것처럼 이것은 명명 규칙을 위반하게 된다. 또한 지역 변수 및 함수의 이름들이 유사한 경우가 많고 이들이 어느 클래스에 속해있는지를 구분하기가 용이하지 않다. 이러한 불편함과 잠재적인 오류의 가능성을 없애기 위하여 전역 공간에 존재하는 많은 코드들에 대하여 네임스페이스라는 일정한 구역을 정하여 보관하여 마치 폴더에 파일을 구분하여 넣듯이 관리하는 구조를 네임스페이스라 한다. 이러한 편리함과 더불어 소스파일과 관련 코드들을 구조적으로 관리 할 수 있도록 한다. 다음은 클래스 역할에 따라 네임 스페이스 단위로 클래스를 나눈 예제를 나타낸다.

〈표 3-1〉 namespace별 클래스]

데이터 저장 클래스	saveFileClass, loadFileClass, autoSaveClass
유저 인터페이스 클래스	inputClass, showClass, eventProcClass

이상의 구분을 바탕으로 다음과 같이 네임스페이스별로 클래스 및 선언문을 정의 하였다.

```
        namespace save
class inoutmanage
{
    saveFileClass()
    {
    }
    loadFileClass()
    {
    }
    autoSaveClass()
    {
    }
}
```

```
        namespace u_interface
class userInter
{
    inputClass()
    {
    }
    showClass()
    {
    }
    eventProcClass()
    {
    }
}
```

이상에서와 같이 관련있는 클래스들을 같은 네임 스페이스로 묶어 놓으면 코드 관리에 있어서 매우 편리함을 얻게 되며, 프로그램의 가독성을 높여준다.

(1) 기본 사용 방법

네임스페이스 이름은 일반적인 변수이름 명명 방식과 동일하다. 사용 문법은 다음과 같다.

```
namespace [이름]
{

}
```

위와 같이 키워드와 사용할 이름을 정해 주는 것으로 작성이 가능하며 네임스페이스 내에는 변수, 함수, 클래스, 구조체, 열거체등을 사용하여 보통 클래스 작성과 동일하게 내용을 기술할 수 있다. 네임 스페이스에 관한 자세한 사용법을 설명하기 위하여 다음과 같이 하나의 파일에 두 개의 클래스를 별도의 네임스페이스 내에 정의하였다.

≫ [예제 3-4] 두 개의 네임스페이스를 지정한 예

```
1.  namespace shape
2.  {
3.      int myVar;
4.      public class myshape
5.      {
6.      private void drawing(int type)
7.      {
8.      }
9.      private void drawAll()
10.     {
11.     }
12.     private void selectObject()
13.     {
14.     }
15.     }
16. }
```

```
17.  namespace color
18.  {
19.      int myVar;
20.      public class mycolor
21.      {
22.      private void painting(Color type)
23.      {
24.      }
25.      private void paintAll()
26.      {
27.      }
28.      private void selectObject()
29.      {
30.      }
31.      }
32.  }
```

[예제 3-4]에서 selectObject() 함수는 별도의 클래스 내부에 정의되어 있어 이름이 동일하더라도 문제가 없으나 myVar 변수의 경우 네임스페이스 키워드가 없다면 중복된 변수 이름으로 인해 오류가 발생할 것이다. 그러나 실제 컴파일을 해보면 아무런 오류가 발생하지 않을 것이다. 이것은 이전에 설명한바와 같이 마치 다른 폴더에 저장된 동일한 파일 이름과 같이 취급되어 문제가 없는 것이다.

네임스페이스의 정의와 용도에 관하여 지금까지 서술하였다. 이제 정의한 네임스페이스를 사용하는 방법에 관하여 논의한다. [예제 3-5]의 main 함수는 이상에서 정의한 클래스를 사용한다.

>> [예제 3-5] 네임스페이스 사용 예제

```
1.  void main()
2.  {
3.      myshape test = new myshape();
4.
5.      myVar = 100;
6.      test.drawAll();
7.  }
```

[예제 3-5]의 코드를 실행하면 컴파일러는 식별자를 찾을 수 없다는 오류를 내보내며 중단될 것이다. 이것은 어떤 네임스페이스 내에 정의된 변수 또는 함수를 그냥 사용하게 되면 컴파일러는 전역 공간에서만 찾기 때문이다. 즉 c:₩windows 내에 있는 file.txt 파일을 c:₩에서 찾으려고 하는 경우와 같다. 그러므로 네임스페이스 내에 정의한 이름을 사용하기 위해서는 [예제 3-6]과 같이 네임스페이스의 이름도 함께 써주어야 한다.

＞＞ [예제 3-6] 스코프연산자를 사용한 네임스페이스 변수 접근

```
1.  void main()
2.  {
3.      shape::myshape test = new shape::myshape();
4.
5.      shape::myVar = 100;
6.      test.drawAll();
7.  }
```

[예제 3-6]에서 보듯이 네임스페이스내의 변수 또는 클래스를 엑세스하기 위해서는 "네임스페이스 이름::" 과 같이 소속 네임스페이스를 명시 하여야한다. 여기에서 "::" 연산자는 영역지정 연산자(Scope Resolution Operator)이다.

이상과 같이 네임스페이스 이름과 영역지정 연산자를 사용하여 각각의 네임 스페이스내의 변수 및 함수를 사용할 수 있지만 이들을 일일이 써주는 것은 매우 불편한일이 아닐 수 없다. 이를 해결하기 위하여 선두에 네임스페이스 이름을 미리 선언한 후 이후의 문장에서 네임스페이스::을 생략할 수 있다.

＞＞ [예제 3-7] using 문장을 사용한 네임 스페이스 접근

```
1.  using namespace shape;
2.
3.  void main()
4.  {
5.      myshape test = new myshape();
6.
7.      myVar = 100;
8.      test.drawAll();
9.  }
```

[예제 3-7]의 01번 줄에 using문장을 추가함으로써 이전 예제에서 일일이 네임스페이스 이름과 함께 쓰인 이름들이 모두 없어졌다. 이로 인해 코드양도 줄고 타이핑해야하는 양도 줄어서 좀 더 개선되어 보인다. 그러나 [예제 3-4]에서 선언한 두 개의 네임스페이스를 모두 사용하게 되면 문제가 발생 한다.

》 [예제 3-8] 한 개 이상의 네임 스페이스 지정 시 문제

```
1.  using namespace shape;
2.  using namespace color;
3.
4.  void main()
5.  {
6.      myshape test = new myshape();
7.
8.      myVar = 100;
9.      test.drawAll();
10. }
```

[예제 3-8]에서 "myVar" 변수는 shape 네임스페이스의 변수이면서 동시에 "color" 네임스페이스의 변수이기도 하다. 때문에 컴파일러는 둘 중에 어느 네임스페이스를 사용해야 할지 모른다는 오류가 발생하게 된다. 이러한 경우에는 이전의 방법과 같이 일일이 네임스페이스를 지정하여야 한다.

지금까지의 예제에서는 클래스 전체에 대하여 using 문장을 사용하여 네임스페이스를 지정하였다. 그러나 [예제 3-9]에서 보듯이 네임스페이스는 하나의 변수 또는 메소드에 관하여 지정할 수도 있다.

》 [예제 3-9] 단일 메소드에 대한 네임스페이스 지정

```
1.  using shape::myVal;
2.
3.  void main()
4.  {
5.      shape::myshape test = new shape::myshape();
6.
```

```
7.        myVar = 100;
8.        test.drawAll();
9.   }
```

[예제 3-9]에서 myVal 변수는 shape 네임스페이스의 변수라는 것을 선두에 선언하였기 때문에 스코프연산자를 사용하여 네임스페이스를 지정하지 않아도 shape 네임스페이스 내의 변수를 사용하게 된다.

3.3 배열, 포인터, 함수

3.3.1 개념

배열은 동일한 타입의 여러 변수들을 하나로 묶어놓은 것을 의미한다. 예를 들어 1부터 100까지의 정수를 저장하려고 하는 경우 변수를 사용한다면 100개의 각기 다른 이름의 변수를 먼저 만들어야 할 것이다. 이는 매우 어려운 일이며 비효율적이다. 그래서 C++에서는 같은 타입의 값을 한꺼번에 묶어 저장 할 수 있도록 하는 배열이라는 데이터 형을 제공한다. 포인터는 C/C++ 언어를 습득하는 과정 중에 가장 어렵게 생각되는 부분이다. 배열과 더불어 대표적인 문법중의 하나는 포인터이다. 포인터의 영문 뜻 자체는 무언가를 가리킨다는 의미이다. 즉 사물을 손가락으로 가리킨다고 가정할 때 손가락은 포인터가 되고 사물은 손가락이 가리키는 객체가 되는 것이다. 그래서 포인터는 변수 또는 클래스 함수 등의 메모리 위치를 가리키는 변수를 의미한다. 프로그래밍 언어를 통해 구현되는 여러 가지 기능들은 하나의 덩어리로 제작되지 않는다. 만일 프로그램을 하나의 단위를 정하고 그 안에서 모든 기능을 구현한다면 프로그램을 수정하거나 여러 사람이 나누어 작업하기가 매우 곤란해질 것이다. 이러한 단점을 보완하기 위하여 프로그램은 몇 개의 단위로 나누어 그 기능을 구현하게 되며 이를 함수(function)라고 부른다. 함수 단위의 구분은 좀 더 조직 적이고 재사용 및 여러 가지 유용한 기능을 부여하기 위하여 클래스 단위로 나누며 이는 객체지향의 개념 부분에서 자세히 언급할 것이다.

(1) 배열(array)

변수는 메모리에 데이터를 저장하기 위한 공간을 만들기 위해서 선언하고, 선언할 때 변수 이름 앞에 붙는 자료형에 따라 저장할 수 있는 데이터 형태가 지정되고 메모리에 필요한 공간도 정해진다. 그리고 그 공간을 찾아갈 때 변수의 이름을 사용하게 되는 것이다. 그런데, 이러한 변수는 반드시 하나의 값만을 가질 수 있다. 즉, int 형 변수를 선언하면 정수형 값 1개만을 저장할 수 있는 것이다. 해당 변수에 또 다른 값을 대입하게 되면 이전에 쓰였던 값은 지워지고 새롭게 대입되는 값만 저장되게 된다. 프로그램을 만들다 보면 이렇게 데이터를 저장하는 공간이 여러 개 필요한 경우가 생긴다. 그런데 이런 경우 변수를 여러 개 만들어서 해결할 수도 있지만 보다 효율적인 데이터 관리를 위해 "배열(array)"이라는 것을 사용할 수 있다.

배열은 같은 자료형의 데이터가 여러 개 필요한 경우에 선언하여 사용하기 좋다. 이 배열은 하나의 이름으로 호출하되 대신 이름 뒤에 첨자를 붙여 서로 다른 공간으로 구분하게 되고 그 공간에 데이터를 쓰고 가지고 올 수 있게 해준다. 다음은 배열의 선언 형식이다.

■ 선언 형식

```
DataType   ArrayName[ConstIntExpression];
```

위 선언 형식에서 데이터 자료형은 저장될 데이터의 형태에 따라 맞춰서 넣어주면 되고, 배열명은 변수명명규칙과 같은 규칙으로 영문 대소문자나 '_'를 맨 앞에 그리고 영문자와 숫자의 조합으로 만들어주면 된다. 주의할 것은 스페이스를 포함하여 '_'를 제외한 특수문자는 변수 이름, 배열 이름에 넣을 수 없음을 반드시 기억하자. 그리고 첨자에는 "숫자"를 넣으면 되는데, 반드시 0과 양의 정수만 넣을 수 있다.

```
int   arr[10];
char str[5];
```

위 〈예〉에서 int arr[10]은 "정수 형태를 저장할 수 있는 공간을 10개 마련해 달라, 이 공간을 접근할 때는 arr이라는 이름과 첨자를 이용해 접근하겠다"는 의미의 선언이라 보면 된다. char str[5]도 마찬가지로 문자 형태를 저장할 수 있는 공간 5개를 마련하되 이 공간을 접근하기 위한 이름이 str과 첨자로 지정된다는 것이다. 이렇게 마련된 공간은 메모리에 연속적으로 배치되며, 이름과 첨자를 이용해 찾아가서 데이터를 가지고 오거나 쓰거나 할 수 있다. 배열의 크기는 어떤 자료형의 배열이냐에 따라 그 자료형이 지원하는 크기를 각각 부여받으며, 전체 배열의 크기는 요소 하나하나의 크기가 다 합해진 크기로 부여된다.

그럼, 다음과 같은 배열을 선언하였다고 가정하자.

```
int    iScore[5];
```

이 선언은 정수형 배열의 이름은 iScore이고, 이 이름으로 정수형 데이터가 5개 저장될 수 있도록 4바이트 공간 5개를 만들라는 의미이다. 이렇게 하면 아래 [그림 3-5]처럼 메모리 상에 공간을 부여받게 되고 프로그래머가 사용할 수 있게 된다.

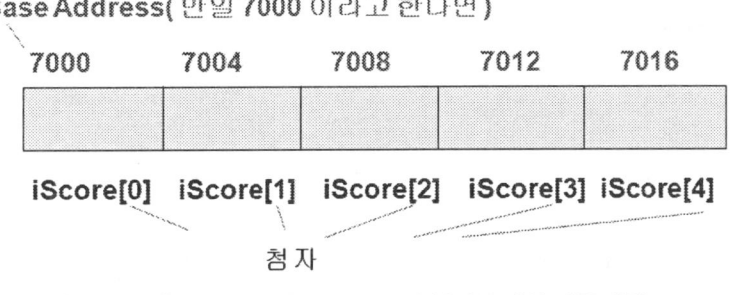

[그림 3-5] 배열 선언 후 메모리 공간 부여와 배열 이름 배치

[그림 3-5]는 선언된 배열이 메모리상에 연속으로 배치되면서 Base Address가 7000이라고 가정되었을 때, 각 요소들의 시작주소가 7000, 7004, 7008.. 으로 4바이트씩 할당되고 있음을 보여주고 있다. 그러나 프로그램에서 이렇게 할당된 공간을 접근하고자 할 때 물리적인 메모리 주소로 접근할 수도 있지만 그것을 하나하나 알고 있기가 힘들고 예측할 수도 없기 때문에 각 공간을 접근하기 위한 이름을 붙여주는데, 선언할 때 정한 이름과 함께 첨자를 붙인다. 여기서 반드시 기억해야 하는 것이 "첨자는 0부터 시작"한다는 것이다. 위 [그림 3-5]를 보면, 첫 번째 배열 요소가 iScore[0]이다. 즉, 배열의 가장 첫 번째

배열요소의 첨자 번호는 0부터 시작한다는 것이다. 일상에서 첫 번째는 1 이라는 개념이 있어 혼동될 수 있으니 각별히 주의하기 바란다.

배열을 선언하면 특별한 값으로 초기 값을 지정해주지 않는 경우 쓰레기 값이 들어간다. 변수를 선언할 때 초기화하지 않았을 때와 마찬가지이다. 물론 배열 선언 후 필요한 값으로 추후에 대입해서 값을 지정해도 되지만, 만약 초기화를 하지 않은 배열 요소를 연산에 바로 사용하면 원하는 값이 나오지 않으니 이도 주의해야 하겠다. 그럼 배열을 초기화하고 값을 대입하는 방법을 살펴보자.

■ 숫자형 배열 초기화 방법

```
int     ages[5] = {40, 13, 20, 19, 36};
float   arr_flt[10] = {4.2, 5.1, 7.9, 9.8};
```

위 초기화 방법을 보면, 선언하면서 대입연산자 "="를 이용하여 중괄호로 묶여있는 데이터 집합을 배열에 넣어주는 형태가 되고 있다. 이렇게 초기화를 하면 다음과 같이 배열에 값이 대입된다.

40	13	20	19	36
ages[0]	ages[1]	ages[2]	ages[3]	ages[4]

이처럼 배열의 데이터 집합은 쓰여 있는 순서로 차례차례 0번째 배열 요소부터 대입된다. 그런데, 두 번째의 선언문에는 선언된 배열 요소의 개수보다 초기화되어지는 값의 개수가 적게 쓰여 있다. 이렇게 되면 데이터 집합에 있는 데이터가 차례로 대입되고 나머지 공간은 어떻게 되는지 보자.

아래 [예제 3-10]은 위 초기화 방법에 있는 두 개의 배열을 선언하고 데이터를 같이 넣은 후 값을 확인하는 프로그램이다.

>> [예제 3-10] ch3_10.cpp

```cpp
1.  #include <iostream>
2.
3.  using namespace std;
4.
5.  void main(){
6.      int i;
7.      int ages[5] = {40, 13, 20, 19, 36};
8.      float arr_flt[10] = {4.2, 5.1, 7.9, 9.8};
9.
10.     for(i = 0; i < 5; i++){
11.             cout << "ages[ " << i << " ] = " << ages[i] << endl;
12.     }
13.     cout << endl;
14.     for(i = 0; i < 10; i++){
15.             cout << "arr_flt[ " << i << " ] = " << arr_flt[i] << endl;
16.     }
17. }
```

■ 실행 결과

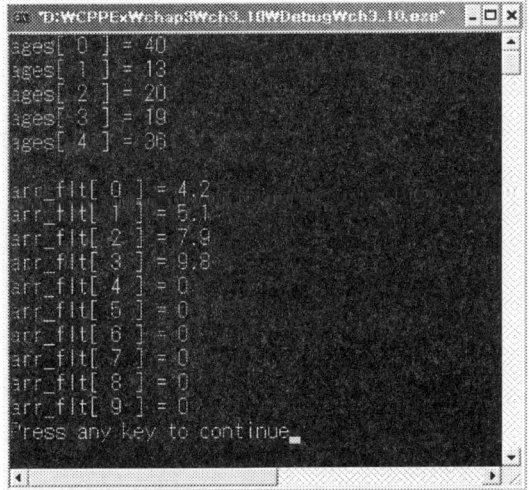

위 실행 결과를 보면, 앞에 설명처럼 ages의 각 배열 요소에 각각 값이 대입되어 있는 것을 확인할 수 있을 것이다. 그런데, arr_flt의 각 배열 요소를 보자, 위 [예제 3-10]의 08번 줄을 보면 분명 값을 4개만 적어두었다. 그 값이 arr_flt[0]~arr_flt[3]까지 차례로 들어가 있다. 그 뒤의 값은 어찌 되어있는지 보자. 쓰레기 값이 아닌 0이 들어있다. 여기서 보듯이, 초기화할 때 배열 요소의 개수보다 데이터 값이 적게 지정되었다면 나머지 요소에는 0이 자동으로 대입되게 된다.

문자형 배열도 살펴보자. 선언은 숫자형 배열을 선언하는 것과 같다.

■ 문자형 배열 초기화 방법

```
1.  char chr_arr[20] = "character";
2.  char str[10] = {'s', 't', 'r', 'i', 'n', 'g'};
3.  char long_str[] = "C++ Programming Language";
```

아래 [예제 3-11], [예제 3-12], [예제 3-13]은 위 문자형 배열을 초기화하고 값을 확인하기 위해 만든 예제이다.

≫ [예제 3-11] ch3_11.cpp

```cpp
1.  #include <iostream>
2.
3.  using namespace std;
4.
5.  void main(){
6.      int i=0;
7.      char chr_arr[20] = "character";
8.
9.      while(chr_arr[i] != '\0'){
10.         cout << "chr_arr[ " << i << " ] = " << chr_arr[i] << endl;
11.         i++;
12.     }
13. }
```

■ 실행 결과

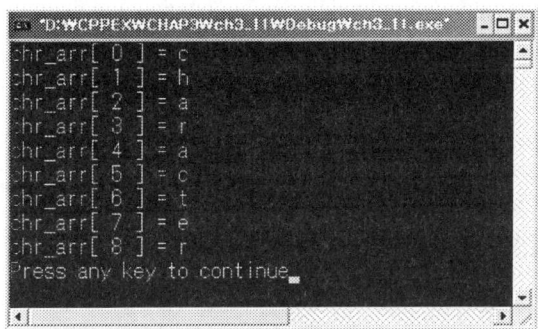

[예제 3-11]의 07번 줄을 보면 chr_arr[20]으로 선언하고 있다. 그러면 char형 데이터를 저장할 수 있는 공간을 20개 확보하게 된다. 그런데, 초기값으로 "charater" 단어만을 대입해주었다. 대입하고자 하는 단어가 순서대로 0번 배열요소부터 대입되게 된다. 그런데 09번 줄을 보면 while 조건문이 chr_arr[i] != '₩0' 으로 되어있다. 문자형 배열은 문자열을 저장하기 위해 사용하는데, 문제는 문자열이 언제 끝나는지를 알기 힘들다는 것이다. 그래서 C++에서 배열에 문자열 데이터를 대입하게 되면 가장 마지막 글자가 들어간 다음 배열 위치에 자동으로 널을 나타내는 "₩0"이 대입되게 된다. 이 널 문자는 "문자열의 끝"을 나타내게 되고, 실행할 때, 그 널 문자를 만나게 되면 더 이상의 데이터가 없다는 의미로 인식하게 되는 것이다. 그러므로 문자열을 대입하기 위한 배열을·선언할 때는 문자열의 길이보다 무조건 1개는 크게 배열의 크기를 선언해 주어야 한다.

그런데, 문자열의 길이를 세기 힘든 긴 문장일 때는 어떻게 해야 할까? 바로 [예제 3-12]의 07번 줄처럼 하면 된다.

>> [예제 3-12] ch3_12.cpp

```
1.  #include <iostream>
2.
3.  using namespace std;
4.
5.  void main(){
6.      int i=0;
7.      char long_str[] = "C++ Programming Language";
8.
```

```
9.        while(long_str[i] != '\0'){
10.           cout << "long_str[ " << i << " ] = " << long_str[i] << endl;
11.           i++;
12.       }
13.    }
```

[예제 3-12]의 07번 줄을 보면 배열 선언 시 첨자를 적지 않았다. 이런 경우 반드시 배열의 값을 초기화해주는 것이 필요하며, 이렇게 문자열을 길게 넣어야 하는 경우 사용하면 편리하다.

배열을 선언하게 되면 배열의 첨자의 수만큼 메모리 공간을 확보해야한다. 그렇기 때문에 사용하던 사용하지 않던 선언되어 확보된 공간은 계속 메모리를 차지하고 있게 된다. 이는 결국 메모리의 낭비를 가지고 올 수 있다는 단점을 가지고 있다.

■ 실행 결과

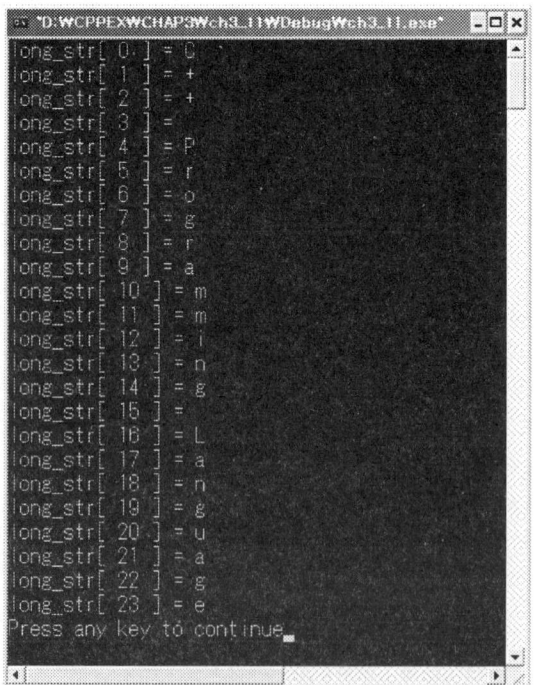

지금까지 본 배열은 첨자가 한 개인 일차원 배열이었다. 배열은 첨자가 한 개 이상 있을 수 있는데, 배열의 첨자가 2개 이상 있는 경우를 다차원 배열이라고 부른다. 우리는 그 중 첨자가 2개인 2차원 배열을 살펴보려고 한다.

다음 예제를 실행해보자.

> [예제 3-13] ch3_13.cpp

```cpp
1.  #include <iostream>
2.
3.  using namespace std;
4.
5.  void main(){
6.      char name[3];
7.      int i=0;
8.
9.      while(i < 3){
10.             cout << "이름을 입력하세요 : ";
11.             cin >> name[i];
12.             i++;
13.     }
14.
15.     cout << "입력된 이름 : " ;
16.     while(name[i] != 0){
17.             cout << name[i];
18.             i++;
19.     }
20.     cout << endl;
21. }
```

■ 실행 결과

원래 위 [예제 3-13]은 3명의 이름을 입력받기 위해 만들었다. 그래서 배열에 이름을 넣으려고 했는데 내가 원하는 결과가 나오지 않고 있다. 이유는 간단하다. 문자열 배열 요소 하나에는 문자형 데이터 1자만 들어간다. 그런데 지금 그 요소 1개에 park라는 문자를 대입하려 하니 입력과 동시에 키보드 버퍼에 대기하고 있던 요소를 할당받지 못한 데이터가 그 다음 순서가 오자 자리를 차지하러 들어가게 된 것이다. 그래서 실행 권한을 계속 받지 못하고 프로그램이 종료해 버린 것이고, 그렇게 들어간 데이터는 결국 알아보지 못하는 깨진 형태로 나오고 있다.

3명의 이름을 입력받아 출력하고 싶다. 그럼 어떤 형태를 사용해야 할까? 바로 이런 경우 2차원 배열을 사용하는 것이다. 다음 예제를 보자.

[예제 3-14] ch3_13.cpp

```cpp
1.  #include <iostream>
2.
3.  using namespace std;
4.
5.  void main(){
6.      char name[3][10];
7.      int i=0;
8.
9.      while(i < 3){
10.         cout << "이름을 입력하세요 : ";
11.         cin >> name[i];
12.         i++;
13.     }
14.     cout << endl;
15.     i = 0;
16.     while(i < 3){
17.         cout << "입력된 이름 : " << name[i] << endl;
18.         i++;
19.     }
20. }
```

■ 실행 결과

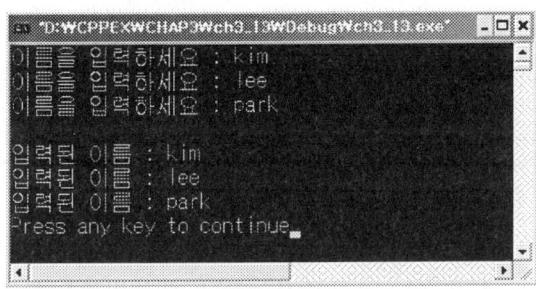

위 [예제 3-14]의 06번 줄에 보면 name[3][10];이라고 선언되어 있다. 이 배열의 의미는 다음 [그림 3-6]과 같다.

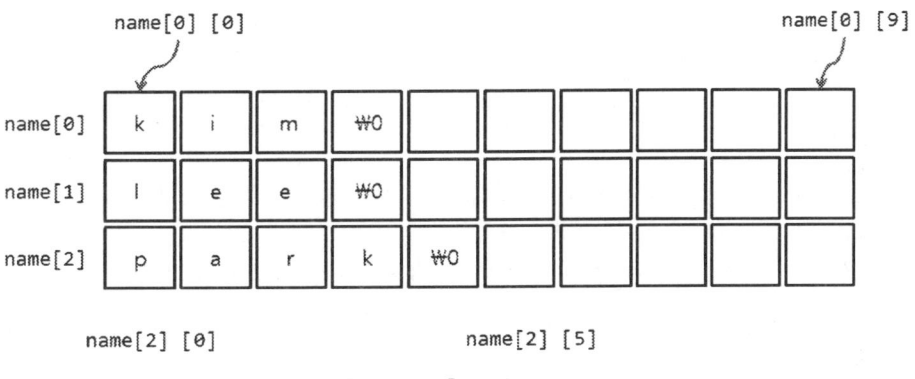

[그림 3-6] 2차원 배열

2차원 배열은 도식화하면 [그림 3-6]과 같은 이미지가 나오게 된다. 그 중, 2차원 배열 선언할 때 앞 첨자는 행의 개수, 즉 실제 대입할 전체 데이터의 개수에 맞춰 선언하면 되고, 뒷 첨자는 각 문자열의 길이를 나타내게 된다. 그래서 한 행에 한 문자열이 들어가게 되는 형태를 생각하면 된다.

지금까지 1차원, 2차원 배열에 대해 살펴보았다. 배열을 이용하면 많은 데이터를 다룸에 있어 하나씩 변수를 만드는 것보다 효율적으로 관리를 할 수 있다. 그러나 배열은 선언하면서 메모리 공간을 고정하여 붙잡고 있기 때문에 메모리의 낭비를 초래할 수도 있다. 변수를 선언할 때, 지나치게 첨자의 크기를 크게 잡지 않기를 바란다. 그러나 배열 크기보다 데이터가 많이 들어가면 오류가 발생할 수 있으므로 이 또한 주의해야 한다.

(2) 포인터(pointer)

포인터는 메모리의 주소에 대해 이름을 붙이는 형태로서 항상 다른 변수의 주소를 가지고 있는 특별한 데이터 형태이다. 즉, 변수처럼 이름으로 데이터를 접근하는 것이 아니라 저장되어 있는 주소로 메모리에 대한 접근을 직접하는 형태이다. 포인터 변수는 선언으로는 의미가 없다. 반드시 다른 변수의 주소를 대입함으로써 의미가 생기게 된다. 이 포인터는 주소로 접근하기 때문에 접근 속도가 빠르다. 그러나 프로그래머의 실수로 시스템 메모리로 침범하게 될 수도 있기 때문에 사용에 주의해야 한다.

포인터 변수는 다음과 같이 선언한다.

■ 선언 형식

```
DataType  *PointerName;
```

```
int *p;
char* q;
```

포인터 변수는 주소값을 저장하는 변수인데 선언형식에 자료형을 쓴다. 주소값도 자료 형태에 따라 달라서 그런가? 그건 아니다. 포인터 변수는 다른 변수의 주소값을 저장한다고 했다. 그런데 그런 일반 변수들은 자료형을 가지고 있다. 포인터 변수의 자료형은 포인터 변수에 저장될 일반 변수의 자료형으로 맞춰주면 된다. 그렇게 함으로써 해당 포인터 변수에 어떤 자료형을 가진 일반 변수의 주소값을 가지고 있는지를 알 수 있다.

포인터 변수도 초기화를 해야 한다. 포인터 변수는 주소값을 저장하고 있어야 하므로, 다른 변수의 주소값이 대입값이 된다.

■ 포인터 변수의 사용 예

```
int *p_val;
int val = 13;
p_val = &val
```

위의 예를 보면, 포인터 변수 p_val에 &val을 대입하고 있다. 여기서 &는 주소연산자로, val 변수가 저장된 메모리 주소를 표시하도록 해주는 연산자이다. 위 예로부터 다음과 같은 일이 컴퓨터 내부에 생기게 된다.

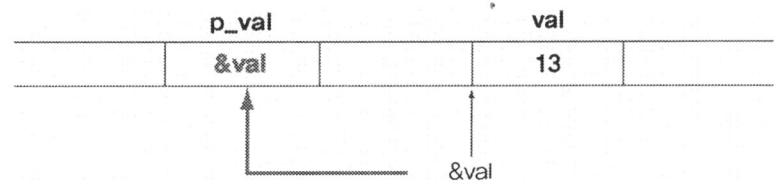

[그림 3-7] 포인터 변수의 의미

이렇게, 포인터 변수는 다른 변수의 주소값을 가지고 데이터를 접근하여 쓰고 읽을 수 있도록 한다. 다음 예제를 살펴보자.

>> [예제 3-14] ch3_14.cpp

```
1. #include <iostream>
2.
3. using namespace std;
4.
5. void main(){
6.     int i = 10;
7.     int *p = &i;
8.
9.     cout << " i = " << i << endl;
10.    cout << " &i = " << &i << endl;
11.    cout << " p = " << p << endl;
12.    cout << " *p = " << *p << endl;
13. }
```

■ 실행 결과

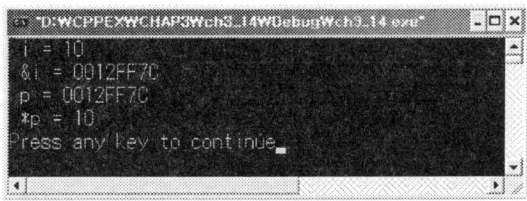

위 실행결과를 보면 p == &i이고, i == *p 이다. 여기서 "*"는 참조 연산자 혹은 간접 연산자라고 하는데, 포인터 변수에 저장되어 있는 주소가 가리키고 있는 값을 가져오는 연산자이다.

포인터 변수는 배열 요소도 다룰 수 있다. 배열은 이름과 첨자를 같이 써서 각각의 요소를 접근하게 해주는데, 배열의 이름만을 사용하면 배열의 첫 번째 요소의 주소를 나타낸다. 다음 예제를 보자.

>> [예제 3-15] ch3_15.cpp

```
1.  #include <iostream>
2.
3.  using namespace std;
4.
5.  void main(){
6.      int arr[5] = {5, 3, 7, 9, 1};
7.      int *p;
8.
9.      p = arr;
10.
11.     cout << "*p = " << *p << endl;
12.     cout << "*(++p) = " << *(++p) << endl;
13.     cout << "*(p+2) = " << *(p+2) << endl;
14. }
```

■ 실행 결과

```
"D:\CPPEX\CHAP3\ch3_15\Debug\ch3_15.exe"
*p = 5
*(++p) = 3
*(p+2) = 9
Press any key to continue
```

[예제 3-15]의 09번 줄을 보면 포인터 변수 p에 배열의 이름 arr을 대입하고 있다. 변수의 이름만 쓰는 경우 &arr[0]와 같은 의미로 쓰이는데, 이 줄로부터 p는 배열의 시작 주소를 대입 받게 되고, 그리고 11~13번 줄은 이 포인터를 이용하여 배열의 요소에 접근이 가능

함을 보이고 있다. 포인터 변수는 연산도 가능하다. 다만, 모든 연산이 다 가능한 것이 아니라, 정수 덧셈과 뺄셈, 비교 연산 정도가 가능하다. 13번 줄에 p+2의 '2'는 일반적인 숫자 2가 아니라, 포인터 변수 p가 가리키는 주소에서 2개의 증가된 주소로 접근하라는 의미이다.

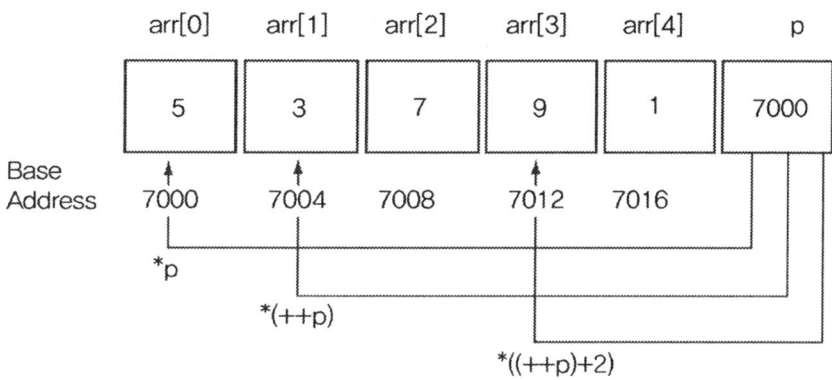

[그림 3-8] 포인터 연산

포인터들의 배열도 사용 가능하며, 이를 사용하면 2차원 배열을 1차원 형태로 표현할 수 있다. 다음 예제를 보자.

>> [예제 3-16] ch3_16.cpp

```
1.  #include <iostream>
2.
3.  using namespace std;
4.
5.  void main(){
6.      char *p[5] = {"database", "network", "java", "file", "c++"};
7.      int i;
8.
9.      for(i = 0; i < 5; i++){
10.             cout << p[i] << endl;
11.     }
12. }
```

■ 실행 결과

[예제 3-16]의 06번 줄과 같이, 포인터 배열을 사용할 수 있다. 이는 실제 2차원 배열을 사용하는 것과 같다.

(3) 함수(function)

모든 C++ 프로그램은 함수를 1개 이상 가지고 있다. 가장 대표적인 함수로 main() 함수가 있다. 그 외에도 프로그램을 구현함에 있어 자주 사용하는 기능들을 미리 설계하여 제공하는 라이브러리 함수들이 다양하게 지원되며, 또 프로그래머가 직접 만들어 사용하는 사용자 함수가 있을 수 있다. 함수는 각각 독립적으로 기능을 가지고 있으며, 호출함으로써 실행권한이 부여되는 형태이다.

함수는 헤딩부분과 바디부분으로 구성되어 있는데, 헤딩 부분은 함수의 반환 자료형과 함수의 이름, 그리고 함수가 실행될 때 필요한 인자들로 구성된다. 그리고 바디부분에는 실제 함수가 실행하는 기능이 포함된다.

함수의 헤딩부분에 함수의 반환 자료형이 있다고 했는데, 함수가 수행된 후 결과값을 자신을 호출한 곳으로 되돌려 주어야 하는 경우에 그 되돌려지는 값에 따라 자료형이 정해지며, 바디부분에는 반드시 return 문이 있어 값을 되돌려 주어야 한다. 함수 바디부분에 return 문장이 있거나 또는 함수 바디의 괄호가 닫혔을 때, 함수는 종료하게 된다.

라이브러리 함수를 사용하기 위해서는 함수 원형이 들어 있는 헤더파일을 include 시켜주어야 사용 가능하며, 사용자 함수는 프로그래머가 선언하고 정의해야 쓸 수 있다. 함수 선언은 main() 함수 시작 전에 함수 원형 명령문을 사용하여 컴파일러에게 정보를 전달한다. 그리고 main() 뒤 또는 앞에 함수가 하는 일을 기술하는 것을 함수를 정의한다고 하는데, 이 과정을 통해서 함수를 사용할 수 있다.

■ 함수 원형

```
DataType  FunctionName(Argument List);
```

■ 함수 정의

```
DataType  FunctionName(Argument List){
      함수 내용 나열..
      [ return ;]
}
```

함수의 인자는 정의된 함수를 호출할 때 넘겨지는 값을 받는 곳으로 함수들 간의 통신 수단이라고 볼 수 있다.

프로그램을 작성할 때 main() 함수 안에 프로그램이 해야 하는 일을 모두 다 기술하는 것이 편한 것처럼 보이긴 하나 복잡하고 가독성도 떨어지며, 추후 수정이나 유지보수 하기도 힘들다. 앞으로 프로그램을 구현할 때는 main()함수에 있는 내용들 중 독립적인 내용을 가진 부분은 분할하여 독자적인 함수로 만들어 모듈화 시켜주는 것이 효율적인 프로그램 작성이라 할 수 있겠다. 앞으로 클래스에는 이러한 함수가 기본적으로 멤버로 사용되니 꼭 기억해 두는 것이 좋겠다.

>> [예제 3-17] ch3_17.cpp

```
1.   #include <iostream>
2.
3.   using namespace std;
4.
5.   void swap(int, int);
6.   void main(){
7.       int a = 10;
8.       int b = 20;
9.
10.      cout << "a 는 " << a << "\tb는 " << b << endl;
11.
12.      swap(a, b);
13.
```

```
14.        cout << "a 는 " << a << "\tb는 " << b << endl;
15.   }
16.   void swap(int i, int j){
17.        int temp;
18.
19.        cout << "i 는 " << i << "\tj는 " << j << endl;
20.
21.        temp = i;
22.        i = j;
23.        j = temp;
24.
25.        cout << "i 는 " << i << "\tj는 " << j << endl;
26.   }
```

■ 실행 결과

[예제 3-17]의 05번 줄은 함수 원형 선언, 12번 줄은 함수 호출이다, 12번 줄이 실행되면, 그 다음 14번 줄이 실행되는 것이 아니라 호출된 함수, 즉 16번 줄의 swap 함수가 수행된다. 이때 19번 줄을 통해 출력된 내용을 보면, main의 a에 있던 값이 swap 함수 인자인 i에 대입되어 있는 것을 알 수 있다. 21~23번 줄은 두 변수에 있는 값을 바꾼 것이고, 25번 줄을 통해 두 변수의 값이 바뀐 것을 알 수 있다. 26번 줄의 닫는 괄호를 만나면 이 swap 함수를 호출한 main()의 호출라인으로 되돌아가게 된다. 그리고 나서 14번 줄이 수행되면 a와 b의 값은 변하지 않았음을 알 수 있다. 이렇게 함수는 값을 전달받아 연산을 수행하고 끝낼 수도 있고 또는 연산 결과를 반환해 줄 수도 있다.

3.4 디폴트 매개변수

3.4.1 개념

함수에서 사용될 값의 통신 수단이 된다고 했던 인자가 바로 매개변수이다. 매개 변수가 있다고 선언된 함수는 호출할 때, 반드시 그 인자의 형과 개수에 맞게 값을 전달해 주어야 실행할 수 있다. 그것이 일반적인 함수 매개변수이며, 함수가 작업을 할 수 있는 자원이다. 그런데, 함수를 수행할 때, 매개변수가 전달되지 않으면 일반적으로는 오류가 발생하게 된다. 기본적인 데이터를 전달해주지 않는데 무슨 일을 하겠는가? 그런데, 이러한 일을 대비하여 매개변수에 값을 지정해 줄 수가 있는데 이를 디폴트 매개변수라 한다. 다음 [예제 3-18]을 보자.

>> [예제 3-18-1] ch3_18.cpp

```
1.  #include <iostream>
2.
3.  using namespace std;
4.
5.  int AddFunc(int i, int j, int k){
6.      int sum;
7.
8.      sum = i+j+k;
9.
10.     return sum;
11. }
12. void main(){
13.     int a = 10;
14.     int b = 20;
15.     int c = 30;
16.     int result;
17.
18.     result = AddFunc(a, b, c);
19.
20.     cout << "result = " << result << endl;
21. }
```

[예제 3-18-1]은 반환값이 있는 함수를 만든 것이다. 3개의 정수값을 받아서 더한 결과를 반환해주는 간단한 함수다. 그런데, 여기서 13번 줄을 다음과 같이 바꾸어보자.

```
13.    result = AddFunc(a, b);
```

위와 같이 바꾸고 실행하면 아래와 같은 오류 메시지가 나온다. 즉, 함수를 실행함에 있어 인자값이 다 전달되지 않았음을 나타낸다.

■ 오류메시지

```
--------------------Configuration: ch3_18 - Win32 Debug--------------------
Compiling...
ch3_18.cpp
D:\CPPEx\chap3\ch3_18\ch3_18.cpp(14) : error C2660: 'AddFunc' : function does not take 2 parameters
Error executing cl.exe.

ch3_18.obj - 1 error(s), 0 warning(s)
```

이렇게 함수는 인자값이 필요한 만큼 다 전달되어야만 실행이 된다. 그런데, [예제 3-18-2]와 같이 해도 된다.

>> [예제 3-18-2] ch3_18.cpp(수정)

```cpp
1.  #include <iostream>
2.
3.  using namespace std;
4.
5.  int AddFunc(int i = 0, int j = 0, int k = 0){
6.      int sum;
7.
8.      sum = i+j+k;
9.
10.     return sum;
11. }
12.
13. void main(){
14.     int a = 10;
15.     int b = 20;
16.     int c = 30;
```

```
17.      int result;
18.
19.      result = AddFunc(a, b);
20.
21.      cout << "result = " << result << endl;
22.  }
```

[예제 3-18-2]의 05번 줄을 보면, 매개 변수에 각각 0을 대입해주고 있다. 19번 줄에서 함수를 호출하면서 값을 전달해 주는데, 그러면 값이 중복된다. 변수에 값이 중복해서 들어가면 가장 마지막에 대입된 값만 저장하고 있게 된다. 즉, 05번 줄의 0은 함수 호출할 때 값이 전달되면 없어지는 값인 것이다. 그러나 값이 전달되지 않은 k 인수에는 0이 그내로 대입되어 실행된다. 이렇게 기본으로 설정해 놓은 매개 변수를 "디폴트 매개변수"라고 한다. 이러한 디폴트 매개변수를 사용하면 함수가 실행되기 위해 필요한 매개변수의 수를 반드시 지켜서 호출할 필요는 없기 때문에 보다 편리하게 프로그램을 만들 수 있다.

3.5 new와 delete

3.5.1 개념

new와 delete는 메모리를 동적으로 할당하고 소멸하기 위해서 C++에서 사용하는 키워드이다. C++에서 new는 연산자로 보면 된다.

```
int *i = new int
```

위와 같이 기술하면 int형 데이터가 저장될 수 있는 공간을 동적으로 할당하라는 의미가 된다. 일반적인 데이터는 메모리의 stack 영역에 공간이 할당되는데 반해, 동적 할당을 할 때는 힙 영역에 공간이 할당된다. new는 뒤에 어떤 데이터 형으로 만들어 달라고 요청하면 용도에 맞게 포인터를 반환한다. 즉, new는 공간을 만들고 그 공간의 주소값이 반환되는 연산인 것이다. 그래서 위의 선언은 new로부터 만들어진 4바이트의 메모리 공간을 만들고 그 공간의 시작 주소를 *i에 대입하게 되는 것이다. 배열형 할당은 다음과 같이 쓰면 된다.

```
int *arr = new int[SIZE];
```

그런데 이 동적 할당을 사용할 때 주의할 점은 할당받은 공간을 나중에 반드시 해제(혹은 소멸)시켜 줘야 한다는 것이다. 이 메모리 소멸을 해주는 연산자가 바로 delete 연산자이다. 만약 위의 new 연산을 통한 할당이 이루어진 상태라 한다면, 다음과 같이 각각 해제하는 코드가 프로그램 종료 전에 반드시 존재해야 한다.

```
delete i;
delete []arr;
```

만약 해제를 해야 하는 것이 배열이라면, 배열임을 알리기 위해 인덱스 기호 '[]'를 붙여 주어야 한다. 중요한 것은, new를 이용하여 동적할당을 하고 delete를 이용하여 해제를 하지 않게 되면, 동적으로 할당된 공간은 프로그램 종료 후 갈 곳 잃은 미아가 되어버린다. 그 공간은 딱히 이름이 지정된 공간도 아니기 때문에 공간은 확보된 상태에서 데이터를 쓰지도, 읽어오지도 못하는 버려지는 공간이 되게 되는 것이다. 그런데, 이러한 일이 자주 발생하면, 결국 메모리 공간이 남아나지 않게 될 것이다. 그러므로 new 생성을 하면 반드시 delete 해제를 한다는 것이 세트로 이루어져야 하는 일로 기억해야 할 것이다.

 Tip

만약 메모리에 동적 생성할 공간이 없는 경우 new 연산자는 NULL 포인터가 반환된다.

3.6 구조체

3.6.1 개념

앞에서 배열에 대해 살펴보았다. 배열은 같은 타입 자료형 변수를 여러 개 만들기에 편리한 자료형이라고 말하였다. 구조체는 관련 있는 데이터를 하나로 묶어서 사용할 수 있도록 해주는 자료형이다. 그런데 이 관련 있는 데이터가 서로 다른 자료형의 데이터라는 것이 구조체의 특징이다. 구조체에는 정수, 실수, 문자형을 비롯하여 배열, 공용체, 또 다른 구조체 등을 모두 넣어서 묶을 수 있다. 이렇게 묶인 구조체는 프로그램 내에서 하나의 자료형으로 사용된다. 즉, 사용자형 자료형을 만들 수 있게 해주는 것이다.

■ 구조체 선언

```
struct   struct_name{
    Member List;
};
```

```
<예> struct Employee{
        int id;
        char name[10];
        char tel[20];
        char job[10];
    };
```

이렇게 선언된 구조체는 이를 사용하겠다는 구조체형 변수를 만들어야 사용 가능하다. 다음은 구조체형 변수의 선언 양식이다.

```
struct   구조체이름   변수이름;
```

이때 앞에 반드시 struct라는 키워드를 붙여주어야 한다.(C에서는 반드시, C++에서는 붙이지 않아도 오류는 나지 않는다. 이것이 C++의 특징이다.)

구조체를 선언하게 되면 컴파일러가 실행할 때 새로운 사용자 정의 자료형이 있다는 것을 인지하게 된다. 그 다음, 구조체형 변수를 만들어야 실제 메모리에 공간을 할당받게 되는데, 구조체 선언 시 멤버로 있는 변수들 모두의 공간이 할당된다. 구조체 변수는 선언과 동시에 대입 연산자를 이용하여 값을 초기화할 수 있다. 그런데 초기화한 이후에는 멤버들을 한꺼번에 대입하는 것은 불가능하고 각각의 멤버 변수를 "."(dot) 연산자를 이용하여 접근하여 값을 대입하거나 가져올 수 있다.

```cpp
struct Employee{
        int id;
        char name[10];
        char tel[20];
        char job[10];
};

// 사용 가능
struct Employee e1 = {1234, "park", "123-456-7890", " 인사과 "};

// 사용 불가능
//struct Emoloyee e1;
//e1 = {1234, "park", "123-456-7890", " 인사과 "};
```

(≫) [예제 3-19] ch3_19.cpp

```cpp
1.  #include <iostream>
2.
3.  using namespace std;
4.
5.  struct Employee{
6.      int id;
7.      char name[10];
8.      char tel[20];
9.      char job[10];
10. };
11.
12. void main(){
13.     struct Employee e1 = {1234, "park", "123-456-7890", "인사과"};
```

```
14.
15.        cout << "사번 : " << e1.id << endl;
16.        cout << "이름 : " << e1.name << endl;
17.        cout << "전화 : " << e1.tel << endl;
18.        cout << "부서 : " << e1.job << endl;
19.
20.        cout << endl;
21.
22.        e1.id = 5677;
23.        strcpy(e1.tel, "456-159-3678");
24.
25.        cout << "사번 : " << e1.id << endl;
26.        cout << "이름 : " << e1.name << endl;
27.        cout << "전화 : " << e1.tel << endl;
28.        cout << "부서 : " << e1.job << endl;
29. }
```

■ 실행 결과

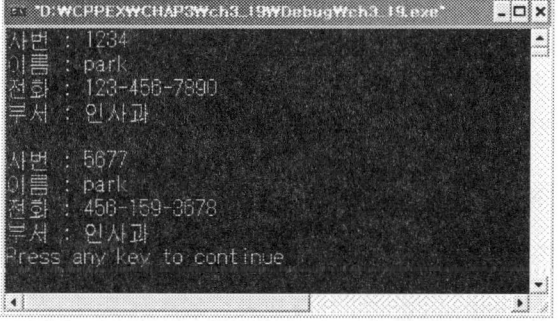

구조체를 가리키는 포인터도 선언할 수 있는데, 이 경우, 다른 구조체의 주소를 대입할
수 있으며, 이때 구조체 멤버를 접근하기 위해 "->"(간접멤버 연산자)를 이용한다.

3.7 bool 자료형

3.7.1 개념

C++에서 새롭게 등장한 자료형이 있는데 바로 bool 형이다. 이 변수는 false나 true 둘 중 하나의 값을 가질 수 있는데 이때의 true, false는 사용자가 정의하는 상수가 아닌 기본적으로 제공되는 키워드에 해당한다.

>> [예제 3-20] ch3_20.cpp

```cpp
1.  #include <iostream>
2.  using namespace std;
3.
4.  bool YesOrNo(char c){
5.      if(c == 'y' || c == 'Y')
6.        return true;
7.      else
8.        return false;
9.  }
10. void main(){
11.     char n;
12.     bool result;
13.
14.     cout << "이해가 잘 되십니까?(Y or N) : " ;
15.     cin >> n;
16.
17.     result = YesOrNo(n);
18.
19.     if(result == true)
20.       cout << "이해가 잘 되시는군요~!!!!" << endl;
21.     else
22.       cout << "잘 읽고 복습하세요~!!!!" << endl;
23. }
```

■ 실행 결과

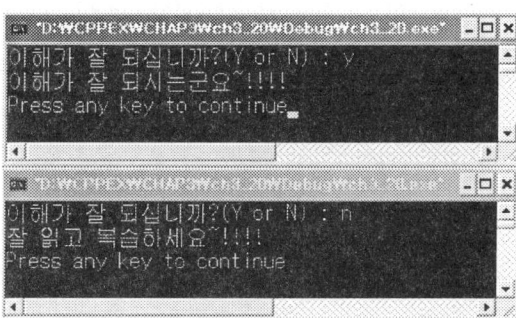

C에서는 true, false가 키워드가 아니었다. 그래서 이 값을 쓰기 위해서는 const 를 이용하여 상수화 시켜 사용하였다. 그러나 C++에서는 true와 false가 새로운 키워드로 만들어져 있어 그냥 사용하면 된다. 이는 물론 정수형 변수에 대입하게 되면 0 또는 1이라는 값으로 표시될 수 있지만 이건 단순한 변환이다. 다시 말해 true, false 그 자체의 의미를 그대로 표현하고 bool형에 대입되는 데이터로 사용할 수 있다.

클래스와 객체

4.1 클래스와 객체

4.1.1 클래스의 선언과 구성

클래스란 같은 목적을 가진 함수들과 그 함수들에서 사용되는 변수들이 모여서 이루어진 집합체이다. 클래스에서 함수를 "멤버 함수"라고 하고 함수들이 사용하는 변수들을 "멤버 변수" 또는 "멤버 필드"라고 하며, 키워드인 "class"를 사용하여 클래스임을 선언한다. 클래스를 선언하기 위해서는 클래스, 필드, 함수의 이름과 타입을 정해야 하며, 이들은 예약어를 사용하여 명명해서는 안 된다. [그림 4-1]은 클래스의 기본 구성을 보여준다.

```
class 클래스명
{
    접근 제한자 :
        멤버 변수
            :
    접근 제한자 :
        멤버 함수
            :
};
```

[그림 4-1] 클래스의 기본 구성과 선언

```
<예> class Example
    {
      public:
        void Output( )
          {
              printf("Hello~ ~");
          }
    };
```

클래스의 데이터 구조는 변수로 선언하고, 클래스의 기능은 함수로 구현한다. 여기서, 멤버 함수 선언은 클래스 내에서 하지만 멤버 함수의 정의는 클래스 선언 바깥쪽에서 정의한다. [그림 4-2]는 멤버 함수의 정의를 보여준다.

```
반환값의 형 클래스명 :: 멤버 함수명 (인수)
{
                           :
                           :
}
```

[그림 4-2] 멤버 함수의 정의

"::" 는 스코프 연산자(scope operator)라고 하며, 이것을 사용해서 어느 클래스의 멤버 함수인가를 지정한다.

다음 예제는 자동차의 번호와 연료량을 출력하는 기능을 가진 자동차에 대한 간단한 클래스 선언이다.

■ 자동차 클래스 – class Car 선언

```
class Car {
public:
    int number;
    double gas
    void showNumber( );
    void showGas( );
};

void Car :: showNumber( )
{
    cout << "자동차 번호는 "  << number << "입니다. " << endl;
}

void Car :: showGas( )
{
    cout << "연료량은 "  << gas << "입니다. " << endl;
}
```

이 Car 클래스는 number, gas라는 멤버 변수와 showNumber, showGas라는 멤버 함수로 구성되어 있다. 이 멤버들은 세 번째 줄에서 여섯 번째 줄에 걸쳐 선언되어 있음을 알 수 있다. 또한 9번 줄과 14번 줄을 보면 ::(스코프 연산자)를 이용하여 showNumber, showGas 함수를 정의하고 있는데, 이 두 개의 :: 연산자는 두 함수가 각각 Car 클래스의 멤버 함수임을 나타내고 있다.

4.1.2 객체의 생성과 사용

선언된 클래스를 이용하여 클래스에 값을 저장하기 위한 클래스 변수를 선언할 수 있는데 이렇게 선언된 클래스형 변수를 객체, 오브젝트(object), 또는 인스턴스(instance)라고 부른다.

클래스를 선언하는 방법은 클래스를 하나의 형(type)으로 생각하면 일반적인 변수를 선언하는 방법과 동일하다. [그림 4-3]은 클래스 변수의 선언 양식을 보여준다.

클래스명 클래스 변수명;

[그림 4-3] 클래스의 기본 구성과 선언

〈예〉 Car mycar;
    Car yourcar;

[자동차 클래스 - class Car 선언]에 선언된 Car 클래스의 변수 mycar와 yourcar를 생성하였다. 이 클래스 변수를 "객체"라 한다. 위 〈예〉의 선언으로부터 2개의 객체가 생성이 되었고 mycar와 yourcar는 다르지만 두 객체 모두 Car 클래스를 사용하므로 Car 클래스에서 제공하는 데이터(멤버 변수)와 기능(멤버 함수)을 동일하게 모두 사용 할 수 있다. 선언한 객체를 이용하여 클래스의 멤버 변수나 멤버 함수를 사용 할 수 있다.

객체가 클래스의 멤버 변수나 멤버 함수를 액세스하거나 호출하기 위해서는 일반적인 객체인 경우는 "."(도트 연산자), 포인터 객체인 경우 "-)"(화살표 연산자)를 사용 한다. 포인터 객체에 대해서는 추후 설명하기로 한다.

mycar.number 라고 표현하면 mycar의 멤버변수 number를 나타내는 것이고, mycar. showNumber()라고 표현하면 mycar의 멤버함수 showNumber()가 호출 되는 것이다.

[예제 4-1]은 클래스를 선언하고 객체를 생성하여 클래스의 멤버 변수와 멤버 함수를 사용하는 예제이다.

>> [예제 4-1] ch4-1.cpp

```cpp
1.  #include <iostream>
2.  using namespace std;
3.
4.  // Car 클래스 선언
5.  class Car {
6.  public:
7.      int number;
8.      double gas;
9.      void showNumber( );
10.     void showGas( );
11. };
12.
13. // Car 클래스 멤버 함수의 정의
14. void Car::showNumber( )
15. {
16.     cout << "자동차 번호는 " << number << "입니다.\n" << endl;
17. }
18.
19. void Car::showGas( )
20. {
21.     cout << "연료량은 " << gas << "입니다.\n" << endl;
22. }
23. // Car 클래스의 이용
24. void main()
25. {
26.     Car mycar; // 객체 정의
27.     Car yourcar;
28.
29.     mycar.number = 1234; // 멤버 변수에 값 대입
30.     mycar.gas = 0;
31.     yourcar.number = 5678;
32.     yourcar.gas = 55.8;
33.
34.     mycar.showNumber ( ); // 멤버 함수 호출
```

```
35.    mycar.showGas ( );
36.    yourcar.showNumber ( );
37.    yourcar.showGas ( );
38. }
```

■ 실행 결과

```
자동차 번호는 1234입니다.
연료량은 0입니다.
자동차 번호는 5678입니다.
연료량은 55.8입니다.
계속하려면 아무 키나 누르십시오 . . .
```

[예제 4-1]에서 생성된 객체 mycar와 yourcar는 main() 함수 안에서 선언된 변수라고 할 수 있으므로 main()함수가 종료 될 때 해제된다.

4.2 클래스의 접근 지정자

4.2.1 멤버 접근 제어

클래스의 멤버 변수와 멤버 함수는 클래스의 public이나 private로 선언될 수 있다. 데이터를 은닉하는 것이 객체지향프로그래밍의 기본 규칙 중 하나이기 때문에 일반적으로 데이터 항목들은 private로 선언된다. private로 선언된 멤버 함수는 직접 호출할 수 없다. 클래스 객체에 대한 디폴트 접근 제어는 private로 지정되어 있기 때문에 클래스 선언에서 키워드 private는 쓰지 않아도 된다. 구조체와 클래스의 차이는 디폴트 접근제어가 구조체는 public이고, 클래스는 private 이라는 점이다.

클래스의 모든 멤버들을 객체가 모두 접근(access)하는 것은 바람직하지 못한 경우가 많다. 클래스의 멤버에 대해서 객체의 접근 권한을 명시할 수 있는데 이것은 접근 지정자를 사용한다. 접근 지정자에는 private, public과 protected가 있으며 〈표 4-1〉은 이들을 설명하고 있다.

〈표 4-1〉 접근 지정자

접근 지정자	설명
private	객체에서 접근할 수 없다.
public	객체에서 접근할 수 있다.
protected	객체에서는 접근할 수 없고, 유도 클래스에서만 접근할 수 있다.

클래스 안에서 접근 지정자가 한 번 명시되면, 다음 접근 지정자를 만나기 전까지 모든 멤버에 영향을 미친다.

접근 지정자가 private로 선언되어 있어도 객체에서 접근 할 수 없는 것이지 클래스 내부에서 멤버 변수를 변경 하거나, 멤버 함수를 호출 하는 것은 가능 하다. 보통 클래스의 멤버 변수에 접근하는 함수를 만드는 것이 클래스 설계의 기본 이라고 할 수 있다. 멤버 변수에 값을 저장하는 함수, 멤버 변수의 값을 반환 해주는 함수, 이렇게 두 가지로 접근 함수를 만드는 것이 보통이다. 다음은 Car 클래스를 이용한 예제이다.

⟩⟩ [예제 4-2] ch4-2.cpp

```cpp
 1.  #include <iostream>
 2.  using namespace std;
 3.
 4.  // Car 클래스 선언
 5.  class Car {
 6.  private:
 7.      int number;
 8.      double gas;
 9.
10.  public:
11.      void showNumber( );
12.      void showGas( );
13.      void setNumber(int n);
14.      void setGas(double g);
15.  };
```

```
16.
17.    // Car 클래스 멤버 함수의 정의
18.    void Car::showNumber( )
19.    {
20.        cout <<"자동차 번호는 "<< number <<"입니다.\n"<< endl;
21.    }
22.
23.    void Car::showGas( )
24.    {
25.        cout << "연료량은 " << gas << "입니다.\n" << endl;
26.    }
27.
28.    void Car::setNumber(int n)
29.    {
30.        if (n > 0 && n < 10000)
31.            number = n;
32.        else
33.            cout << n << "은(는)유효한 번호가 아닙니다.\n" << endl;
34.    }
35.
36.    void Car::setGas(double g)
37.    {
38.        if (g >= 0 && g < 100)
39.            gas = g;
40.        else
41.            cout<< g <<"은(는)유효한 연료량이 아닙니다.\n"<< endl;
42.    }
43.    // Car 클래스를 이용한 main()함수
44.    void main( )
45.    {
46.        Car mycar; // 객체 정의
47.
48.        // mycar.number = 1234; // private 멤버변수 접근 불가
49.        // mycar.gas = 0;
50.
51.        mycar.setNumber (1234);
52.        mycar.setGas (0);
53.        mycar.showNumber ( );
54.        mycar.showGas ( );
```

```
55.
56.    cout <<"무효인 번호를(30000) 지정하겠습니다.\n"<< endl;
57.    mycar.setNumber(30000);
58.    mycar.showNumber( );
59. }
```

[예제 4-1]인 ch4-1.cpp에서는 멤버 변수 number와 gas가 public으로 지정되었기 때문에 클래스 선언 밖에서 도트 연산자를 이용하여 멤버 변수로 접근 할 수 있었지만 (mycar.number = 1234;) [예제 4-2]에서는 그것을 허용하지 않는다. 그 이유는 클래스 선언 시 멤버 변수 number와 gas가 private라는 키워드로 지정되었기 때문이다. 즉 private로 지정되면 그 멤버 변수는 클래스 외부에서 액세스 할 수 없다. 그렇기 때문에 setNumber()와 setGas()라는 멤버 함수를 만들고 public으로 지정 하였다. public으로 지정하면 클래스 외부에서 접근 가능하기 때문이다.

■ 실행 결과

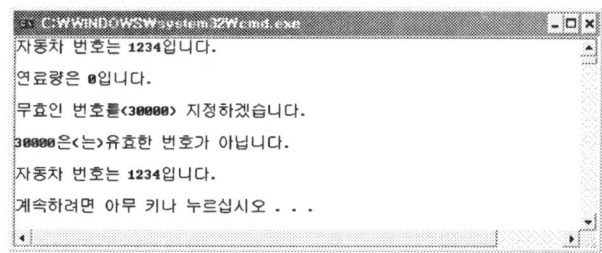

클래스를 이용한 프로그래밍은 클래스를 선언한 사람과 그것을 사용하는 사람이 다르다는 것을 전제로 한다. 멤버 변수의 직접 접근을 차단하고, 멤버 변수와 그 멤버 변수를 조작하는 멤버 함수를 하나로 정리하여 보호하는 기능을 "캡슐화"라고 한다. 캡슐화를 이용하면 private 멤버에 잘못된 값을 대입 할 수 없도록 한다. 캡슐화는 클래스가 가지는 중요한 기능 중 하나이다. [그림 4-3]은 private로 선언된 멤버 변수의 접근 방법을 보여준다. 또한 private 멤버 변수를 public 멤버 함수로 자주 호출하게 되면 실행 속도에 영향을 미칠 수 있게 된다. 이 때문에 처리가 간단한 멤버함수는 클래스 내부에서 선언과 동시에 정의하게 되는데 이 경우 정의된 함수는 inline 지정을 하지 않아도 자동으로 inline 함수가 된다.

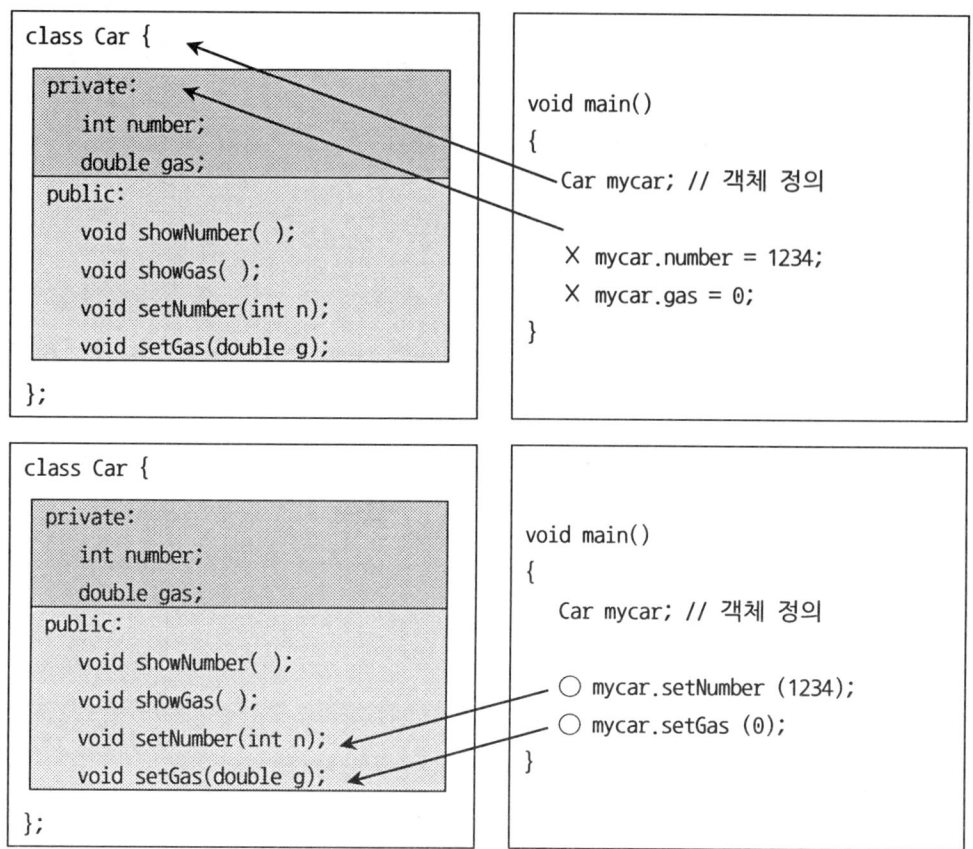

[그림 4-3] private 멤버 변수 접근방법

■ 클래스 내부 정의 함수 – 인라인 함수

```
class Car {
private:
    int number;
    double gas;

public:
    int getNumber( )
      {
          return number;
      }
    double getGas( );
      {
```

```
            return gas;
        }
    void showNumber( );
    void showGas( );
    void setNumber(int n);
    void setGas(double g);
};
```

4.3 구조체와 클래스

4.3.1 구조체와 클래스

앞에서 설명한 객체(object)는 실세계의 대상물을 의미하며, 자연 세계가 그러하듯이 객체는 정적인(static) 특성과 동적인(dynamic) 특성을 가진다. 클래스는 이러한 객체를 모델링하는 강력한 표현 방법이다. 정적인 특성은 멤버 변수로, 동적인 특성은 멤버 함수로 모델링한다. 이러한 객체는 구조체로는 표현이 불가능하다. 예를 들어 자동차라는 객체를 모의실험하는 프로그램을 설계한다고 가정하자. 자동차를 모델링하기 위해, 자동차의 정적인 특성인 색, 메이커, 가격 등은 구조체로 모델링할 수 있다. 하지만, 이 구조체와 관련된 자동차의 동적인 특성인 운전한다, 가속기(accelerator)를 밟는다, 화면에 그린다, 등을 모델링하기 위해서는 구조체를 함수의 파라미터로 받는 함수로 구현하여야 한다.

회원 관리를 위한 프로그램을 작성한다고 할 때, 회원이라는 객체는 정적인 특성을 나이(age),이름(name)으로 구성하였고, 동적인 특성은 나이를 정한다, 이름을 정한다, 나이와 이름을 출력한다, 등으로 구현한 것이다. 이러한 동적인 기능은 구조체에 함수를 포함시켜 멤버 함수를 지원하도록 하면 된다. 다음은 구조체를 이용한 예이다.

■ 구조체 선언

```
struct SMan {
    int age;
    char name[20];
    void SetAge(int a);
    void SetName(char n[]);
    void Print();
};
```

[구조체 선언]은 멤버 함수의 선언이 있을 뿐이다. 이 멤버 함수들을 정의하여야 한다. 그 래서 [예제 4-3]과 같이 정의를 추가하였다.

[예제 4-3] ch4-3.cpp

```
1.  #include <iostream>
2.  using namespace std;
3.
4.  struct SMan {
5.      int age;
6.      char name[20];
7.      void SetAge(int a);
8.      void SetName(char n[]);
9.      void Print();
10. };
11. void SetAge(int a) {
12.     age=a;
13. }
14. void SetName(char n[]) {
15.     strcpy(name,n);
16. }
17. void Print() {
18.     cout << "나이는" << age << "입니다\n" << endl;
19.     cout << "이름은" << name << "입니다\n" << endl;
20. }
21. void main() {
22.     SMan i;
23.     i.SetAge(30);
```

```
24.     i.SetName("Tom");
25.     i.Print();
26. }
```

```
출력
출력 보기 선택(S): 빌드
1>------ 빌드 시작: 프로젝트: ch4-6, 구성: Debug Win32 ------
1>  test.cpp
1>d:\my documents\00-13-1\teach\vc++\practice\시험\ch4-6\test.cpp(12): error C2065: 'age' : 선언되지 않은 식별자입니다.
1>d:\my documents\00-13-1\teach\vc++\practice\시험\ch4-6\test.cpp(15): error C2065: 'name' : 선언되지 않은 식별자입니다.
1>d:\my documents\00-13-1\teach\vc++\practice\시험\ch4-6\test.cpp(18): error C2065: 'age' : 선언되지 않은 식별자입니다.
1>d:\my documents\00-13-1\teach\vc++\practice\시험\ch4-6\test.cpp(19): error C2065: 'name' : 선언되지 않은 식별자입니다.
========== 빌드: 성공 0, 실패 1, 최신 0, 생략 0 ==========
```

[그림 4-4] ch4-3.cpp 실행 화면

멤버 변수를 접근하는 것처럼, 멤버 함수에 대해서도 멤버 참조 연산자(. 혹은 -))를 사용해야 한다. 멤버 함수 SetAge()에서 age가 main()에서 선언한 구조체 i의 age라는 것을 알 수 있는 방법은 i.SetAge()에 있다. SetAge는 i의 멤버 함수로 호출되었으므로, age와 name의 주소를 알 수 있다. 또한 멤버 함수이므로 마지막에 함수 호출 연산자(function call operator '( )')가 반드시 사용되어야 한다. 그럼에도 불구하고 [예제 4-3]에는 여전히 문법적인 에러가 존재하며 이를 [그림 4-4]에서 확인할 수 있다. 에러의 원인은 SetAge()는 멤버 함수이지 함수가 아니라는 것이다.

SetAge()등이 SMan의 멤버 함수라는 것을 문법적으로 표현하려면 C++에 새로 도입된 ::(스코프 연산자)를 사용하여야 한다. 교정된 소스 코드는 [예제 4-4]와 같다.

>> [예제 4-4] ch4-4.cpp

```
1. #include <iostream>
2. using namespace std;
3.
4. struct SMan {
5.     int age;
6.     char name[20];
7.     void SetAge(int a);
8.     void SetName(char n[]);
9.     void Print();
```

```
10.  };
11.
12.  void SMan::SetAge(int a) {
13.      age=a;
14.  }
15.  void SMan::SetName(char n[]) {
16.      strcpy(name,n);
17.  }
18.  void SMan::Print() {
19.      cout << "나이는" << age << "입니다\n" << endl;
20.      cout << "이름은" << name << "입니다\n" << endl;
21.  }
22.  void main() {
23.      SMan i;
24.      i.SetAge(30);
25.      i.SetName("Tom");
26.      i.Print();
27.  }
```

■ 실행 결과

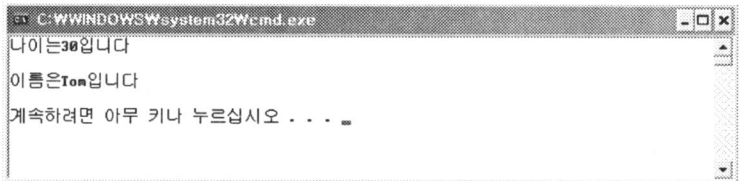

SMan 구조체의 멤버 함수 선언부분에는 SMan::이 없어도 범위에 의해 컴파일러가 검사할 수 있으므로 없어도 된다. 하지만 없는 것이 아니라, 자동으로 붙여지는 것이다. 그러므로 명시적으로 SMan::을 적어주어도 아무 상관이 없다. 하지만 일반적으로 그렇게 하지는 않는다.

■ 범위 지정을 사용한 구조체 선언

```
struct SMan {
    int age;
    char name[20];
    void SMan::SetAge(int a);
    void SMan::SetName(char n[]);
    void SMan::Print();
};
```

C++의 변경된 구조체를 이용하여 실세계의 객체를 구성하였다. 클래스는 이처럼 멤버 함수를 멤버로 가질 수 있는 구조체 형을 의미한다. 다시 말하면, 실세계 객체의 정적인 특성과 동적인 특성을 만들어 내는 틀(template)이 되는 것이다. 그래서 struct 대신에 class를 사용해도 된다. 단, class에서 사용하는 몇 가지 규칙 때문에, 몇 가지 변경이 필요하다. 완성된 완전한 소스 코드는 [예제 4-5]와 같다.

>> [예제 4-5] ch4-5.cpp

```
 1.  #include <iostream>
 2.  using namespace std;
 3.
 4.  class SMan {
 5.    private: //이 후의 멤버들의 접근 권한이 private임을 선언한다.
 6.      int age;
 7.      char name[20];
 8.
 9.    public: //이 후의 멤버들의 접근 권한이 public임을 선언한다.
10.      void SetAge(int a);
11.      void SetName(char n[]);
12.      void Print();
13.  };
14.  void SMan::SetAge(int a) {
15.      age=a;
16.  }
17.  void SMan::SetName(char n[]) {
18.      strcpy(name,n);
19.  }
```

```
20.  void SMan::Print() {
21.     cout << "나이는" << age << "입니다\n" << endl;
22.     cout << "이름은" << name << "입니다\n" << endl;
23.  }
24.  void main() {
25.     SMan i;
26.     i.SetAge(30);
27.     i.SetName("Tom");
28.     i.Print();
29.  }
```

■ 실행 결과

SMan형의 변수 i를 선언했을 때, SMan을 형(type), i를 변수(variable)라고 하는 것은 어색하다. i는 더 이상 변수가 아니다. 왜냐하면 변수가 함수를 가질 수 있다는 것이 이상하기 때문이다. 그러므로 클래스에 대해서, SMan을 클래스(class), i를 객체(object)라고 한다. 그리고 이러한 것을 '변수를 선언한다'라고 하지 않고, '클래스 SMan의 객체 i를 만든다'고 한다. 또한 객체를 인스턴스(instance)라고도 한다. 그렇다면 인스턴스와 객체는 동일하며, 단지 보는 관점에서 볼때 클래스 SMan의 입장에서 i는 자신의 인스턴스(instance)이다. 하지만, 객체 i의 입장에서 자신은 SMan의 객체(object)라 할 수 있다.

클래스가 선언되었을 때, 객체를 만드는 것은 매우 간단하며, 회원이 1명 증가할 때마다, 프로그래머가 해야 할 일은 SMan의 객체를 하나 더 만드는 일뿐이다. 함수를 수정하거나, 함수를 추가하는 일은 하지 않아도 된다.

■ 객체 생성

```
void main() {
    SMan i; // 객체 생성
    i.SetAge(30);
    i.SetName("Tom");
    i.Print();

    SMan j; // 객체 생성
    j.SetAge(0);
    j.SetName("baby");
    j.Print();
}
```

4.4 멤버함수 오버로딩

4.4.1 오버로딩 (Overloading)

함수들 중에는 함수 내부에서는 같은 처리를 하지만, 하나의 함수로 정의 할 수 없는 함수들이 있다. 예를 들어 2개의 int형 값 중 큰 값을 반환해주는 함수 max()가 있다고 하자. 이때 int형이 아닌 double형 값을 다루고 싶다면 이 함수를 사용할 수 없다. 대신 새로운 함수를 다시 정의해야 한다. 즉 내부적으로 처리하는 두 값 중 큰 값을 반환해주는 기능은 동일하지만 형(type)이 틀려서 다시 함수를 정의해야 하는 불편함을 감수해야 한다. 하지만 C++에서는 "인수의 형이나 수가 다른 경우에 같은 이름을 붙인 함수를 여러 개 정의할 수 있다."

■ 오버로딩

```
int max (int x, int y)              // int형을 다루는 max()함수
double max (double x, double y)     // double형을 다루는 max()함수
```

위와 같이, 같은 이름의 두 함수를 정의할 수 있다. 이처럼 인수 등이 다르지만 같은 이름의 함수를 여러 개 정의하는 것을 함수의 오버로딩(function overloading)이라 한다. C++에서는 호출할 때 넘어오는 실인수(개수나 형(type))에 따라 오버로딩된 여러 함수 중에서 적절한 함수를 호출할 수 있다. 함수를 오버로딩 하면 같은 처리를 같은 함수명으로 정의하고 호출할 수 있다. 그러므로 함수를 간편하고, 쉽게 다룰 수 있다. [예제 4-6]은 함수 오버로딩의 사용 예이다.

[예제 4-6] ch4-6.cpp

```
1.  #include <iostream>
2.  using namespace std;
3.
4.  // 2종의 max 함수 선언
5.  int max(int x, int y);
6.  double max(double x, double y);
7.
8.  // max 함수 이용
9.  void main()
10. {
11.     int ans1 = max(5, 10);
12.     cout << "5와 10중에서 " << ans1 << " 이 큰 수입니다.\n" << endl;
13.
14.     double ans2 = max(3.14, 45.192);
15.     cout << "3.14와 45.192중에서 " << ans2 << " 이 큰 수입니다.\n" << endl;
16. }
17.
18. // int형 max 함수 정의
19. int max(int x, int y)
20. {
21.     if (x > y)
22.         return x;
23.     else
24.         return y;
25. }
26.
27. // double형 max 함수 정의
28. double max(double x, double y)
```

```
29.  {
30.    if (x > y)
31.       return x;
32.    else
33.       return y;
34.  }
```

■ 실행 결과

```
C:\WINDOWS\system32\cmd.exe                                    _ □ ×
5와 10중에서 "  << ans1 <<  "이 큰 수입니다.
3.14와 45.192중에서 "  << ans2 <<  "이 큰 수입니다.
계속하려면 아무 키나 누르십시오 . . .
```

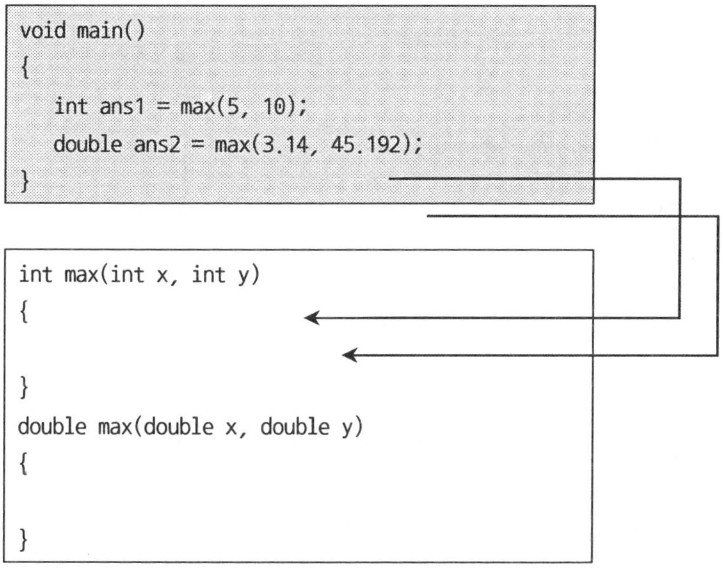

```
void main()
{
    int ans1 = max(5, 10);
    double ans2 = max(3.14, 45.192);
}
```

```
int max(int x, int y)
{

}
double max(double x, double y)
{

}
```

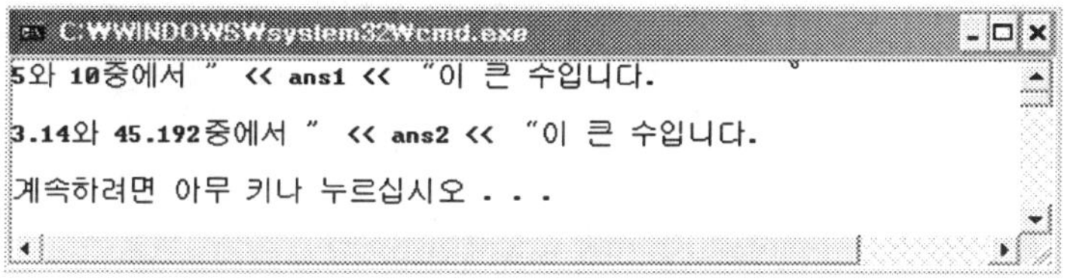

[그림 4–5] 함수 오버로딩

[그림 4-5]에서 보듯이 함수 오버로딩에 의해 인수의 형(type)이나 개수의 차이에 따라
자동적으로 적절한 인수를 가진 함수가 호출된다.

4.4.2 오버로딩이 불가능한 경우

오버로딩되는 여러 개의 함수는 반드시 인수의 형(type)이나 개수가 달라야 한다. 인수
의 형(type)이나 개수가 같고 반환값의 형만 다른 함수는 오버로딩할 수 없다. [그림 4-7]
과 같은 경우에는 컴파일러가 어느 함수를 호출해야 하는지를 판단할 수 없기 때문에 에
러가 발생 한다.

```cpp
int func (int a, int b);    // 반환값의 형(type)만 다른 함수는
double func (int a, int b); // 오버로딩할 수 없다.

void main()
{
    func(5, 10);        // 어느 함수를 호출해야 하는지 알 수 없음.
}
```

[그림 4-7-1] 오버로딩이 불가능한 경우

```cpp
int func (int a, int b=0);
double func (int a);

void main()
{
    func(5);      // 어느 함수를 호출해야 하는지 알 수 없음.
}
```

[그림 4-7-2] 오버로딩이 불가능한 경우

```cpp
int func (int a);           // 인수가 보통형과
double func (int& a);       // 참조형의 차이밖에 없음

void main()
{
    int num = 5;
    func(5);         // 어느 함수를 호출해야 하는지 알 수 없음.
}
```

[그림 4-7-3] 오버로딩이 불가능한 경우

4.5 생성자와 소멸자

4.5.1 생성자

클래스의 멤버 함수(member function) 중 생성자(constructor)와 소멸자(destructor)는 아주 특별한 종류의 멤버 함수이다. 생성자는 클래스의 초기화를 처리하는 함수로, 객체가 메모리에 할당된 직후 처음으로 단 한번 호출되는 함수이다.

메모리에 할당된 객체의 멤버 함수 중 생성자가 제일 먼저 자동으로 호출된다. 이것이 일반 변수의 선언과 객체의 선언을 구분하게 만든다. 변수의 선언은 함수를 호출하지 않지만, 객체의 선언은 생성자 함수를 호출한다. 또한 객체의 생성자는 일반적으로 한 번 이상 호출되지 않는다. 특별한 경우에는 생성자가 2번 이상 호출될 수 있는데, 복사 생성자(copy constructor)와 임시 객체를 만들기 위해 생성자를 명시적으로 호출하는 경우 한번 이상 호출되는 것이 가능하다. 하지만, 일반적으로 생성자는 단 한 번 호출된다.

생성자는 컴파일러에 의해서 자동으로 호출되므로, 일반 함수를 호출하듯이 특정 객체의 생성자를 직접 호출할 수 없다. 하지만, 임시 객체를 만들기 위해 명시적인 생성자 호출을 사용한다면 생성자를 직접 호출하는 것이 가능하다.

```
클래스명 :: 클래스명 (인수 리스트)
{
              :
              :
}
```

[그림 4-8] 생성자 정의

[그림 4-8]은 생성자 사용 형식을 보여준다. 생성자는 클래스명과 동일한 이름을 함수명으로 사용한다. 그리고 생성자는 반환 값이 없고, void로도 기술하지 않는다. 생성자 중에서도 인수가 없는 생성자를 기본 생성자(default constructor)라 한다.

[그림 4-9]는 Car 클래스의 생성자 예제이다.

```
Car :: Car( )
{
    cout << "넘버 0 연료량 0인 자동차입니다. " << endl;
    number = 0;
    gas = 0;
}
```

[그림 4-9] Car 클래스 생성자 정의

[예제 4-7]에서는 실제로 생성자를 사용한 클래스를 선언하여 객체를 생성한다.

[예제 4-7] ch4-7.cpp

```
1.  #include <iostream>
2.  using namespace std;
3.
4.  // Car 클래스 선언
5.  class Car {
6.  private:
7.      int number;
8.      double gas;
9.
10. public:
11.     Car( );                          // 생성자 선언
12.     void showNumber( );
13.     void showGas( );
14.     void setNumber(int n) { number = n; }
15.     void setGas(double g) { gas = g; }
16. };
17.
18. // Car 클래스 멤버 함수의 정의
19. Car::Car( )                 // 기본 생성자 정의
20. {
21.     cout << " 자동차 번호가 0인 차를 만듭니다.\n" << endl;
22.     number = 0;
23.     gas = 0;
24. }
25.
26. void Car::showNumber( )
```

```
27.  {
28.     cout << "자동차 번호는 " << number << "입니다.\n" << endl;
29.  }
30.  void Car::showGas( )
31.  {
32.     cout << "연료량은 " << gas << "입니다.\n" << endl;
33.  }
34.
35.  // Car 클래스의 이용
36.  void main( )
37.  {
38.     Car unknowncar; // 객체 정의, 이때 생성자가 호출 된다.
39.
40.     unknowncar.showNumber ( );
41.     unknowncar.showGas ( );
42.  }
```

■ 실행 결과

```
C:\WINDOWS\system32\cmd.exe                    _ □ ×
자동차 번호가 0인 차를 만듭니다.
자동차 번호는 0입니다.
연료량은 0입니다.
계속하려면 아무 키나 누르십시오 . . .
```

4.5.2 생성자 오버로딩

생성자는 멤버 함수중 하나이다. 그래서 생성자도 보통 함수와 마찬가지로 같은 이름을 가진, 인수의 형(type), 개수가 다른 함수를 여러 개 정의할 수 있다. 이것을 생성자 오버로딩이라 한다. 오버로딩을 이용하여 생성자를 여러 개 준비하면 다양한 상황에 맞추어 코드를 작성할 수 있다.

■ 생성자 오버로딩

```
// Car 클래스 멤버 함수의 정의
Car::Car( ) // 기본 생성자
{
    cout << " 자동차 번호가 0인 차를 만듭니다.\n" << endl;
    number = 0;
    gas = 0;
}
Car::Car(int n, double g ) // 인수 2개를 가지는 생성자
{
    cout << "넘버 " << n << "연료량" << g << " 인 자동차를 만듭니다.\n"   <<
endl;
    number = n;
    gas = g;
}
```

[예제 4-8]은 생성자 오버로딩을 사용한 예제이다.

[예제 4-8] ch4-8.cpp

```
 1.  #include <iostream>
 2.  using namespace std;
 3.
 4.  // Car 클래스 선언
 5.  class Car {
 6.  private:
 7.      int number;
 8.      double gas;
 9.
10.  public:
11.      Car( );                    // 기본 생성자 선언
12.      Car (int n, double g);  // 인수를 2개 가지는 생성자 선언
13.      void showNumber( );
14.      void showGas( );
15.      void setNumber(int n) { number = n; }
16.      void setGas(double g) { gas = g; }
17.  };
18.  // Car 클래스 멤버 함수의 정의
```

```
19.  Car::Car( )
20.  {
21.      cout << " 자동차 번호가 0인 차를 만듭니다.\n" << endl;
22.      number = 0;
23.      gas = 0;
24.  }
25.
26.  Car::Car(int n, double g )// 인수 2개를 가지는 생성자 정의
27.  {
28.      cout << "넘버" << n << "연료량" << g << " 인 자동차를 만듭니다.\n" << endl;
29.      number = n;
30.      gas = g;
31.  }
32.  void Car::showNumber( )
33.  {
34.      cout << "자동차 번호는 " << number << "입니다.\n" << endl;
35.  }
36.
37.  void Car::showGas( )
38.  {
39.      cout << "연료량은 " << gas << "입니다.\n" << endl;
40.  }
41.
42.  // Car 클래스의 이용
43.  void main( )
44.  {
45.      Car unknowncar;    // 객체 정의, 이때 생성자가 호출 된다.
46.      Car mycar (1234, 25.5);  // 인수 2개 가진 생성자 호출
47.  }
```

■ 실행 결과

```
C:\WINDOWS\system32\cmd.exe                         _ □ ×
자동차 번호가 0인 차를 만듭니다.
넘버1234연료량25.5인 자동차를 만듭니다.
계속하려면 아무 키나 누르십시오 . . .
```

생성자를 정의하지 않아도 크게 문제되지는 않는다. 생성자를 정의하지 않으면 컴파일러가 인수를 갖지 않는 기본 생성자를 준비하지만, 이 기본 생성자는 어떠한 일도 하지 않는 빈 생성자일 뿐이다.

4.5.3 소멸자

소멸자는 객체가 메모리에서 해제되기 바로 직전에, 자동으로 호출되는 함수이다. 객체가 메모리에 남아있는 동안의 마지막 순간에 호출된다. 소멸자 호출 이후에 객체는 메모리에서 해제된다. 하지만, 사용자가 객체의 소멸자를 명시적으로 호출한다면, 소멸자 호출 이후에도 객체는 메모리에서 해제되지 않을 수 있다.

소멸자는 생성자처럼 명시적인 호출 없이도 객체가 메모리에서 사라지기 전에 자동으로 호출된다. 하지만, 명시적으로도 특정 객체의 소멸자를 호출할 수 있다. 소멸자는 클래스 이름과 같은 함수 이름을 가지지만, 함수 이름 앞에 비트 부정 연산자(bitwise NOT operator) 기호인, 틸드(tilde: ~)를 추가해야 한다. 생성자와는 달리 파라미터를 가질 수 없고, 반환 타입도 명시할 수 없다. 소멸자는 단순히 "destructor"를 출력한다. [그림 4-10]은 소멸자의 사용 형식을 보여준다.

```
클래스명 :: ~ 클래스명 ( )
{
                    :
                    :
}
```

[그림 4-10] 소멸자 정의

[예제 4-9]는 소멸자를 사용한 예제이다.

≫ [예제 4-9] ch4-9.cpp

```
1. #include <iostream>
2. using namespace std;
3.
4. // Car 클래스 선언
```

```
5.  class Car {
6.  private:
7.      int number;
8.      double gas;
9.      char *pName;
10.
11. public:
12.     Car(char *pN, int n, double g);
13.     ~Car ( );                          // 소멸자 선언
14.     void showNumber( );
15.     void showGas( );
16.     void setNumber(int n) { number = n; }
17.     void setGas(double g) { gas = g; }
18. };
19. // Car 클래스 멤버 함수의 정의
20. Car::Car(char *pN, int n, double g)
21. {
22.     cout << "넘버" << n << "연료량" << g << "인" << pN << "를 만듭니다.\n" << endl;
23.     pName = new char[strlen (pN) + 1]; // 생성자에서 동적 메모리 할당
24.     strcpy(pName, pN);
25.     number = 0;
26.     gas = 0;
27. }
28.
29. Car::~Car( )          // 소멸자 정의
30. {
31.     cout << pName << "를 소멸 합니다.\n" << endl;
32.     delete[] pName; // 생성사에서 할당한 메모리를 해제 합니다. (반드시)
33. }
34. void Car::showNumber( )
35. {
36.     cout << "자동차 번호는 " << number << "입니다.\n" << endl;
37. }
38.
39. void Car::showGas( )
40. {
41.     cout << "연료량은 " << gas << "입니다.\n" << endl;
42. }
```

```
43.
44.  // Car 클래스의 이용
45.  void main( )
46.  {
47.      Car mycar ("mycar", 1234, 25.5);  // 인수 2개 가진 생성자 호출
48.  }
```

■ 실행 결과

생성자와 소멸자를 이용해서 프로그래밍할 때 가장 주의해야 하는 사항은, 동적 메모리
할당시 객체의 생성자 호출 횟수와 소멸자 호출 횟수가 다른 경우에는 메모리 누수
(memory leak)가 발생한다는 것이다. 반드시 소멸자에서 할당된 메모리를 해제 시켜주
어야 한다. 이것이 소멸자의 가징 큰 임무이다.

생성자와 소멸자는 멤버 함수가 가지는 대부분의 특징을 가지며 다음과 같은 부가적인
특징을 가진다.

① 생성자는 오버로딩 할 수 있다.

② 생성자는 디폴트 파라미터를 가질 수 있다.

③ 소멸자는 파라미터를 가질 수 없다. 그러므로 오버로딩 할 수도 없다.

④ 소멸자는 가상 소멸자(virtual destructor)로 선언될 수 있다. 하지만, 생성자는 가상이
   될 수 없다.

⑤ 일반적인 것은 아니지만, 생성자와 소멸자는 명시적인 호출이 가능하다.

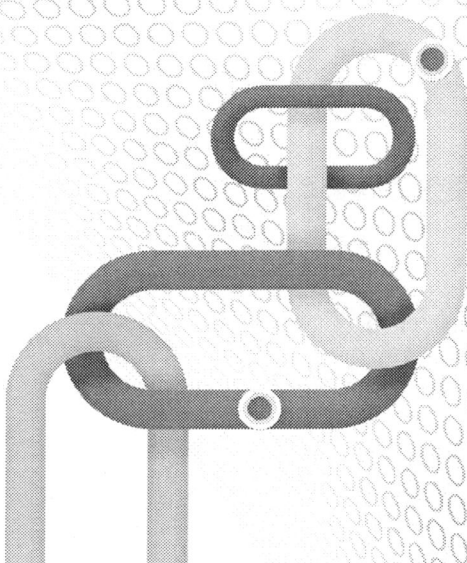

CHAPTER **5**

클래스의 활용

5.1 클래스와 배열

5.1.1 클래스와 배열

클래스를 이용해 객체를 만드는 것은 쉽게 생각하면 자료형을 이용해 변수를 선언하는 것과 유사하다. 그런데, 자료형이 같은 변수를 여러 개 만들어야 할 때 우리는 배열을 사용하였다. 객체도 하나의 클래스 형을 따르는 여러 개의 객체를 만들어야 하는 경우 배열을 사용할 수 있다.

앞 장에서도 살펴보았지만, 클래스는 자료형과 같은 역할을 하며 객체는 단순하게 생각하면 클래스형을 따르는 변수와 같다. 객체를 선언할 때, 변수와 마찬가지로 동일한 클래스 형으로 여러 번의 선언이 필요하다면, 객체들의 배열을 사용하여 선언과 사용을 보다 쉽게 할 수 있다. 이렇게 클래스 형으로 선언된 배열을 클래스 배열 또는 객체 배열이라고 한다.

객체 배열을 선언하는 것은 클래스를 선언한 후 객체를 선언할 때 배열 형태로 선언만 해주면 된다. 그리고 배열 변수처럼 객체 배열명 다음 첨자 적는 괄호 안에 필요한 원소 수를 적어주면 되는 것이다. 다음은 객체 배열의 선언 형식과 그 사용 예이다.

■ 선언 형식

클래스명   객체배열명[원소의 개수];

〈예〉 Student   std[5];

위 예에서, 클래스의 이름이 Student라고 할 때, 이 Student 클래스로 원소의 개수가 5인 객체 배열을 생성하는데, 이때의 객체 배열의 이름은 std라는 의미다. 그리고 이렇게 생성한 객체 배열의 멤버들을 참조하기 위해서는 객체 멤버 접근하는 방법과 마찬가지로 '.' (참조 연산자)를 이용하여 접근하는데, 이때 어떤 객체 배열인지를 지정하기 위해 배열의 첨자를 사용하면 된다. 다음은 객체 배열 멤버를 참조하기 위한 사용 형식과 그 예이다.

▪ 사용 형식

```
객체배열명[첨자].멤버변수;
객체배열명[첨자].멤버함수;
```

```
〈예〉 std[1].name;
      std[3].ShowData();
```

[예제 5-1-1], [예제 5-1-2], [예제 5-1-3]은 하나의 프로그램을 헤더파일과 클래스 정의 소
스파일, 그리고 메인함수가 포함되는 실행 소스파일 이렇게 세 개의 파일로 분리해서 작
성한 것이다.

>> **[예제 5-1-1]** chap5₩ch5_1₩student.h

```
1.  #include <iostream>
2.
3.
4.  using namespace std;
5.
6.  class Student{
7.      char name[20];
8.      char id[10];
9.      int grade;
10. public:
11.     Student();
12.     Student(char*, char*, int);
13.     void ShowData();  //출력을 하는 멤버함수
14. };
```

>> **[예제 5-1-2]** chap5₩ch5_1₩student.cpp

```
1.  #include "student.h"
2.
3.  Student::Student(){
4.      strcpy(name, "이름");
5.      strcpy(id, "학번");
6.      grade = 0;
7.  }
```

```
 8.  Student::Student(char* sname, char* sid, int sgrade){
 9.    strcpy(name, sname);
10.    strcpy(id, sid);
11.    grade = sgrade;
12.  }
13.  void Student::ShowData(){
14.      cout << "이    름 : " << name << endl;
15.      cout << "학    번 : " << id << endl;
16.      cout << "학    년 : " << grade << endl;
17.  }
```

>>> [예제 5-1-3] chap5₩ch5_1₩ch5_1.cpp

```
 1.  #include "student.h"
 2.
 3.  void main(){
 4.  Student std[5] = {Student("park", "20100001", 1),
 5.           Student("kim", "20090001", 2),
 6.           Student("lee", "20100002", 1),
 7.           Student("an", "20080040", 3)};
 8.      for(int i=0;i<5;i++){
 9.      std[i].ShowData();
10.      cout << endl;
11.      }
12.  }
```

■ 실행 결과

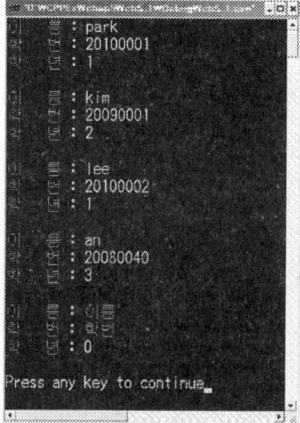

위 [예제 5-1-3]에서, 04~08번 줄까지가 객체 배열을 선언하고 초기화하는 부분이다. 04~08번 줄까지의 선언이 끝나게 되면, 실제 메모리상에 [그림 5-1]와 같이 각각의 객체 내에 사용 가능한 멤버의 메모리를 실제 할당받게 되고, 각각의 객체 배열 첨자로 구분하여 접근이 가능하게 된다.

모든 객체들은 그들을 구분하기 위해 이름을 갖는다. 그것이 바로 객체명이다. 그렇듯 객체 배열 역시 구분을 위해 첨자를 사용하게 된다. 즉, [그림 5-1]에서 각 객체 배열 멤버들은 이름이 똑같다. 이 중, 3번째 객체의 name에 접근하기 위해서 그냥 "name아!"라고 부르면, 컴퓨터는 누구의 name인지 알아듣지 못한다. 그렇기 때문에 정확하게 "누구의 name"을 명시해야 컴퓨터가 알아들을 수 있으며, 이것의 처리 방법이 바로 09번 줄의 '클래스 배열명[첨자].멤버' 형식이다. [그림 5-2]를 보고 접근 방법을 확실하게 기억해 두기 바란다.

std[0]	std[1]	std[2]	std[3]	std[4]
name id grade Student() ShowData()	name id grade Student() ShowData()	name id grade Student() ShowData()	name id grade Student() ShowData()	name id grade Student() ShowData()

[그림 5-1] 클래스 배열 선언 후 메모리 할당

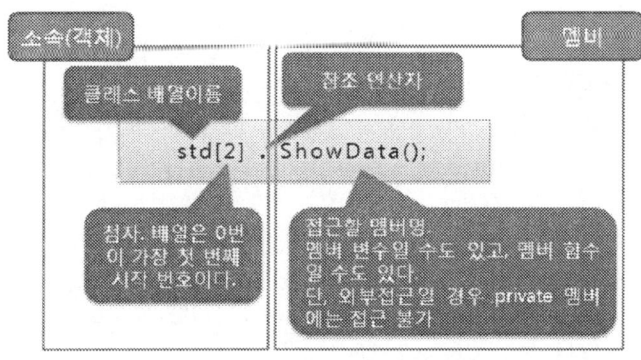

[그림 5-2] 객체 배열 멤버 접근 예

또 다른 예를 살펴보도록 하자.

>> **[예제 5-2-1]** chap5₩ch5_2₩student.h

```cpp
1.  #include <iostream>
2.
3.
4.  using namespace std;
5.
6.
7.  class Student{
8.      char name[20];
9.      char id[10];
10.     int grade;
11. public:
12.     Student();
13.     Student(char*, char*, int);
14.     void InputData();  //입력을 받는 멤버함수
15.     void ShowData();   //출력을 하는 멤버함수
16. };
```

>> **[예제 5-2-2]** chap5₩ch5_2₩student.cpp

```cpp
1.  #include "student.h"
2.
3.  Student::Student(){
4.      strcpy(name, "이름");
5.      strcpy(id, "학번");
6.      grade = 0;
7.  }
8.  Student::Student(char* sname, char* sid, int sgrade){
9.      strcpy(name, sname);
10.     strcpy(id, sid);
11.     grade = sgrade;
12. }
13. void Student::InputData(){
14.     cout << "이   름 : ";
15.     cin >> name;
16.     cout << "학   번 : ";
17.     cin >> id;
18.     cout << "학   년 : ";
19.     cin >> grade;
```

```
20.   }
21.   void Student::ShowData(){
22.       cout << "이    름 : " << name << endl;
23.       cout << "학    번 : " << id << endl;
24.       cout << "학    년 : " << grade << endl;
25.   }
```

>> [예제 5-2-3] chap5\ch5_2\ch5_2.cpp

```
1.   #include "student.h"
2.
3.   void main(){
4.       Student std[5];
5.       int i;
6.
7.       for(i = 0; i<4; i++){
8.           std[i].InputData();
9.           cout << endl;
10.      }
11.  /* cout << "이    름 : ";
12.      cin >> std[4].name;
13.      cout << "학    번 : ";
14.      cin >> std[4].id;
15.      cout << "학    년 : ";
16.      cin >> std[4].grade;*/
17.
18.      for(i=0;i<5;i++){
19.          std[i].ShowData();
20.          cout << endl;
21.      }
22.  }
```

이번 예제에서는 객체 생성 후 멤버변수에 값을 직접 입력하고 확인하도록 해보았다. 클래스 Student의 멤버 변수는 모두 private로 선언되어 있기 때문에 데이터의 입력을 위해 InputData()라는 멤버 함수를 추가로 만들었다. 그리고 [예제 5-2-2]의 15번 줄이 추가되었는데 이는 cin 함수를 사용하기 위함이다. 또, [예제 5-2-3]의 07~10번 줄은 객체 배열 std[0]~std[3]까지의 각 멤버들에 값을 입력받기 위해 함수를 호출하는 부분이다. 그런데,

11~16번 줄은 주석처리 되어있다. 아직 입력하지 않은 객체 배열 std[4]를 위한 입력을 따로 하도록 하고 있는데, 이 부분을 주석처리하지 않고 실행하면 오류가 발생한다. 앞에서 설명했듯이 private인 멤버 변수에 직접 접근을 시도하기 때문이다. 이렇기 때문에 private으로 선언된 멤버에 접근을 위해서는 public으로 선언된 멤버 함수를 통해 우회하여 접근하여야 한다.(이전 접근 제한자 참고) 그렇기 때문에 주석 처리한 11~16번 줄 대신 다음과 같이 아직 입력하지 않은 std[4]의 멤버들의 입력을 처리해야 한다.

■ [예제 5-2-3]의 주석 처리된 11~16번 줄 대신 들어갈 구문

```
std[4].InputData();
```

위의 구문은 public 멤버 함수 InputData()를 호출하는데, 배열객체 std[4] 소유의 InputData() 멤버 함수를 호출하게 된다. 이는 결국 std[4] 소유의 name, id, grade를 입력하도록 해주는데, 멤버 함수에서는 내부접근이므로 private한 멤버변수가 접근가능 하다는 것은 우리가 이미 앞 장에서 본 내용이다.

■ 실행 결과

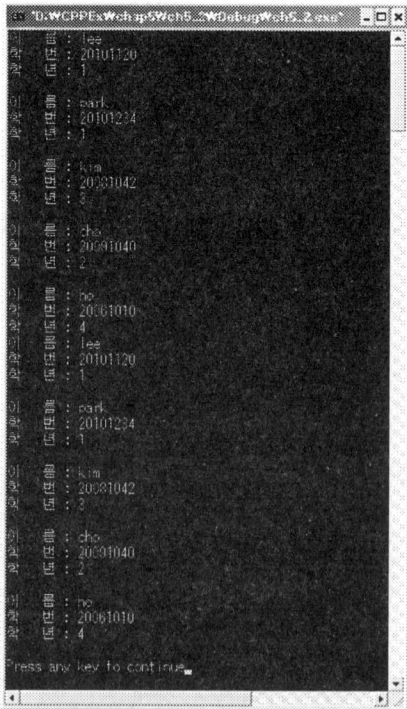

이렇게, 객체 배열을 선언하고 이용하는 방법은 일반 객체를 선언하여 이용하는 것과 크게 다르지 않다. 초기화할 때는 생성자를 이용하는 방법을 포함하여, 배열의 특성상 직접 첨자를 이용하는 방법, 그리고 그 첨자가 순차적이라는 것을 이용해 반복문을 사용하는 방법 등이 추가로 사용 가능하다. 이러한 방법들을 이용하여 클래스 객체를 여러 개 만들어야 하는 경우 보다 편리하게 선언하고 사용할 수 있다.

5.2 객체 포인터

5.2.1 클래스 배열과 포인터

기본 자료형으로 선언된 배열들은 배열 이름이 포인터가 된다. 이것처럼 객체 배열 역시 객체 이름이 포인터가 된다. 즉, 클래스 포인터에 객체 배열의 이름을 저장하면 객체 배열의 첫 번째 객체를 가리키게 되는 것이다.

■ 예

```
Student std[5] = {Student("park", "20100001", 1),
                  Student("kim", "20090001", 2),
                  Student("lee", "20100002", 1),
                  Student("an", "20080040", 3)
                  Student("cho", "20050140", 4)};
Student *pstd;
pstd = std;                 //pstd = &std[0];과 같은 의미
```

[그림 5-3]은 위 〈예〉에서 객체 포인터의 값을 객체 배열명으로 주었을 경우를 그림으로 표현한 것이다. 객체 포인터는 포인터 변수처럼 간접참조연산자(-))를 이용하여 각각의 멤버 변수나 멤버 함수에 접근할 수 있다. 다음 예를 살펴보도록 하자. 다음 예에서 [예제 5-3-1]과 [예제 5-3-2]는 각각 [예제 5-2-1], [예제 5-2-2]와 동일하며, 그 클래스 선언을 한 헤더파일을 바탕으로 [예제 5-3-3]을 새롭게 만들었다. (연습을 위해 새로운 프로젝트로 만들어 작성하길 바라며, 프로젝트 명과 파일명은 ch5_3으로 저장)

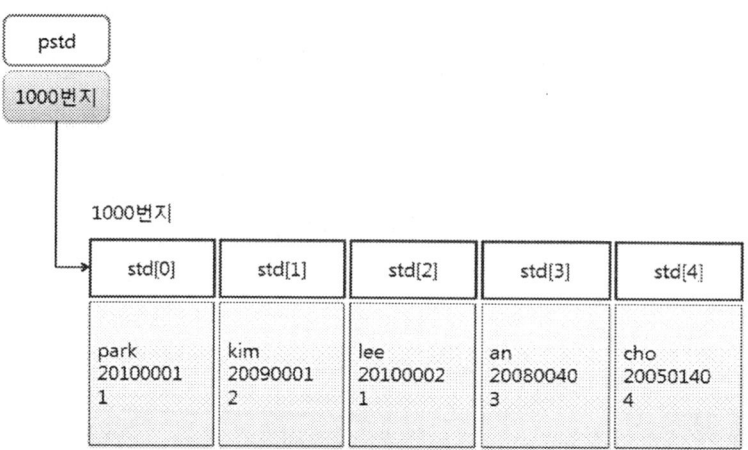

[그림 5-3] 클래스 배열과 객체 포인터

>> [예제 5-3-3] chap5₩ch5_3₩ch5_3.cpp

```
1.  #include "student.h"
2.
3.  void main(){
4.      Student std[5];
5.      Student *pstd;      //객체 포인터 선언
6.      int i;
7.
8.      pstd = std;          //pstd = &std[0]과 같음
9.
10.     for(i = 0; i<4; i++){
11.         (pstd+i)->InputData();   //포인터 연산가능
12.         cout << endl;
13.     }
14.
15.     for(i=0;i<5;i++){
16.         std[i].ShowData();   //(pstd+i)->ShowData()
17.         cout << endl;
18.     }
19. }
```

객체 배열도 일반 배열처럼 연속된 기억 공간을 할당 받도록 되어있다. Student 클래스의 객체는 객체당 34 + α의 메모리 공간을 할당받는다.

> **Tip**
>
> 실제 메모리 공간 할당은 이론적으로는 34개이어야 하나, 클래스 내 배열이나 변수들 선언 순서에 따라 차이가 있으므로 감안하도록 한다. 위 예제의 클래스는 객체당 36바이트의 메모리 공간을 할당 받는다.

위 예제의 객체 배열은 하나의 배열 원소 당 36바이트의 메모리를 할당받게 된다. 그렇다면 [그림 5-3]에서 std[0]의 메모리 시작 주소가 1000이라고 한다면, std[1]의 시작주소는 1036이 된다는 것이다. 객체 포인터는 처음 std[0]의 시작 주소를 저장하고 있다. 그렇게 되었을 때, 객체 포인터를 pstd+1로 연산하게 되면 pstd에 저장된 값이 1000에서 1001이 되는 것이 아니라 객체 포인터가 가리키는 포인터를 하나 증가시켜 std[1]의 시작 주소를 가리키게 되는 것이다. [그림 5-4]는 이것을 나타내는 그림이다.

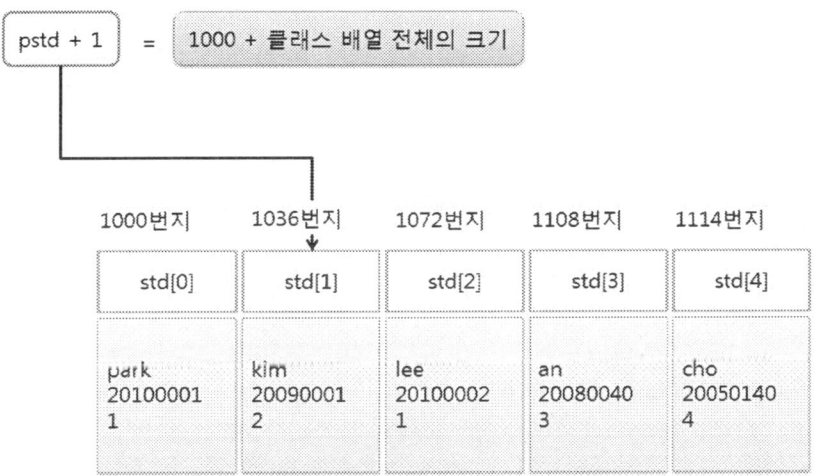

[그림 5-4] 객체 포인터 연산

[예제 5-3-3]의 10~13번 줄은 이러한 포인터 연산을 이용하여 클래스 멤버함수를 호출하고 있다. 이것은 std[i].InputData() 와 같은 의미를 갖는다. 15~18번 줄에서는 객체 배열을 이용한 호출을 그대로 사용하고 있다. 두 개가 같은 의미의 일을 하지만 사용하는 방법은 차이가 있으니 잘 기억해두기 바란다.

5.2.2 함수의 매개 변수로 객체 배열 사용

지금까지 객체 배열을 선언하여 사용하는 방법에 대해서 설명해 보았다. 객체 배열은 일
반 배열과 그 원리가 같기 때문에 어렵지 않을 것이라 생각한다. 그런데, 이러한 객체 배
열을 함수의 전달 인자로 지정할 수 있을까? 답은 "그럴 수 없다"이다. 객체 배열의 전체
값을 사용자 정의 함수로 넘겨주는 것은 지원되지 않는다. 그렇기 때문에 앞서 객체포인
터에 대해서 살펴본 것이다. 즉, 객체 배열의 시작 주소를 사용자 정의 함수에서 전달받
아 객체 배열의 값에 접근할 수 있도록 하는 것이다. [예제 5-4]를 살펴보자.

>> [예제 5-4-1] chap5\ch5_4\student.h

```
1.  #include <iostream>
2.
3.
4.  using namespace std;
5.
6.
7.  class Student{
8.      int grade;
9.      char name[20];
10.     char id[10];
11.
12. public:
13.     Student();
14.     Student(char*, char*, int);
15.     void InputData();
16.     void ShowData();
17. };
18.
19. void prn(Student *pstd);   //사용자 정의 함수
```

>> [예제 5-4-2] chap5\ch5_4\student.cpp

```
1.  #include "student.h"
2.
3.  Student::Student(){
4.      strcpy(name, "이름");
```

```
5.      strcpy(id, "학번");
6.      grade = 0;
7.  }
8.  Student::Student(char* sname, char* sid, int sgrade){
9.      strcpy(name, sname);
10.     strcpy(id, sid);
11.     grade = sgrade;
12. }
13. void Student::InputData(){
14.     cout << "이    름 : ";
15.     cin >> name;
16.     cout << "학    번 : ";
17.     cin >> id;
18.     cout << "학    년 : ";
19.     cin >> grade;
20. }
21. void Student::ShowData(){
22.     cout << "이    름 : " << name << "\t";
23.     cout << "학    번 : " << id << "\t";
24.     cout << "학    년 : " << grade << endl;
25. }
26. void prn(Student *pstd){
27.     for(int i=0; i < 3; i++){
28.         (pstd+i)->ShowData(); //pstd[i].ShowData()
29.         cout << endl;
30.     }
31. }
```

>> [예제 5-4-3] chap5₩ch5_4₩ch5_4.cpp

```
11. #include "student.h"
12.
13. void main(){
14.     Student std[3];
15.     int i;
16.
17.     for(i = 0; i<3; i++){
18.         std[i].InputData();
```

```
19.        cout << endl;
20.    }
21.
22.    prn(std);
23. }
```

[예제 5-4-1]의 19번 줄에 사용자 정의 함수 prn이 선언되었다. 이 prn은 main함수에서
ShowData() 함수를 호출하는 작업을 맡기기 위해 사용자가 정의한 함수이다. 그러므로
[예제 5-4-3]의 12번 줄처럼 prn 함수를 호출하면 출력이 아래의 [실행결과]처럼 나온다.
그런데 여기서 std의 값을 전달해주는 함수 인자 형태를 보면 객체 배열의 이름만 적었
다. 배열 이름은 곧 포인터이다. 그러므로 전달받는 prn 함수의 인자형은 객체 포인터여
야 한다. 앞에서도 언급했듯이 함수의 인자로 객체 배열을 전달할 때 배열 전체를 전달
하는 방법은 이 방법 외에는 없으니 꼭 기억해두기 바란다.

■ 실행 결과

그리고 [예제 5-4-2]의 28번 줄에서 주석의 내용처럼 포인터 변수를 표현할 때, 배열처럼
사용할 수 있는데 이 경우 접근 연산자인 "."연산자를 사용하여 멤버에 접근할 수 있으니
이것 또한 기억해두기 바란다.

5.3 this 포인터

5.3.1 this의 의미

this는 객체 자체를 가리키는 포인터로 멤버 함수를 호출한 객체를 가리킨다. this는 멤버 함수 내에서 호출 객체의 주소를 저장하는 포인터이며, 컴파일러에 의해서 제공된다. 즉, 프로그래머가 별도로 선언하지 않아도 항상 존재하게 된다. 이러한 this는 객체에 의해 멤버 함수가 호출될 때 호출한 객체의 주소를 저장하는 곳으로 사용한다. 즉, 우리가 멤버 함수 내에서 멤버 변수나 다른 멤버 함수를 호출할 때 "this."가 붙는 것이 더 정확한 표현일 것이다. 그러나 생략을 해도 별 문제가 없기 때문에 일반적인 경우에는 생략하는 것이다.

그러면, this가 어떤 정보를 담는지 눈으로 확인해보자.

≫ [예제 5-5-1] chap5₩ch5_5₩meanthis.h

```
1.  #include <iostream>
2.
3.  using namespace std;
4.
5.  class meanthis{
6.  public:
7.      meanthis* ReturnThis(){ //반환값이 포인터값
8.          return this;
9.      }
10. };
```

≫ [예제 5-5-2] chap5₩ch5_5₩ch5_5.cpp

```
1.  #include "meanthis.h"
2.
3.  void main(){
4.      meanthis *mt1 = new meanthis();
5.      meanthis *mt2 = new meanthis();
6.      cout << "Pointer mt1 : " << mt1 << endl;
```

```
7.        cout << "mt1's this  : " << mt1->ReturnThis << endl;
8.
9.        cout << endl;
10.
11.       cout << "Pointer mt2 : " << mt2 << endl;
12.       cout << "mt2's this : " << mt2->ReturnThis() << endl;
13.  }
```

■ 실행 결과

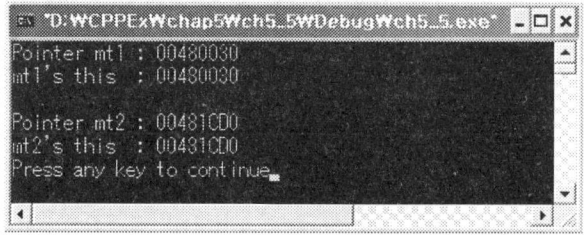

[예제 5-5-1]에서 정의한 meanthis 클래스는 ReturnThis() 함수를 보면 this를 return하는 것이 유일하게 하는 일이다. 즉, 앞에서 이야기한 this가 호출한 객체의 주소를 가지고 있는지 확인하기 위한 것이다. 그래서 main()에서 객체 2개를 생성하였다. [실행결과]를 보면 포인터 객체 mt1의 값과 mt1이 가리키는 객체가 반환한 this의 출력값이 같다. mt2도 마찬가지 결과를 보이고 있다. 여기서 this는 멤버 함수를 호출한 객체 즉, 자기 자신을 가리키는 용도로 사용되는 것이다. 그래서 this를 자기 참조 포인터라고도 한다.

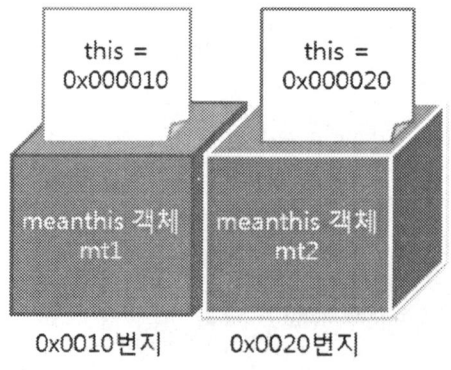

[그림 5-5] this 포인터

이렇게 this는 객체의 멤버 함수에서 호출할 수 있으며, 모든 객체는 this 포인터를 가지게 된다. 그리고 this 포인터에는 생성된 객체의 할당 메모리 주소가 저장되는 것이다.

5.3.2 this의 사용

그런데, this를 반드시 사용해야 하는 경우가 있다. 바로 함수의 매개 변수(지역 변수)가 멤버 변수의 이름과 동일한 경우가 바로 그 때이다. 예제를 살펴보자.

》 [예제 5-6-1] chap5₩ch5_6₩exthis.h

```
1.  #include <iostream>
2.
3.
4.  using namespace std;
5.
6.  class ExThis{
7.  private:
8.      int x;
9.  public:
10.     ExThis();
11.     void InputData(int);
12.     void ShowData();
13. };
```

》 [예제 5-6-2] chap5₩ch5_6₩exthis.cpp

```
1.  #include "exthis.h"
2.
3.  ExThis::ExThis(){
4.      x = 0;
5.  }
6.  void ExThis::InputData(int x){
7.      x = x;
8.  }
9.  void ExThis::ShowData(){
10.     cout << "x = " << x << endl;
11. }
```

>> **[예제 5-6-3] chap5₩ch5_6₩ch5_6.cpp**

```
1.  #include "exthis.h"
2.
3.  void main(){
4.      ExThis te;
5.      te.InputData(2010);
6.      te.ShowData();
7.  }
```

■ 실행 결과

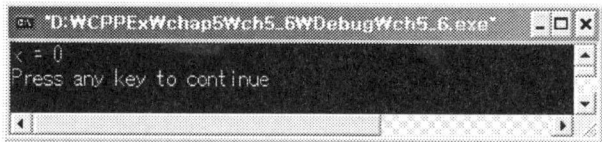

[예제 5-6-1, 2, 3]을 실행한 결과는 어떻게 나올까? 우리는 결과가 "x = 2010"이기를 바라며 프로그램을 만들었다. 그런데 실행 결과는 뜻밖에도 "x = 0"이 나왔다. 분명 [예제 5-6-3]에서 te.InputData() 멤버 함수를 호출하여 값을 x에 넣을 수 있게 했다. 그런데도 x는 2010이 아닌 0을 출력하고 있다. 왜 그럴까?

[예제 5-6-2]의 06 ~ 08번 줄을 보자. InputData() 멤버 함수의 정의에서 멤버 함수의 인자가 멤버 변수의 이름과 동일한 x로 정의되어 있다. 그런데 07번 줄에서

```
x = x;
```

을 처리하라고 되어있다. 프로그램을 구현할 때 의도는 왼쪽에 대입을 받는 x는 멤버 변수의 x이고, 오른쪽의 대입되는 x는 함수 인수였던 지역변수 x라 생각하고 프로그래밍하였다. 그런데 변수의 특징 중에, 블록 내에서 가장 우선순위가 높은 변수는 해당 블록에서 선언된 지역 변수이다. 즉, 07번 줄에 있는 x는 둘 다 지역 변수를 나타내게 되는 것이다. 그러므로 해당 줄에서 2010의 값을 지역 변수 x에 다시 대입하는 결과를 갖는다. 그런데 실행 결과는 0이다. 이것은 바로 또 다른 지역 변수의 특징, 지역 변수는 선언된 블록이 해제되면 그 의미를 잃는다는 것 때문이다. 즉 지역 변수 x는 08번 줄을 만나면

메모리에서 자리를 반납하고 사라지는 변수이다. 그 후, main()의 06번 줄에서 te.ShowData()를 호출한다. 그러면 [예제 5-6-2]의 09~11번 줄을 실행하게 되는데, 10번 줄을 보면 cout << "x = " << x << endl;의 x는 06번 줄에 있던 지역 변수 x가 아닌 [예제 5-6-1]에 선언되어 있는 멤버 변수 x를 나타내는 것이다. 멤버 변수 x는 객체가 생성되면서 생성자를 호출, 이미 x에 0이 대입되어 있는 상태이다. 그런데 멤버 함수 ShowData()가 이 멤버 변수를 출력하려 하므로 [실행결과]처럼 x = 0을 출력하고 있는 것이다.

그러면 이러한 경우 어떻게 해야 우리가 원하는 결과를 출력할 수 있을까? 무조건 멤버 변수의 이름을 멤버 함수의 인자나 지역변수로 쓰지 않는 것으로 해결해야 할까? 답은 물론 "아니다"이다. 바로 이러한 상황을 위해 this라는 포인터가 있는 것이다. [예제 5-6-2]의 07번 줄을 다음과 같이 수정하자.

>> [예제 5-6-4] chap5\ch5_6\exthis.cpp 수정

```
1.  #include "exthis.h"
2.
3.  ExThis::ExThis(){
4.      x = 0;
5.  }
6.  void ExThis::InputData(int x){
7.      this->x = x;        //x->x 를 수정
8.  }
9.  void ExThis::ShowData(){
10.     cout << "x = " << x << endl;
11. }
```

[실행결과]를 보면 처음에 우리가 생각했던 x = 2010을 출력하고 있다. [예제 5-6-4] 의 07번 줄에 입력받는 변수가 멤버 변수임을 나타내기 위해 this 포인터로 나타내고 있다. 이로써 07번 줄의 의미는 "함수의 인자로 받은 x의 값을 멤버 변수 x에 대입하라"가 된다. 이렇게, 멤버 변수와 함수의 지역 변수의 이름이 같을 경우 this 포인터를 이용하여 "현재 객체의" 라는 의미를 확실히 부여하면 문제를 해결할 수 있다.

■ 실행 결과

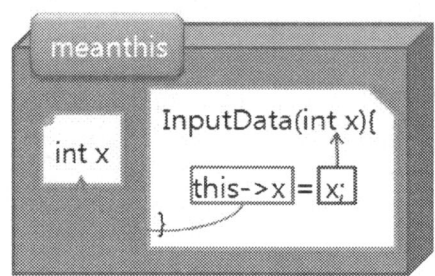

[그림 5-6] this의 용도

5.4 friend 함수와 friend 클래스

지금까지 우리는 클래스를 선언하고, 클래스 내에 멤버들을 선언하고 사용하는 것을 살펴보았다. 그 중에서 우리는 정보 보호를 위해 접근 제한자를 이용하여 외부의 접근을 제어할 수 있음을 학습하였다. 그래서 멤버 변수들은 private으로 선언하여 멤버 함수를 통해서만 접근할 수 있도록 하였다. 그런데, 경우에 따라 멤버 변수들도 외부의 접근을 허용해야 하는 경우가 발생할 수 있다. 그런데 우리는 무조건 그것을 허용하지 않게 해두었다. 그래서 예외를 위한, 즉 외부의 접근을 허용할 수 있는 방법으로 friend로 선언하는 방법에 대해 살펴보기로 한다.

5.4.1. friend 함수 선언

friend는 말 그대로 친구이다. 즉, 외부 접근을 하지 못하도록 제한해 놓은 멤버 변수를 "내 친구"에게는 접근을 허용하겠다는 의미라 할 수 있겠다. 예제를 살펴보자.

[예제 5-7-1] chap5₩ch5_7₩friendex.h

```
1.  #include <iostream>
2.
3.
4.  using namespace std;
5.
6.  class mineclass{
7.  private:
8.      int idnum;
9.      char name[40];
10.
11. public:
12.     mineclass();
13.     void ShowData();
14.     friend void InputData(mineclass& m, int);
15. };
```

[예제 5-7-2] chap5₩ch5_7₩friendex.cpp

```
1.  #include "friendex.h"
2.
3.  mineclass::mineclass(){
4.      idnum = 0;
5.      strcpy(name, "Park");
6.  }
7.  void mineclass::ShowData(){
8.      cout << "idnum : " << idnum << endl;
9.      cout << "name  : " << name << endl;
10. }
11. void InputData(mineclass& m, int idnum){
12.     m.idnum = idnum;
13. }
```

[예제 5-7-3] chap5₩ch5_7₩ch5_7.cpp

```
1.  #include "friendex.h"
2.
3.  void main(){
```

```
4.    mineclass mc;
5.    mc.ShowData();
6.
7.    cout << endl;
8.
9.    InputData(mc, 2010);
10.   mc.ShowData();
11.  }
```

[예제 5-7-1]의 07, 08번 줄에 private 변수 idnum과 name이 선언되어 있다. 이 두 변수는 외부 접근을 허용하지 않는 변수로 반드시 멤버 함수에서 접근을 해야 한다. 그런데, 14번 줄에 friend로 선언된 일반 변수가 있다. 이 변수는 멤버 함수처럼 보이지만 실제 맨 앞에 friend가 붙어 "실제로는 일반 함수인데, mineclass의 친구이니 기억하라"는 의미가 되고 있다. 이 friend 함수는 [예제 5-7-2]의 11~13번 줄을 보면 mineclass의 멤버 변수 idnum에 값을 입력하겠다고 하고 있다. 이 실행이 제대로 이루어질까? 실행 결과는 다음과 같다.

■ 실행 결과

오류가 발생할 것이라 예상할 수도 있을 것이라 생각된다. 그런데, 실행 결과를 보면 제대로 수행이 되었음을 확인할 수 있다. 이것이 가능하게 된 이유가 바로 friend 선언에 있다. 우리가 mineclass 선언시 friend라고 선언한 그 구문에 의해 "친구이니까 내 멤버 변수에 접근을 허용하지!!"하는 허가가 내려진 것이다. 이것이 바로 friend가 하는 일이다. [그림 5-7]은 이러한 관계를 그림으로 보여준다.

[그림 5-7] friend 선언

만약 friend 선언의 일이 이해가 되지 않거나 의심 되는 경우, 위 프로그램에 일반 함수를 선언하여 실행해 보도록 하자. [예제 5-7-4]는 위 [예제 5-7-1,2,3]을 하나의 파일에 작성한 것이다.

>> [예제 5-7-4] chap5₩ch5_7_re₩ch5_7_re.cpp

```cpp
1.  #include <iostream>
2.
3.
4.  using namespace std;
5.
6.  class mineclass{
7.  private:
8.      int idnum;
9.      char name[40];
10. public:
11.     mineclass();
12.     void ShowData();
13.     friend void InputData(mineclass& m, int); //friend 함수
14. };
15. void InputName(mineclass& mn, char*); //일반 함수
16.
17. mineclass::mineclass(){
18.     idnum = 0;
19.     strcpy(name, "Park");
20. }
21. void mineclass::ShowData(){
22.     cout << "idnum : " << idnum << endl;
23.     cout << "name  : " << name << endl;
```

```
24.    }
25.    void InputData(mineclass& m, int idnum){
26.        m.idnum = idnum;
27.    }
28.    void InputName(mineclass& mn, char *name){
29.        strcpy(mn.name, name);
30.    }
31.    void main(){
32.        mineclass mc;
33.        mc.ShowData();
34.        cout << endl;
35.
36.        InputData(mc, 2010);
37.        mc.ShowData();
38.        cout << endl;
39.
40.        InputName(mc, "Kim");
41.        mc.ShowData();
42.    }
```

이 변형된 ch5_7.cpp는 제대로 수행되지 않는다. 이유는 바로 15번 줄에서 일반 함수 InputName()이 클래스의 private 멤버 변수를 접근하려고 하기 때문이다. InputData() 함수가 일반 함수이지만 접근이 가능했던 이유는 오로지 friend 선언이 되어 있기 때문이었다는 것을 기억하기 바란다.

5.4.2 friend 클래스 선언

friend 선언은 클래스들 간에도 가능하다. 예를 들어, 학생관리 프로그램이 있다고 가정하자. 그 중, 학생의 학번과 이름을 관리하는 StdInfo 클래스와 학생의 전화번호와 이메일을 관리하는 StdCall 클래스가 있고, 학생의 학과 정보를 관리하는 StdMaj 클래스가 있다고 할 때, StdCall 클래스와 StdMaj 클래스에서 어떤 학생의 정보를 확인하고자 할 때, 학생의 이름과 학번을 StdInfo 클래스에서 가져올 수 있어야 편리하게 프로그램을 할 수도 있고, 정보 관리도 편리할 것이다. 그런데, 만약 StdInfo 클래스에 학생의 학번과 이름 정보를 저장하는 변수를 public으로 선언한다면 객체지향의 정보은닉 특성을 사용하지 못하는 프로그램이고, 그렇다고 private으로 선언한다면 외부 접근이 불가능하기 때문에 우리가 원하는 프로그램으로 만들 수 없다.

이렇게 어떤 클래스에 있는 멤버를 다른 클래스에서 접근 가능하게 하기 위해 클래스 friend 선언을 한다. 선언하는 방법은 다음과 같다.

```
class 클래스명{
    friend class 친구삼을_클래스_이름1;
};
```

위처럼 선언을 해주면, friend로 선언된 class에서 friend를 선언해준 클래스의 private 멤버로의 접근이 가능해진다.

Tip

friend 선언은 클래스 선언시 private영역에 하던, public 영역에 하던 상관없다.

예제를 살펴보자.

>> [예제 5-8-1] chap5₩ch5_8₩stdmag.h

```
1.  #include <iostream>
2.
3.
4.  using namespace std;
5.
6.  class StdInfo{
7.  private:
8.      int idnum;              //외부 접근 불가
9.      char name[40];          //외부 접근 불가
10.     friend class StdCall;   //friend 클래스 선언
11.     friend class StdMaj;    //friend 클래스 선언
12. public:
13.     StdInfo();
14.     void InfoShowData();
15. };
```

```
16.  class StdCall{
17.  private:
18.       char phone[80];
19.       char mail[80];
20.  public:
21.       StdCall(StdInfo& si, int id, char *n, char *p, char *m);
22.       void CallShowData(StdInfo &si);
23.  };
24.  class StdMaj{
25.  private:
26.       char major[80];
27.  public:
28.       StdMaj(StdInfo& si, int id, char *n, char *mj);
29.       void MajShowData(StdInfo &si);
30.  };
```

» [예제 5-8-2] chap5₩ch5_8₩stdmag.cpp

```
1.  #include "stdmag.h"
2.
3.  StdInfo::StdInfo(){
4.        idnum = 00000000;
5.        strcpy(name, "입력대기");
6.  }
7.  void StdInfo::InfoShowData(){
8.        cout << "학    번 : " << idnum << endl;
9.        cout << "이    름 : " << name << endl;
10. }
11. StdCall::StdCall(StdInfo& si, int id, char *n, char *p, char *m){
12.      si.idnum = id;    //friend 클래스인 StdInfo의 private멤버 접근
13.      strcpy(si.name, n); //friend 클래스인 StdInfo의 private 멤버 접근
14.      strcpy(phone, p);
15.      strcpy(mail, m);
16. }
17. void StdCall::CallShowData(){
18.      StdInfo si;
19.      cout << endl;
20.      si.InfoShowData();
21.      cout << "전화번호 : " << phone << endl;
```

```
22.        cout << "e - mail : " << mail << endl;
23.   }
24.   StdMaj::StdMaj(StdInfo& si, int id, char *n, char *mj){
25.        si.idnum = id;    //friend 클래스인 StdInfo의 private 멤버 접근
26.        strcpy(si.name, n); //friend 클래스인 StdInfo의 private 멤버 접근
27.        strcpy(major, mj);
28.   }
29.   void StdMaj::MajShowData(){
30.        StdInfo si;
31.        cout << endl;
32.        si.InfoShowData();
33.        cout << "전     공 : " << major << endl;
34.   }
```

>> [예제 5-8-3] chap5\ch5_8\ch5_8.cpp

```
12.   #include "stdmag.h"
13.
14.   void main(){
15.        StdInfo in;
16.        in.InfoShowData();
17.        StdCall ca(in, 20101111, "홍길동",
18.                  "123-456-7890", "mma@dankook.ac.kr");
19.        ca.CallShowData();
20.        StdMaj mj(in, 20101234, "김철수", "컴퓨터과학");
21.        mj.MajShowData();
22.   }
```

■ 실행 결과

[예제 5-8-1]의 10~11번 줄에서, 외부 클래스인 StdCall과 StdMaj 클래스를 friend로 선언하고 있다. 이 선언에 의해, [예제 5-8-2]의 12~13, 25~26번 줄의 접근이 가능한 것이다. 이렇게 private 멤버의 외부 접근을 허용한 대상에 대해서만 가능하게 할 필요가 있을 경우에 friend 선언을 쓰면 간단하게 해결할 수 있다. 그러나 이 선언을 많이 사용하는 것은 결국 정보를 은닉하려는 우리의 목적에 위배될 수 있으므로 잘 생각하여 사용하기 바란다.

5.5 디폴트(default) 매개 변수의 사용

5.5.1 디폴트 매개 변수의 의미

디폴트 매개 변수란 함수를 수행할 때 기본으로 값을 설정해 놓은 매개 변수라는 의미로 만약 함수를 호출할 때 인자를 전달하지 않을 경우 프로그래머가 설정한 매개 변수 값을 수행할 때 사용하겠다는 의미이다.

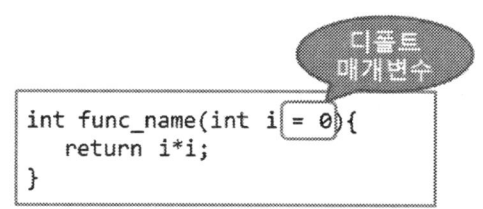

```
int func_name(int i = 0){
    return i*i;
}
```

[그림 5-8] 디폴트 매개 변수의 의미

[그림 5-8]에서 매개 변수는 int i로 선언되어 있다. 그런데, 이 매개 변수는 초기화되어 있다. 일반적으로 함수의 매개 변수는 함수 호출시 전달되는 값을 받는 곳으로 초기화를 하지 않는 것이 기본이다. 그런데 여기서는 0으로 값을 대입하고 있다. 이것은 무슨 의미일까? 바로, "값이 전달되지 않을 경우"를 대비한 것이라 이해하면 되겠다. 즉, 함수를 호출하는 호출자가 함수 호출시 인자를 전달하지 않는 경우가 발생한다면 그냥 기본값으로 0을 대입하여 일을 처리하겠다는 의미라는 것이다. 이렇게, 기본적으로 설정해놓은 값을 디폴트 매개 변수라 한다. 간단한 예제를 살펴보기로 한다.

```cpp
1.  #include <iostream>
2.
3.
4.  using namespace std;
5.
6.  int square(int s = 1){
7.      return s * s;
8.  }
9.  void main(){
10.     cout << square(10) << endl;
11.     cout << square() << endl;
12. }
```

■ 실행 결과

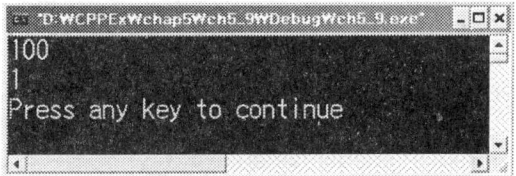

[예제 5-9]의 10, 11번 줄에 대한 [실행결과]이다. 인자 값을 넣은 경우와 그렇지 않은 경우의 결과가 차이가 있으며, 인자값을 넣지 않은 경우에도 오류가 난 것이 아니라 결과가 1로 나와 있다. 이것은 06번 줄에서 인자의 디폴트 값으로 1을 대입했기 때문이다. 다시 말해 06번 줄에 의해 11번 줄의 "square()"는 결국 "square(1)"의 의미와 같다.

디폴트 매개 변수는 호출하는 부분에서 적정한 값을 모르는 경우 기준이 되어줄 수도 있고, 매번 함수를 호출할 때마다 똑같은 인자를 계속 넣어주어야 하는 경우에 대한 수고를 덜어줄 수도 있다. 또한, 디폴트 매개 변수값이 있다고 해도 경우에 따라 다른 인자값을 넣어줄 수 있기 때문에 편리하게 사용 가능하다. 단, 함수 인자를 선언할 때, 디폴트 매개 변수의 왼쪽으로는 디폴트 매개 변수가 아닌 인자들만 올 수 있음을 반드시 기억하자. 이는 함수 호출시 컴퓨터의 혼동을 줄이고자 하는 표현이므로 꼭 지키기 바란다. [그림 5-9]의 올바른 표현과 잘못된 표현을 보고 참고하기 바란다.

```
올바른 표현
void funcname(int a, int b, int c = 0);
void funcname(int a, int b = 0, int c = 0);
```

```
잘못된 표현
void funcname(int a = 1, int b, int c = 0);
void funcname(int a = 1, int b, int c);
```

[그림 5-9] 디폴트 매개 변수 표현 방법

5.5.2 디폴트 매개 변수와 함수 오버로딩

함수 오버로딩에 보면 함수의 인자 개수나 인자의 자료형을 가지고 같은 이름으로 다른
수행을 할 수 있도록 하고 있다. 그런데, 이 디폴트 매개 변수와 함수 오버로딩이 함께
사용되면 어떤 결과를 가지고 올지 살펴보자.

>> [예제 5-10] chap5\ch5_10\ch5_10.cpp

```
1.  #include <iostream>
2.
3.  using namespace std;
4.
5.  int function1(int s = 1){
6.      return s * s;
7.      }
8.
9.  int function1(void){
10.     return 0;
11. }
12.
13. void main(){
14.     cout << function1(10) << endl;
15.     //cout << function1() << endl;
16. }
```

[예제 5-10]에서, 05~07번 줄과 09~11번 줄은 같은 이름의 함수인데 매개변수의 타입이
다른 함수 오버로딩 관계에 있는 함수들이다. 이때 14번 줄에서의 실행은 05번 줄에 정

의된 function1을 호출하고 있어 문제될 것이 없다. 그런데, 만약 주석 처리한 15번 줄을 실제로 실행한다면 어떻게 될까? 여기서 디폴트 매개 변수의 의미를 잘 생각해보자. 디폴트 매개 변수는 함수 호출시 인자를 주지 않을 경우 발동되는 기본 설정값이라고 했다. 그런데 09번 줄에 있는 function1도 인자값이 없이 호출될 수 있도록 정의되어 있다. 그러면, 15번 줄의 function1은 누구를 호출해야 할까? 이것이 바로 문제인 것이다. 컴퓨터는 이론적으로 보았을 때 두 함수 모두 호출할 수 있다. 이는 컴파일러가 결정해야하는 문제인데 이것을 결정할 기준은 없으므로 "에러"가 발생된다. 따라서 이러한 함수 정의는 하지 말아야 하겠다.

5.6 static 멤버

5.6.1 static의 의미

변수에는 전역변수와 지역변수가 있음을 잘 알고 있을 것이다. 이 중, 해당 블록에서만 의미를 갖는 변수를 지역 변수라 하고, 프로그램 전체에서 의미를 가질 수 있는 변수를 전역 변수라고 이야기 할 수 있겠다. 즉, 전역 변수는 프로그램 전체에서 필요할 때마다 호출해서 사용할 수 있는 공용 변수인 것이다. 다음과 같은 경우를 생각해보자.

>> [예제 5-11-1] chap5₩ch5_11₩ch5_11.cpp(1)

```
1.  #include <iostream>
2.
3.
4.  using namespace std;
5.
6.  int count = 0;
7.
8.  class Customer{
9.  private:
10.     int idnum;
11.     char name[20];
```

```
12.        char phonenum[20];
13.  public:
14.        Customer(int i, char* n, char* p){
15.            cout << ++count << " 번째 회원 고객님 입니다. 환영합니다." << endl;
16.            idnum = i;
17.            strcpy(name, n);
18.            strcpy(phonenum, p);
19.        }
20.        void ShowData(){
21.        cout << "회원 번호 : " << idnum << endl;
22.        cout << "이       름 : " << name << endl;
23.            cout << "전화 번호 : " << phonenum << endl;
24.        }
25.  };
26.
27.  void main(){
28.        Customer ct1(20100001, "Park", "123-4567-8901");
29.        ct1.ShowData();
30.        cout << endl;
31.        Customer ct2(20100002, "Cho", "120-1536-8874");
32.        ct2.ShowData();
33.  }
```

■ 실행 결과

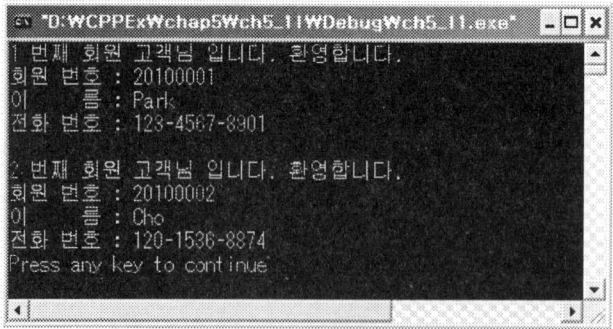

[예제 5-11-1]을 보면, 06번 줄의 count 변수는 전역 변수로 선언되어 있고, 객체 생성 후 모든 객체가 count를 공유하여 사용하는 것을 알 수 있다.([그림 5-10] 참고) 이 count 덕분에 회원이 등록될 때마다 객체를 만드는데 정확하게 몇 번째 회원이 가입되었는지 알

수 있다. 그런데, count는 Customer 클래스에 종속적인데도 불구하고 전역변수로 사용되고 있으므로 다른 영역에서 접근할 수 있는 위험이 존재한다. 그러므로 필요한 클래스에서만 사용할 수 있도록 접근에 대한 제한을 두기 위해 count 변수를 Customer의 멤버로 만들면 된다.

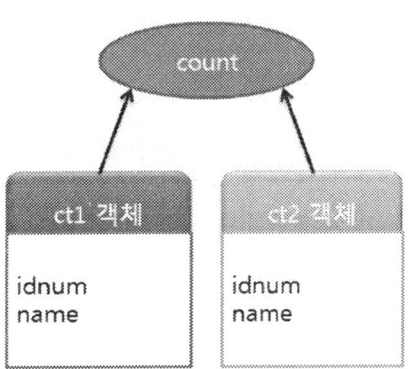

[그림 5-10] 전역변수 count의 의미

>> [예제 5-11-2] chap5₩ch5_11₩ch5_11.cpp (2)

```cpp
1.  #include <iostream>
2.
3.
4.  using namespace std;
5.
6.  class Customer{
7.  private:
8.      int count;
9.      int idnum;
10.     char name[20];
11.     char phonenum[20];
12.
13. public:
14.     Customer(int i, char* n, char* p){
15.         count = 0;
16.         cout << ++count << " 번째 회원 고객님 입니다. 환영합니다." << endl;
17.         idnum = i;
18.         strcpy(name, n);
19.         strcpy(phonenum, p);
```

```
20.          }
21.          void ShowData(){
22.          cout << "회원 번호 : " << idnum << endl;
23.          cout << "이      름 : " << name << endl;
24.          cout << "전화 번호 : " << phonenum << endl;
25.          }
26. };
27.
28. void main(){
29.          Customer ct1(20100001, "Park", "123-4567-8901");
30.          ct1.ShowData();
31.          cout << endl;
32.          Customer ct2(20100002, "Cho", "120-1536-8874");
33.          ct2.ShowData();
34. }
```

■ 실행 결과

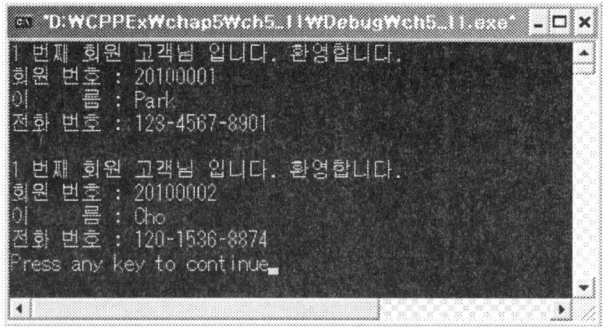

count를 멤버함수로 넣었더니, 회원의 수가 계속 초기화되어 원하는 결과가 나오지 않고
있다. 이 경우 count는 객체마다 생성되는 멤버 변수이기 때문이다. 객체가 생성될 때마
다 각 객체마다 count라는 변수가 생성되고, 초기화될 뿐 다른 객체에서 어떤 일이 발생
하는지 알 수 없기 때문에 우리가 원하는 결과는 나오지 않는 것이다.([그림 5-11] 참조)

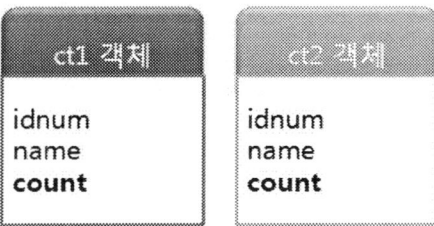

[그림 5-11] 멤버 변수 count의 의미

전역변수 count와 같은 의미로 공유할 수 있는 count 변수를 만들 수 있도록 해주는 것
이 바로 예약어 "static" 이다. [예제 5-11-2]의 프로그램을 수정해보자.

>> [예제 5-11-3] chap5₩ch5_11₩ch5_11.cpp (3)

```cpp
1.  #include <iostream>
2.
3.
4.  using namespace std;
5.
6.  class Customer{
7.  private:
8.      static int count;
9.      int idnum;
10.     char name[20];
11.     char phonenum[20];
12.
13. public:
14.     Customer(int i, char* n, char* p){
15.     cout << ++count << " 번째 회원 고객님입니다. 환영합니다." << endl;
16.     idnum = i;
17.     strcpy(name, n);
18.     strcpy(phonenum, p);
19.     }
20.         void ShowData(){
21.             cout << "회원 번호 : " << idnum << endl;
22.             cout << "이    름 : " << name << endl;
23.             cout << "전화 번호 : " << phonenum << endl;
24.         }
25. };
```

```
26.  int Customer::count = 0;    // static 멤버 초기화
27.
28.  void main(){
29.       Customer ct1(20100001, "Park", "123-4567-8901");
30.       ct1.ShowData();
31.       cout << endl;
32.       Customer ct2(20100002, "Cho", "120-1536-8874");
33.       ct2.ShowData();
34.  }
```

■ 실행 결과

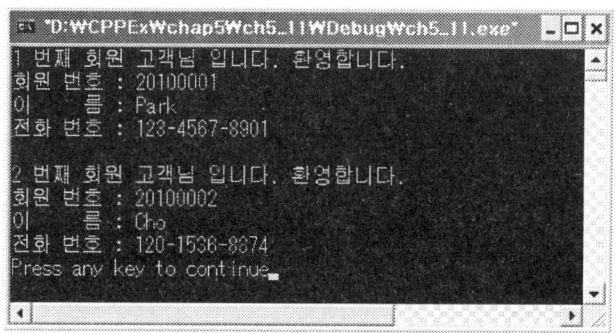

단지 멤버 변수 count를 선언할 때 앞에 static이라는 예약어를 붙여주고 26번 줄에 이를
초기화하는 구문만 넣어줬을 뿐인데 우리가 원하는 count가 "공유"되는 결과가 나오고
있다. 바로 이렇게 객체가 생성될 때마다 멤버 변수가 제각각 할당되는 것이 아니고 메
모리 공간 1개를 여러 객체들이 공유하는 변수 형태로 만들어주는 것이 static 선언이 하
는 일이다.

5.6.2 static 멤버 선언

static 멤버의 특징 중에 하나가 main() 함수가 호출되기 이전에 메모리 공간이 초기화되
어 할당된다는 것이다. static 멤버는 객체의 멤버로 존재하는 것이 아니라 각 객체가 해
당 static 멤버에 접근할 수 있는 권한을 부여받는 형태라 보는 것이 더 이해가 빠를 수 있
겠다.

static 멤버는 앞에서 언급했듯이 main() 함수가 호출되기 전에 메모리에 공간을 할당받기 때문에 선언과 초기화가 언제 이루어져야 할 것인지 생각해보아야 할 것이다. 우선 선언은 다음과 같이 하면 된다.

■ 선언 방법

```
static    자료형    변수명;
```

그런데, 이 멤버는 언제 초기화해야 할까? static 멤버를 선언하는 부분은 클래스의 멤버를 선언하는 곳으로 그 곳에서는 초기화가 불가능하다. 그렇다고 생성자에서 초기화를 한다면 이미 main() 함수가 호출되어 시작된 후인데 static 멤버는 main() 함수가 호출되기 전에 생성되므로 그 전에 초기화가 끝나야 맞다. 그래서 static 멤버의 초기화 구문을 따로 넣는다.

■ 초기화 방법

```
static    멤버자료형    클래스명 :: static 멤버명 = 값;
```

main()함수 호출 이전에 이미 메모리상에 올라있다면 객체가 만들어지던지, 만들어지지 않았던지 상관없이 참조할 수 있다. 만약 static 멤버가 public이라면 외부에서도 접근이 가능하겠지만 static이라면 클래스 외부접근은 허용하지 않으니 주의하기 바란다. 그리고 이렇게 만들어진 static 멤버는 아까도 얘기했지만 모든 객체에 따로따로 만들어지는 멤버 변수와는 의미가 다르다. "공유"할 수 있는 공동의 멤버로 만들어지는 것이고 각 객체는 이러한 멤버에 접근을 허가받았다고 보면 된다. [예제 5-11]의 프로그램에서 count의 의미는 [그림 5-12]와 같다.

[그림 5-12]와 같이, count는 객체에 생성되는 멤버 변수가 아니라, 각 객체에서 공유하여 사용할 수 있는 공간인 것이다. 이 공간은 객체가 생성되기 이전에 이미 만들어져 있으며, 클래스의 객체가 생성되면 이 객체의 필요에 따라 static 멤버에 접근할 수 있고 데이터를 쓰거나 수정할 수 있는 것이다.

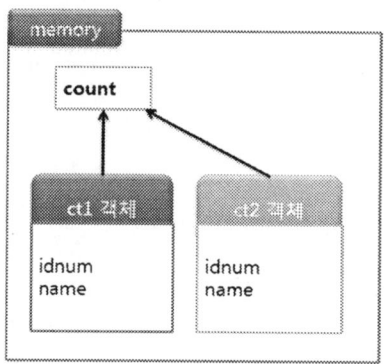

[그림 5-12] static 멤버 count의 의미

static 멤버의 선언과 초기화는 다른 멤버 변수를 선언하거나 초기화하는 것과는 조금 다
르다. 그 쓰임새도 다르지만 의미도 전혀 다르게 사용된다. static 멤버는 객체에게 부여
되는 멤버가 아닌 클래스 변수, 클래스 함수이므로 혼동하지 않기를 바라며, 초기화 방
법까지 잘 기억해두기 바란다.

자료구조 1

6.1 개요

본 장에서는 운영체제나 컴파일러 및 수식의 계산 등의 다양한 응용분야에서 사용될 수 있는 스택과 큐, 그리고 연결 리스트에 대해 살펴보기로 한다. 일반적인 리스트에서 우리는 임의의 위치에 있는 데이터를 탐색하고, 임의의 위치에 데이터를 삽입하거나, 임의의 위치에서 데이터를 삭제하기도 한다. 순서 리스트에서 자료의 삽입 및 삭제에 대한 위치를 제한한 것이 스택과 큐이다. 따라서 스택과 큐는 자료의 삽입과 삭제에 각각 정해진 순서와 방향이 존재하며, 이것을 위한 고유의 포인터들과 연산을 갖는다.

연결 리스트는 순서 리스트를 구현하는 두 가지 방법 중의 하나이다. 또 다른 하나는 배열이다. 예를 들어, 순서 리스트의 일종인 스택은 배열을 이용하여 구현할 수 있고, 연결 리스트를 이용하여 구현할 수도 있다. 배열과 연결 리스트는 각각 장점과 단점을 가지고 있는데 한쪽의 장점이 다른 쪽의 단점이 되는 관계를 가지고 있다. 연결 리스트를 이용하는 경우의 장점은 새로운 데이터의 삽입이나 기존의 데이터의 삭제가 효율적으로 처리될 수 있다는 것이다. 배열을 이용하는 경우에는 새로이 삽입될 위치를 만들기 위해서 또는 삭제된 데이터의 위치를 메꾸기 위해서 많은 데이터의 이동이 뒤따라야 한다는 단점이 있다. 또 다른 연결 리스트의 장점은 리스트를 동적으로 증가시킬 수 있다는 것과 리스트의 크기를 사전에 정의하지 않아도 된다는 점이다.

6.2 스택

6.2.1 스택의 정의와 성질

스택을 설명할 때 가장 많이 사용되는 예로는 식당에서 사용되는 접시를 들 수 있다. 접시는 일반적으로 밑에서 위로 쌓여지며, 이렇게 쌓아 올린 접시들 중에서 하나의 접시를 꺼낼 때는 맨 위의 접시가 사용된다는 성질을 가지고 있다. 이와 같이 순서 리스트에서 데이터의 삽입과 삭제가 한쪽 방향에서만 이루어지도록 한 것이 스택이다. 스택은 항상 가장 나중에 삽입한 자료를 가장 먼저 삭제하거나, 가장 먼저 삽입한 자료를 가장 나중에 삭제하게 되는데, 이러한 이유로 LIFO(Last-In-First-Out) 리스트 또는 FILO(First-In-Last-Out)

리스트라 부른다.

스택에서는 두 개의 중요한 포인터를 사용한다. 첫 번째는 자료가 삽입됨에 따라 스택이 자라기 시작하는 위치로서, 최초로 데이터가 삽입된 위치를 가리키는 bottom이다. 이 포인터는 메모리 상에서 스택이 자라는 방향에 따라 상위 메모리 주소가 될 수도 있고, 하위 메모리 주소가 될 수도 있다. 두 번째 포인터는 가장 최근에 삽입된 데이터, 즉, 가장 먼저 삭제될 데이터의 위치를 가리키는 top이다. 따라서 스택은 항상 top이 가리키는 위치를 기준으로 데이터의 삽입과 삭제 동작을 수행하게 된다. [그림 6-1]은 스택에서 데이터를 삽입/삭제하는 방향과 포인터들을 보여주고 있다.

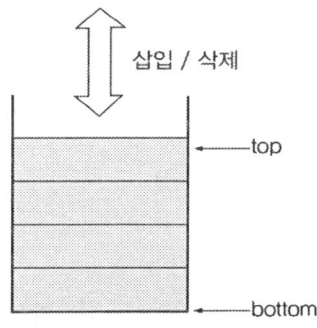

[그림 6-1] 스택(Stack)

6.2.2 스택의 연산

스택을 생성하고 데이터를 삽입하거나 삭제하는 등 스택을 다루기 위한 기본적인 연산들은 〈표 6-1〉과 같다.

〈표 6-1〉 스택의 기본 연산

함수	설명
Stack Create(stack_size)	크기가 stack_size인 공백 스택을 생성한다.
Boolean IsFull(S, stack_size)	스택 S의 여유 공간을 검사하여 참 또는 거짓을 반환한다.
Stack Push(S, D)	스택 S에 여유 공간이 있다면 S에 원소 D를 삽입하고 새로운 원소가 삽입된 스택을 반환한다.
Boolean IsEmpty(S)	스택 S가 공백이라면 참을 공백이 아니라면 거짓을 반환한다.
Element Pop(S)	스택 S가 공백이 아니라면 S의 top에 위치한 원소를 제거해서 반환한다.

[예제 6-1]은 stack을 클래스로 선언한 예이다.

>> **[예제 6-1] stack 클래스**

```
1.  template <class KeyType>
2.  class Stack{
3.  private:
4.      // objects : 0 이상 개수 원소를 갖는 유한 순서 리스트
5.  public:
6.      // 크기가 MaxStackSize인 공백 스택을 생성
7.      Stack Create(int MaxStackSize = DefaultSize);
8.      // 스택에 있는 원소의 수가 스택의 크기와 같다면
9.      // TRUE(1)을, 그렇지 않으면 FALSE(0)을 반환
10.     Boolean IsFull();
11.     // IsFull이 참이면 StackFull을 실행
12.     // 그렇지 않으면 스택의 top에 item 삽입
13.     void Push(const KeyType& item);
14.     // 스택의 원소의 수가 0이면
15.     // TRUE(1)을 반환, 그렇지 않으면 FALSE(0)을 반환
16.     Boolean IsEmpty();
17.     // IsEmpty()가 TRUE이면 StackEmpty()을 실행하고 0 반환
18.     // 그렇지 않으면 stack의 top에 위차한 원소를 제거해서 반환
19.     KeyType* Pop(KeyType&);
20. };
```

[예제 6-2]에서 보듯이 create(S)에 의해 최초에 생성된 스택은 공백 스택(empty stack)이 된다. 배열을 이용하여 구현된 경우에는 스택의 크기를 명시하고, 명시된 만큼의 크기를 갖는 스택을 생성할 수 있다. 스택의 각 원소는 한 가지의 데이터 형만을 가질 수 있는데, 구조체를 이용하여 스택의 원소를 선언할 경우, 복합적인 데이터 형으로 이루어진 원소를 갖는 스택을 생성할 수도 있다. 이때 스택을 공백 스택으로 초기화시키기 위한 top의 값은 -1로 설정된다.

>> **[예제 6-2] 스택의 생성**

```
1.  template <class KeyType>
2.  Stack<KeyType>::Create(int MaxStackSize):MaxSize(MaxStackSize)
```

```
3. {
4.     stack = new KeyType[MaxSize];
5.     top = -1;
6. }
```

스택에서는 삽입과 삭제 연산을 각각 push와 pop이라 한다. push 연산은 스택에서 현재 top이 가리키는 다음 위치에 데이터를 삽입하고, 삽입된 데이터를 가리키도록 top을 증가시킨다. pop 연산은 데이터의 삭제뿐만 아니라, 삭제되는 데이터의 내용을 읽기 위한 기능도 제공한다. pop에 의해 top의 위치는 하나 감소하여 다음에 삭제될 데이터의 위치를 가리키게 된다. [그림 6-2]는 스택에서 데이터의 삽입 및 삭제 과정을 보여주고 있다.

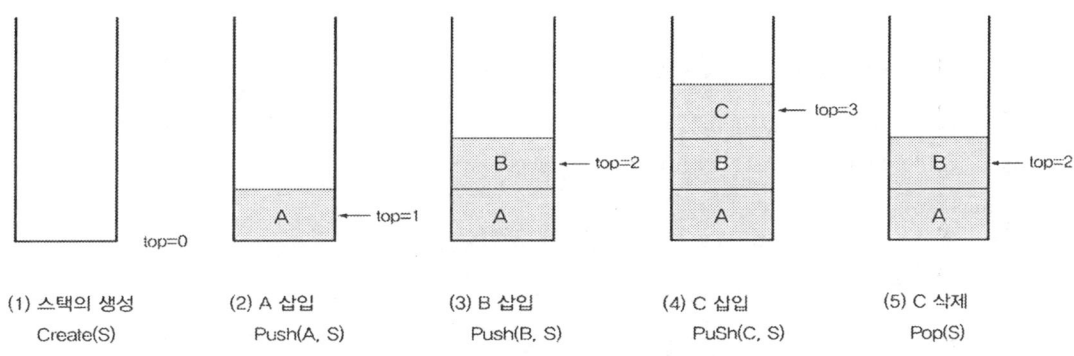

[그림 6-2] 스택에서 데이터의 삽입과 삭제 과정

또한 고정된 크기의 스택에서는 데이터를 push하기 전에, 스택에 데이터가 들어갈 여유 공간이 있는 지를 검사해야 하는데, 이때 사용되는 연산이 isFull(S)이다. 따라서 push 연산은 항상 이 값이 참이 아닌 경우에만 수행되어야 한다. pop에서는 pop 명령을 수행하기 전에 스택이 비어있는 지를 반드시 검사해야 한다. 스택의 상태를 검사하기 위해서는 스택의 크기인 stack_size와 top이 사용된다. [예제 6-3]은 이러한 스택의 연산들을 구현한 함수들에 대해 보여주고 있다.

[예제 6-3] 스택의 포화/공백 상태 검사 함수

```
1.  template <class KeyType>
2.  inline Boolean Stack<KeyType>::IsFull(){
3.     if(top >= MaxSize-1)      // 포화 상태
4.        return TRUE;
5.     else  return FALSE;
6.  }
7.
8.  template <class KeyType>
9.  inline Boolean Stack<KeyType>::IsEmpty()
10. {
11.    if(top == -1) return TRUE;       // 공백 스택 상태
12.    else  return FALSE;              // 공백이 아닌 스택 상태
13. }
```

[예제 6-4] 스택의 삽입/삭제 함수

```
1.  template <class KeyType>
2.  void Stack<KeyType>::Push(const KeyType& x)
3.  {
4.     if(IsFull()) StackFull();    //스택 포화상태 검사
5.     else stack[++top] = x;       //top의 값 증가후 x 삽입
6.  }
7.
8.  template <class KeyType>
9.  KeyType* Stack<KeyType>::Pop (KeyType& x){
10.    if(IsEmpty()){StackEmpty();return 0;}  //스택 공백 검사
11.    x = stack[top--];                       //값 반환 후 top 감소
12.    return &x;
13. }
```

[예제 6-4]에서 보는 StackFull( )과 StackEmpty( ) 함수는 각각 스택이 포화 상태와 공백 상태인 경우 화면에 에러 메시지를 출력하거나 오류 키를 반환하여 스택에 대한 삽입/삭제 연산이 처리될 수 없음을 표시해 주는 함수이다.

6.2.3 스택의 응용

스택은 재귀 함수의 다단계 호출에서 호출된 각 함수가 반환(return)될 곳을 기억하기 위해 사용될 수 있다. 즉, 함수가 호출될 때마다 반환될 주소를 스택에 push하고, 호출된 함수는 실행을 마친 후 반환할 주소를 스택에서 pop하여 해당 주소로 가게 된다.

또한 스택은 컴파일러나 수식 등에서 프로그래밍 언어의 문법과 수식의 정확성을 확인하는 데에도 사용된다. 예를 들어, 괄호가 들어있는 수식에서 모든 괄호의 쌍이 맞는지 판단하는 것을 생각해 보자. 컴파일러는 수식을 처음부터 읽으면서 좌측 괄호 '('를 발견할 때마다 '('를 스택에 push하고, 우측 괄호 ')'를 만나게 되면 스택에서 pop한다. 결국 전체 식을 검사한 결과 스택의 상태가 비어있게 된다면 모든 괄호는 정확히 쌍을 이루게 된다.

이밖에 스택은 수식의 계산에서 연산자와 피연산자들에 대한 연산 우선 순위를 결정하기 위해 사용될 수도 있다.

6.3 큐

6.3.1 큐의 정의와 성질

스택과는 달리 큐는 한쪽 끝에서 삽입 연산이, 그리고 다른 쪽 끝에서 삭제 연산이 이루어 진다. 매표 창구의 예를 들어보자. 사람들은 표를 사기 위해 매표 창구에 줄을 서게 되는데, 이때 먼저 온 사람의 순서대로 표를 구입할 수 있다. 이렇듯 큐는 먼저 도착된 것이 먼저 처리되는, 즉, 먼저 삽입된 데이터가 먼저 삭제되는 성질을 갖는다. 이것은 나중에 도착된 것이 나중에 처리되는 것과 동일한 개념이며 이를 FIFO(First-In-First-Out) 리스트 또는 LILO(Last-In-Last-Out) 리스트라 부른다.

큐에서 데이터의 삽입이 이루어지는 쪽을 rear라고 하며, 데이터의 삭제가 이루어지는 쪽을 front라 한다. 이때, 큐에서 rear는 가장 최근에 삽입된 데이터의 위치를, 그리고 front는 가장 최근에 삭제된 데이터의 위치를 가리킨다고 하자. 그림 6-3은 큐의 데이터 삽입/삭제의 방향과 포인터들을 보여준다.

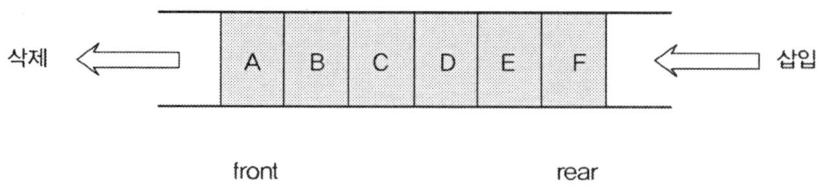

[그림 6-3] 큐(Queue)

6.3.2 큐의 연산

큐를 생성하고 데이터를 삽입하거나 삭제하는 등 큐를 다루기 위한 기본적인 연산들은
〈표 6-2〉와 같다.

〈표 6-2〉 큐의 기본 연산

함수	설명
Queue Create(queue_size)	크기가 queue_size인 공백 큐를 생성하여 생성된 큐를 반환한다.
Boolean IsFull(Q, queue_size)	큐 Q의 포화 상태를 검사하여 참 또는 거짓을 반환한다.
Queue Enqueue(Q, D)	큐 Q가 포화 상태가 아니라면 Q에 원소 D를 삽입하고 새로운 원소가 삽입된 큐를 반환한다.
Boolean IsEmpty(Q)	큐 Q가 공백 상태라면 참을 공백이 아니라면 거짓을 반환한다.
Element Dequeue(Q)	큐 Q가 공백이 아니라면 Q의 front에 위치한 원소를 제거해서 반환한다.

스택과 마찬가지로 큐도 배열과 구조체를 이용하여 다음과 같이 생성할 수 있다. 최초에
생성된 큐는 공백 상태이므로 front와 rear는 각각 -1의 값을 갖게 된다.

큐에서는 삽입과 삭제 연산을 각각 enqueue와 dequeue라 한다. 큐에서 최초의
enqueue 연산은 맨 앞 위치인 0번 인덱스 위치부터 데이터를 삽입하고 rear로 하여금 삽
입된 데이터를 가리키도록 한다.

그 다음의 enqueue 연산에서는 현재의 rear 값을 하나 증가시킨 후 rear가 가리키는 위
치에 데이터를 삽입한다. dequeue 연산은 현재의 front 값을 하나 증가시킨 후, 그 위치
에 해당하는 데이터를 삭제함과 동시에 그 값을 반환한다. 이때 front는 가장 최근의
dequeue 연산에 의해 삭제된 데이터의 위치를 가리킴과 동시에 다음에 삭제될 데이터
의 하나 앞 위치를 가리키고 있다. 따라서 front와 rear의 값이 같다는 것은 큐가 공백 상

태임을 의미하게 되는 것이다. 이러한 큐의 생성과 데이터의 삽입 및 삭제 과정은 [그림 6-4]에서 볼 수 있다.

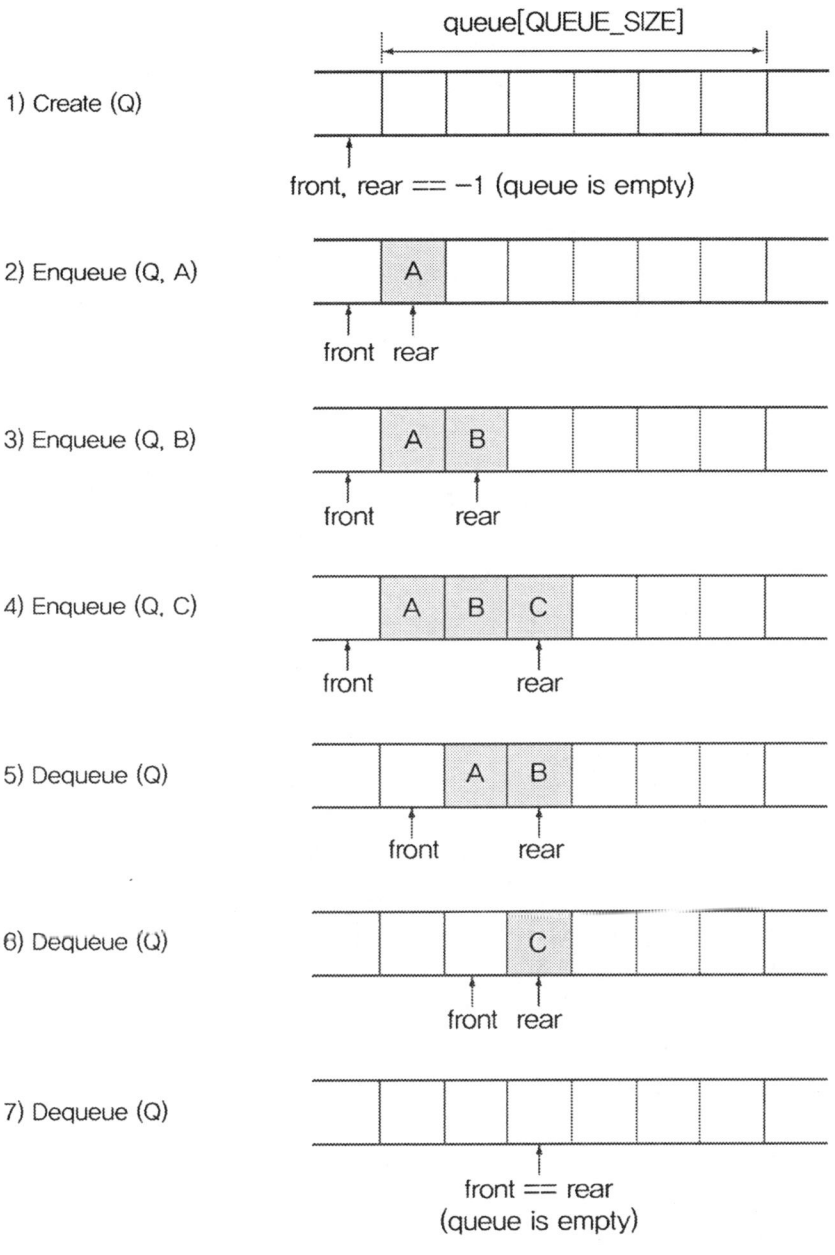

[그림 6-4] 큐의 생성과 삽입/삭제 연산 과정

스택과 마찬가지로 큐의 삽입/삭제 연산에서도 큐의 포화/공백 상태를 검사한 후 삽입/삭제 연산이 이루어져야 하는데, 큐에서의 포화/공백 상태를 검사하는 방법은 스택에서의 방식과 유사하다. 다만 큐에서는 front와 rear 두 개의 포인터를 사용한다는 점이 다르다. [예제 6-5]는 큐의 포화/공백 상태를 검사하기 위한 함수를 보여주고 있으며, [예제 6-6]은 큐에서의 삽입/삭제 연산을 구현한 예이다.

[예제 6-5] 큐의 포화/공백 상태 검사 함수

```
1.  templeate <class KeyType>
2.  inline Boolean Queue<KeyType>::IsFull()
3.  {
4.      if(rear == MaxSize-1)  return TURE; // 포화 상태
5.      else  return FALSE;
6.  }
7.  templeate <class KeyType>
8.  inline Boolean Queue<KeyType>::IsEmpty()
9.  {
10.     if(front == rear)  return TURE;         // 공백 큐 상태
11.     else  return FALSE;                     // 공백이 아닌 큐 상태
12. }
```

[예제 6-6] 큐의 삽입/삭제 함수

```
1.  templeate <class KeyType>
2.  void Queue<KeyType>::Enqueue(const KeyType& x)
3.  {
4.      if(IsFull()) QueueFull();      // 큐의 포화 상태 검사
5.      else queue[++rear] = x;        // rear의 값을 증가 후 반환
6.  }
7.  templeate <class KeyType>
8.  void Queue<KeyType>::Dequeue()
9.  {
10.     if(IsEmpty()){                 // 큐의 공백 상태 검사
11.        QueueEmpty();
12.        return 0;                    // 공백 상태인 경우 오류 키 반환
13.     }
14.     x = queue[++front];            // front값을 증가
```

```
15.     return x;
16. }
```

6.3.3 원형 큐

일반적으로 배열을 이용한 큐에서 데이터가 큐에 삽입되고 삭제되는 과정을 반복하게 되면 front와 rear 포인터들이 오른쪽으로 점점 이동하게 된다. [그림 6-5]는 이러한 과정이 되풀이 되어서 rear가 큐의 마지막 위치를 그리고 front는 바로 그 앞 위치를 가리키는 경우를 보여주고 있다. 이 상황은 rear가 가리키는 위치에 큐의 유일한 원소가 존재하고 나머지 다른 모든 위치는 비어있는 상황이다. 이 상황에서 rear 포인터는 더 이상 증가할 수 없게 되므로 더 이상 큐에 대한 삽입 연산이 이루어질 수 없는 문제가 발생하게 된다. 이 문제를 해결하려면 front의 위치와 rear의 위치 사이에 놓여진 데이터들을 왼쪽으로 이동시키는 것을 생각할 수 있다. 그러나 이 것은 오버헤드가(데이터들을 이동시키는) 상당하다. 다른 좋은 대안으로 생각할 수 있는 것이 원형(circular) 큐이다.

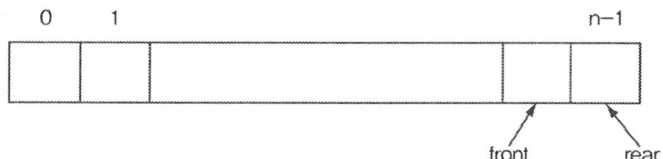

[그림 6-5] 막대 큐의 문제점

원형 큐는 물리적으로는 선형 상태이지만, 삽입 및 삭제 시 front와 rear의 포인터를 조정하여 논리적으로 큐의 시작점과 끝점을 서로 연결한 원형 형태의 구조를 사용한 자료 구조이다. 원형 큐에서도 초기에 front와 rear의 값은 모두 -1로 초기화 한다. [그림 6-6]은 초기 공백 상태의 원형 큐를 나타내고 있으며 이때 front=rear 이다.

원형 큐는 시계 방향으로 증가한다고 가정한다. 일반 선형 큐에서와 같이 원형 큐에서도 front는 큐에 존재하는 첫 번째 데이터의 하나 앞 위치를 가리키고 있으며, rear는 큐의 마지막 데이터를 가리키고 있다. 즉 front는 가장 최근에 삭제된 원소의 위치를 가리키고 있으며, rear는 가장 최근에 삽입된 데이터의 위치를 가리키고 있다. [그림 6-7]은 원형 큐에서 데이터가 삽입되고 삭제되는 예를 보여주고 있다.

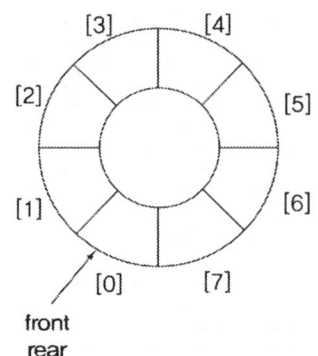

[그림 6-6] 공백 원형 큐

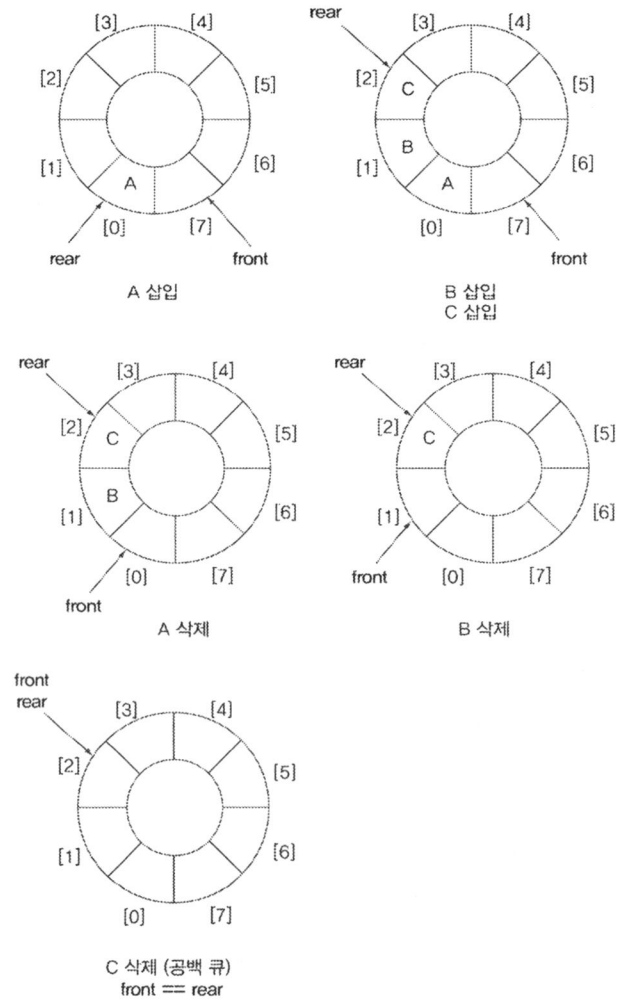

[그림 6-7] 원형 큐에서의 삽입 삭제

큐의 삽입 및 삭제 연산시 front와 rear의 값은 각각 하나씩 증가되어야 하는데, 원형 큐에서 두 포인터는 원형 큐의 크기 이상의 주소를 가질 수 없다. 원형 큐의 크기를 QUEUE_SIZE라 할 때, front와 rear는 각각 0 ~ QUEUE_SIZE-1 의 값만을 갖게 되고, 주소 값이 QUEUE_SIZE-1인 상태에서 증가되는 값은 다시 0이 되어야 한다. 즉 나머지 연산 (modulo arithmetic)을 적용하게 되는 것이다. 이 두 포인터를 이용해 선형 구조의 배열을 논리적인 원형 구조로 만들기 위해서는 다음과 같은 포인터의 증가 규칙이 적용된다.

```
rear = (rear + 1) % QUEUE_SIZE
    front = (front + 1) % QUEUE_SIZE
```

[그림 6-8]은 원형 큐의 포화 상태를 나타내고 있다. 이때 원형 큐는 QUEUE_SIZE-1 개의 원소까지 만을 가질 수 있다는 제약 조건이 발생한다. 만약 그림 6-8의 원형 큐에 하나의 원소를 더 삽입하여 QUEUE_SIZE 개의 원소를 갖게 된다면 front=rear 가 되므로 원형 큐가 공백 상태인지 또는 포화 상태인지를 구분할 수 없게 되기 때문이다. 따라서 원형 큐에 데이터를 삽입할 때는 포화 상태인지를 검사하기 위해 rear의 값을 일단 하나 증가 시킨 뒤 그 값이 front와 같은지 검사한 후, 두 값이 같지 않은 경우에만 삽입 연산을 수 행한다. 삭제 연산에서는 front와 rear의 값을 비교하여 front=rear 이면 원형 큐는 공백 인 상태이다.

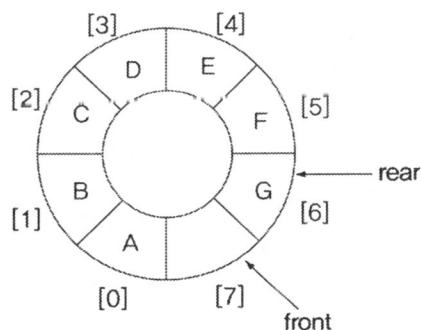

[그림 6-8] 포화 원형 큐

[예제 6-7]과 [예제 6-8]은 원형 큐에서의 공백 및 포화 상태 검사와 삽입 및 삭제 연산들을 구현한 프로그램들이다.

⊙≫ [예제 6-7] 원형 큐의 포화/공백 상태 검사 함수

```
1.  bool IsFull(int rear)
2.  {
3.    if(rear == QUEUE_SIZE-1)  return true; // 포화 상태
4.    else  return false;
5.  }
6.  bool IsEmpty(int front, int rear)
7.  {
8.    if(front == rear)  return true;        // 공백 큐 상태
9.    else  return false;                    // 공백이 아닌 큐 상태
10. }
```

⊙≫ [예제 6-8] 원형 큐의 삽입/삭제 함수

```
1.  templeate <class KeyType>
2.  void Queue<KeyType>::Add(const KeyType& x)
3.  {
4.    int k = (rear + 1) % MaxSize;
5.    if(front == k) QueueFull();   // 포화 상태
6.    else queue[rear = k] = x;
7.  }
8.  templeate <class KeyType>
9.  KeyType* Queue<KeyType>::Delete(KeyType& x)
10. {
11.   if(front == rear){     // 큐의 공백 상태 검사
12.      QueueEmpty();
13.      return 0;           // 공백 상태인 경우 오류 키 반환
14.   }
15.   x = queue[++front %= MaxSize];
16.   return &x;
17. }
```

6.3.4 큐의 응용

큐는 먼저 삽입된 데이터가 먼저 처리되는 성질을 가지고 있기 때문에, 운영체제의 작업 스케줄러에서 사용될 수 있다. 운영체제에서 스케줄러는 CPU를 사용할 준비가 되어있는 작업(job)들을 작업 큐(job queue) 또는 스케줄링 큐(scheduling queue)에 삽입하고 CPU를 사용할 작업은 큐에서 삭제하는 과정을 반복한다. 큐에 존재하는 작업들은 CPU를 사용하기 위해 대기중인 작업들이다. 일반적으로 작업 큐에 삽입된 작업들은 삽입된 순서에 따라 CPU를 사용하게 되는데, 실행되는 작업은 그때마다 작업 큐에서 제거된다.

6.4 연결 리스트

6.4.1 연결 리스트의 개념

연결 리스트에서 원소들은 배열에서와는 다르게 메모리 상에서 서로 인접해 있거나 일정한 거리만큼 떨어져 있을 필요가 없다. 이것은 하나의 연결 리스트에 속한 원소들이 메모리 상의 어떤 위치에도 존재할 수 있다는 것을 의미한다. 또한 배열을 이용한 순차적 표현은 각 원소의 물리적 순서가 리스트 내의 원소들의 순서와 동일하지만, 연결 리스트에서는 원소들의 물리적 순서는 의미가 없다.

연결 리스트에서 각 원소는 순서를 결정하기 위해 데이터 값 이외에 다음 원소에 대한 정보를 갖게 되는데, 이 정보를 다음 원소의 위치를 가리키기 위한 연결(link)이라 한다. 따라서 연결 리스트에서 각 원소는 반드시 데이터 값과 링크의 쌍으로 표현되어야 하는데, 이렇게 하나의 원소를 표현하기 위한 단위를 노드(node)라 하고 하나의 노드는 [그림 6-9]와 같이 구성될 수 있다.

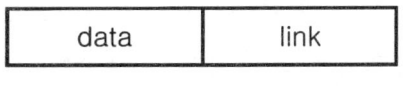

[그림 6-9] 노드(node)의 구성

노드는 다음과 같이 구조체를 이용하여 구현 가능하다. 데이터 영역은 다시 여러 개의 필드들로 확장될 수 있으며, link 필드는 포인터(pointer)에 의해 구현 가능하다. 이때 링크 필드의 타입은 노드 구조체 자체에 대한 포인터가 되는 것이다.

```
1.  typedef sturct node *node_ptr;
2.  typedef sturct node {
3.      char data[8];                      /* data field 1 */
4.      int value;                         /* data field 2 */
5.      node_ptr link;                /* link field */
6.  };
```

연결 리스트에서 하나의 원소를 표현하기 위한 노드는 필요에 따라 동적으로 만들 수 있으며, 더 이상 필요하지 않게 된 노드는 시스템에 해당 메모리 영역을 반환하기 위해 해제(release)할 수 있다. 이와 같은 작업을 처리하기 위해 다음과 같은 함수들을 사용할 수 있다.

```
node_ptr n;
n = (node_ptr)malloc(sizeof(node_ptr));       /* allocation */
        :
free(n);                                       /* release */
```

결국 연결 리스트에서는 위와 같은 방식으로 필요에 따라 동적으로 노드를 생성하고, 생성된 노드를 순서에 맞게 삽입할 수 있다. 이때 변경되는 링크는 삽입되는 노드와 이 노드에 논리적 순서로 인접한 두 개의 노드에 대한 링크가 될 것이다. 삭제의 경우에도 마찬가지로 삭제된 노드에 인접했던 두 개의 노드들에 대한 연결만이 재조정되면 된다. 따라서 리스트 중간에서 노드의 삽입이나 삭제 연산이 발생하더라도 전반적인 노드의 이동은 없는 것이다.

연결 리스트는 사용되는 링크의 성질에 따라 단순 연결 리스트와 이중 연결 리스트로 구분되는데, 이러한 연결 리스트는 링크 필드를 적절히 추가함으로써 선형 자료 구조 뿐만 아니라 비선형 자료 구조인 트리, 그래프 등을 구현할 때도 유용하게 사용된다.

6.4.2 단순 연결 리스트

단순 연결 리스트는 하나의 링크 필드에 의해 각 노드들이 순차적으로 이어진 연결 리스트를 말하며 일반적으로 [그림 6-10]에서 보는 것과 같은 방법으로 표현할 수 있다.

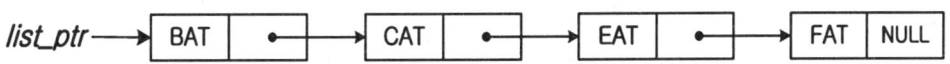

list_ptr ─→ BAT ·─→ CAT ·─→ EAT ·─→ FAT NULL

[그림 6-10] 단순 연결 리스트의 일반적인 표현 방법

여기서 다음 노드를 가리키도록 화살표로 표시된 각 노드의 링크 필드는 실제 다음 노드에 대한 메모리 주소 값을 갖는 포인터로 되어 있으며, 마지막 노드의 링크 필드는 더 이상의 연결된 노드가 없음을 의미하기 위해 NULL 값으로 되어 있다. 또한 첫 번째 노드를 가리키는 포인터 변수인 list_ptr이 리스트에 대한 이름으로 사용된다.

단순 연결 리스트에서는 일반적인 리스트에서와 마찬가지로 연결 리스트를 생성하고, 생성된 연결 리스트에 새로운 노드를 삽입하거나 임의의 노드를 삭제하기 위한 연산들이 정의될 수 있다.

6.4.3 단순 연결 리스트의 생성

최초 하나의 노드만을 갖는 단순 연결 리스트를 생성하기 위해서는 다음과 같은 기본적인 과정을 수행한다.

① malloc() 함수를 이용하여 하나의 노드에 대한 메모리를 할당한다.

② 리스트의 이름을 나타내는 포인터 변수가 생성된 노드를 가리키도록 한다.

③ 생성된 노드의 링크 필드의 값을 NULL로 설정한다.

④ 생성된 노드의 데이터 필드를 해당 값으로 설정한다.

사실 공백 리스트를 허용할 경우 반드시 위와 같은 과정을 수행하여 리스트를 생성할 필요는 없다. 즉 연결 리스트의 노드를 가리키는 포인터 변수(앞의 예에서 list_ptr)를 선언하는 자체로 공백 리스트를 생성했다고 할 수 있다. 따라서 위의 과정은 엄밀히 말하면 공백 연결 리스트에 최초의 노드를 삽입하는 과정과 같다. 하지만, 여기서는 단순 연결 리스트를 생성하고 값을 확장하는 예로서 이해하기로 하자.

리스트의 각 노드는 [예제 6-9(a)]와 같이 정의된다. [예제 6-9(b)]는 위의 과정에 따라 하나의 노드를 갖는 단순 연결 리스트를 생성하기 위한 C++ 함수의 예를 보여주고 있다. 이때 노드에 대한 포인터 타입 node_ptr을 먼저 정의하는 이유는 구조체 node_type내에서 자체 참조의 링크 필드로 link를 정의하기 위해서 이며, 마지막 줄의 list_ptr은 생성되는 리스트에 대한 이름으로 사용될 포인터로서 최초 공백 노드를 나타내기 위해 NULL 값으로 초기화 된다.

>> [예제 6-9(a)] 연결 리스트에서의 노드 클래스 정의

```
1.  typedef struct node_type *node_ptr;
2.  typedef struct node_type {
3.      int data;
4.      node_ptr link;
5.  };
6.  node_ptr list_ptr = NULL;
```

>> [예제 6-9(b)] 1-노드 단순 연결 리스트의 생성

```
1.  node_ptr CreateList(){
2.  /* 1-노드 단순 연결 리스트 생성 */
3.      node_ptr ptr;
4.      /* 과정 ①, ② */
5.      ptr=(node_ptr)malloc(sizeof(node_ptr));
6.      ptr->link = NULL;              /* 과정 ③ */
7.      ptr->data = 10;                /* 과정 ④ */
8.      return ptr;
9.  }
10.
11. void main(){
12.     :
13.     list_ptr = CreateList();
14.     :
15. }
```

위 함수에 의해 하나의 노드로 구성된 단순 연결 리스트가 생성되고 그 리스트에 대한 포인터 ptr이 반환될 것이다. 반환된 리스트에 대한 포인터는 이 함수를 호출한 부분에서 사용될 수 있다.

결과적으로 list_ptr은 생성된 리스트를 가리키게 될 것이며, [그림 6-11]은 위의 프로그램에 의해 하나의 노드를 갖는 단순 연결 리스트가 생성되는 과정을 보여준다.

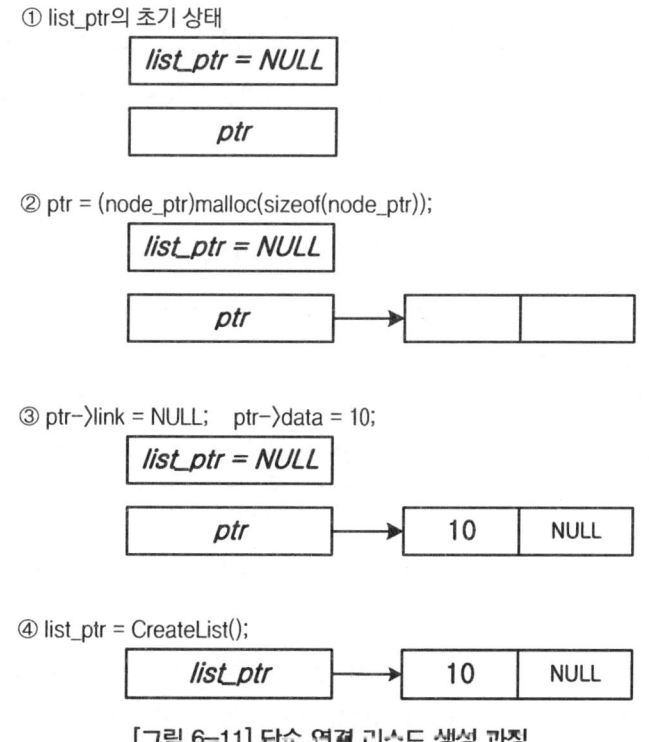

[그림 6-11] 단순 연결 리스트 생성 과정

6.4.4 단순 연결 리스트의 삽입 연산

이제 단순 연결 리스트에 새로운 노드를 삽입시키는 연산에 대해 살펴보자. 일반적으로 연결 리스트의 삽입 연산은 다음과 같은 과정으로 수행된다.

① 연결 리스트 list_ptr에서 새로운 노드가 삽입될 바로 이전의 노드를 검색한다. 이때 검색된 노드에 대한 포인터를 pre_node라 하자.

② 삽입될 노드에 대한 메모리 공간을 할당하고 이 노드에 대한 포인터를 new_node라 하자.

③ new_node의 데이터 필드를 해당 값으로 설정한다.

④ new_node의 링크 필드를 pre_node의 링크 필드의 값으로 설정한다.

⑤ pre_node의 링크 필드가 new_node를 가리키도록 한다.

새로운 노드가 삽입될 위치를 찾기 위해서는 일반적으로 순차 탐색을 수행할 것이다. 예를 들어 [그림 6-12(a)]와 같이 구성되어 있는 연결리스트에 30의 값을 갖는 새로운 노드를 삽입한다고 생각해 보자.

[그림 6-12(a)] 삽입 연산 이전의 연결 리스트 상태

30의 값을 가진 새로운 노드는 20의 값을 가진 두 번째 노드의 뒤에 삽입되어야 한다. 이 위치를 찾기 위해서는 list_ptr로부터 시작되는 첫 번째 노드로부터 새로운 노드의 값과 비교를 시작한다. 만약 현재 비교 중인 노드(current_node)가 작은 값을 갖는다면 새로운 노드(new_node)는 (current_node->link)가 가리키는 두 번째 노드와 다시 비교할 것이다. list_ptr은 이미 순차적으로 구성되어 있기 때문에 이런 과정을 반복하다 보면 new_node보다 큰 값을 갖는 node를 찾게 될 것이고, 이런 노드를 찾았다면 새로운 노드는 이 노드 바로 앞에 삽입되어야 할 것이다. 즉, 마지막 바로 전에 비교 대상이었던 노드가 위 방법에서의 pre_node가 되는 것이다. 물론 new_node보다 큰 값을 갖는 노드가 리스트 내에 존재하지 않는다면 새로운 노드는 리스트의 마지막에 삽입될 것이고, 만약, 해당 값을 갖는 노드가 리스트 내에 이미 존재한다면 삽입 연산 자체를 수행할 필요가 없기 때문에 Search_Pre_Node() 함수는 NULL 포인터를 반환하게 될 것이다.

위에서 설명한대로 이제 새로운 노드가 삽입될 위치가 검색되어 새로운 노드는 pre_node가 가리키는 노드의 뒤에 삽입된다고 하자. [그림 6-12(b)]는 위의 과정에 따라 새로운 노드가 삽입되는 과정을 보여주고 있다.

① pre_node = Search_Node(list_ptr, 30);

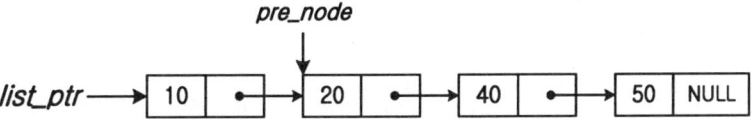

② new_node = (node_ptr)malloc(sizeof(node_ptr));
③ new_node->data = 30;

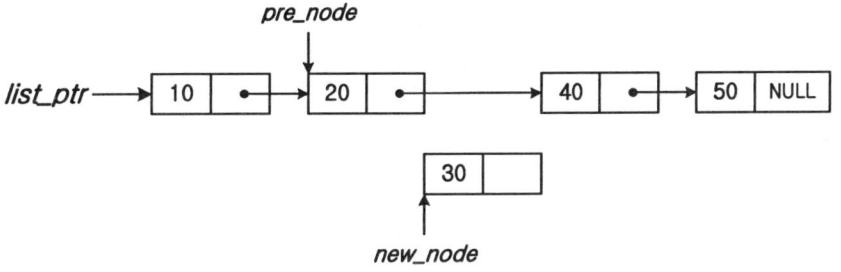

④ new_node->link = pre_node->link;

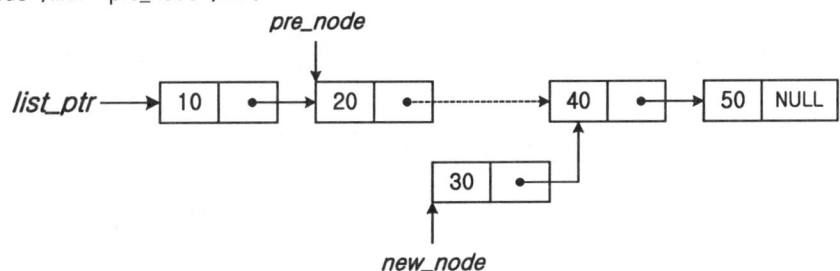

⑤ pre_node->link = new_node;

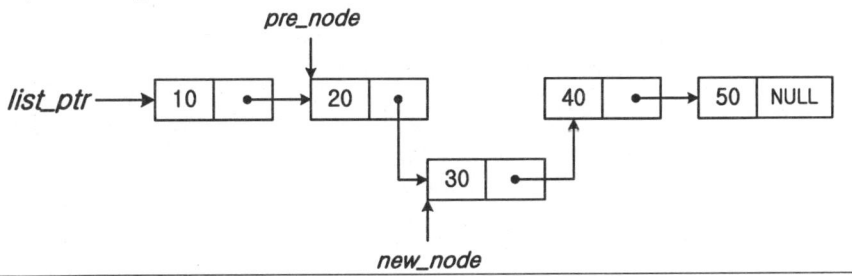

[그림 6-12(b)] 단순 연결 리스트에서의 삽입 연산 과정

이제 위에서 설명한 삽입 연산을 프로그램으로 구현해 보자.

[예제 6-10] 단순 연결 리스트에서의 삽입 연산

```
1.  node_ptr Search_Pre_Node(node_ptr ptr, int value)
2.  {
3.      /* ptr의 리스트에서 value 값을 갖는 노드를 찾아 해당 노드가 존재한다면
        NULL 값을 반환하고, 해당 노드가 존재하지 않는다면 바로 이전의 값을 갖는 노드
        에 대한 포인터를 반환한다. */
4.  }
5.
6.  node_ptr insert(node_ptr *ptr, node_ptr pre_node, int value)
7.  {
8.  /* (*ptr)이 가리키는 리스트의 pre_node 뒤에 value의 값을 갖는 새로운 노드를
    삽입 */
9.
10.     node_ptr new_node;  /* 삽입될 노드에 대한 포인터 */
11.     // 과정 ②
12.     new_node = (node_ptr)malloc(sizeof(node_ptr));
13.     new_node->data = value;                          // 과정 ③
14.
15.     if(*ptr) { /* 공백 리스트가 아닐 경우 */
16.         new_node->link = pre_node->link;             // 과정 ④
17.       pre_node->link = new_node;                     //과정 ⑤
18.     }
19.     else {              /* 공백 리스트일 경우 */
20.       new_node->link = NULL;                         // 과정 ④
21.       *ptr = new_node;                               // 과정 ⑤
22.     }
23. }
24.
25. void main()
26. {
27.     :
28.     node_ptr temp = Search_Pre_Node(list_ptr, 30);
29.     if(*temp)    insert(&list_ptr, temp, 30);
30.     :
31. }
```

[예제 6-10]의 프로그램에서 추가로 고려한 사항은 리스트가 공백일 경우와 그렇지 않을
경우를 나누어서 처리했다는 점이다. 공백 리스트에 최초의 노드가 삽입될 경우는 단순

히 앞서 설명한 1-노드 리스트의 생성 함수 CreateList()에서와 같이 리스트에 대한 포인터 list_ptr가 새로운 노드 new_node를 가리키게 하고, 처음이자 마지막 노드인 new_node의 링크를 NULL로 설정해 주기만 하면 되는 것이다. 따라서, 이런 경우 리스트에 대한 포인터 list_ptr의 값이 실제 new_node에 대한 주소값으로 변경되어야 하기 때문에 insert()함수에 포인터에 대한 포인터(포인터 변수의 주소)인 &list_ptr로 전달되어야만 하는 것이다.

위의 insert() 함수에는 하나의 제한 사항이 존재한다. 즉, 새로운 노드가 리스트의 맨 앞에 삽입될 수가 없다는 점이다. 이것은 함수 자체가 파라미터로 전달받은 pre_node의 뒤에 새로운 노드를 삽입하도록 구현되었는데, 새로운 노드를 리스트의 가장 앞에 삽입시키고자 할 경우 pre_node 자체를 정의할 수 없기 때문이다. 이 문제는 리스트의 처음에 새로운 노드를 삽입하기 위한 새로운 함수를 정의하거나 리스트에 헤드 노드(head node)를 추가하는 방법으로 해결할 수 있다. 헤드 노드는 리스트의 시작점만을 나타내기 위해 사용되는 노드로서 데이터 필드에는 값을 갖지 않으며 링크 필드가 실제 리스트에 대한 포인터를 갖는다. [그림 6-13]은 [그림 6-12(a)]의 리스트를 헤드 노드를 갖는 리스트로 다시 표현한 것이다.

[그림 6-13] 헤드 노드를 갖는 단순 연결 리스트

위와 같이 헤드 노드를 갖는 리스트로 표현할 경우 헤드 노드를 삽입될 노드의 선행 노드(pre_node)로 설정하는 것으로 간단히 리스트의 처음에 새로운 노드를 삽입할 수 있을 것이다.

헤드 노드를 갖지 않는 리스트의 처음에 새로운 노드를 삽입하기 위한 함수의 구현은 연습 문제로 남기기로 한다.

6.4.5 단순 연결 리스트의 삭제 연산

단순 연결 리스트에서 삭제 연산은 두 가지 경우에 대해서 수행되는데 삭제되는 노드가 리스트의 첫 번째 노드인 경우와 그렇지 않은 경우이다. 삭제되는 노드가 첫 번째 노드가 아니라면 단순히 삭제되는 노드의 선행노드와 다음 노드를 연결시킨 다음 free() 함수를 이용하여 삭제되는 노드를 메모리에서 해제시켜주면 된다. 하지만, 첫 번째 노드인 경우에는 리스트의 시작을 나타내는 포인터 자체가 두 번째 노드를 가리키도록 변경시켜준 후에 삭제되는 노드를 메모리 상에서 해제시켜 주어야 할 것이다. 다음은 단순 연결 리스트에서의 삭제 연산의 수행 과정이다.

① 연결 리스트 list_ptr에서 삭제될 노드를 node라하고, node의 선행 노드를 pre_node 라 하자. (node가 첫 번째 노드이면 pre_node는 NULL)

② node가 첫 번째 노드가 아니라면, pre_node의 링크가 node의 링크가 가리키는 노드 (node의 다음 노드)를 가리키도록 하고,

③ node가 첫 번째 노드라면, list_ptr가 node의 다음 노드를 가리키게 한다.

④ free() 함수를 이용하여 node에 할당된 메모리 영역을 해제시킨다.

[예제 6-11]의 프로그램은 위의 삭제 방법을 구현한 예이다.

>> **[예제 6-11] 단순 연결 리스트에서의 삭제 연산**

```
1.  void delete(node_ptr *ptr, node_ptr pre_node, node_ptr node)
2.  {
3.      /* (*ptr) : 리스트에 대한 포인터
4.      pre_node : 삭제될 노드의 선행 노드에 대한 포인터
5.      node : 삭제될 노드에 대한 포인터 */
6.
7.      if(pre_node) { /* 선행 노드가 존재할 경우 : 과정 ② */
8.        pre_node->link = node->link;
9.      }
10.     else {      /* 첫 번째 노드가 삭제될 경우 : 과정 ③ */
11.       *ptr = (*ptr)->link;                    /* (*ptr = node->link;) */
12.     }
```

```
13.
14.     free(node); /* node에 할당된 메모리 해제 : 과정 ④ */
15.  }
```

위 프로그램에서 delete(node_ptr *ptr, node_ptr pre_node, node_ptr node) 함수는 리스트에 대한 포인터의 포인터 (*ptr)와 삭제될 노드에 대한 포인터, 삭제될 노드의 선행노드에 대한 포인터를 파라미터로 요구하고 있다. 리스트에 대한 포인터의 포인터를 요구하는 이유는 삽입 함수에서와 마찬가지로 삭제될 노드가 리스트의 첫 번째 노드일 경우 그 값 자체가 변경될 수 있기 때문이다. 또한 삭제될 노드의 선행 노드에 대한 포인터가 필요한 이유는 단순 연결 리스트에 대한 특성 때문이다. 단순 연결 리스트는 노드가 각각 다음 노드에 대한 연결을 나타내기 위한 하나의 링크로만 구성되어있기 때문에 임의의 노드에 대해서 후행하는 노드들은 (node->link->link->....)와 같은 방식으로 얼마든지 접근 가능하지만, 임의의 노드에서 선행 노드를 직접 접근하기 위한 방법은 존재하지 않는다. 따라서 하나의 노드를 삭제하기 위해서는 삭제되는 노드의 이전 노드와 다음노드를 직접 연결시켜 주어야하기 때문에 선행 노드에 대한 포인터가 반드시 필요한 것이다. 임의의 노드의 선행 노드를 직접 접근하는 것은 이중 연결 리스트의 경우에 가능하다.

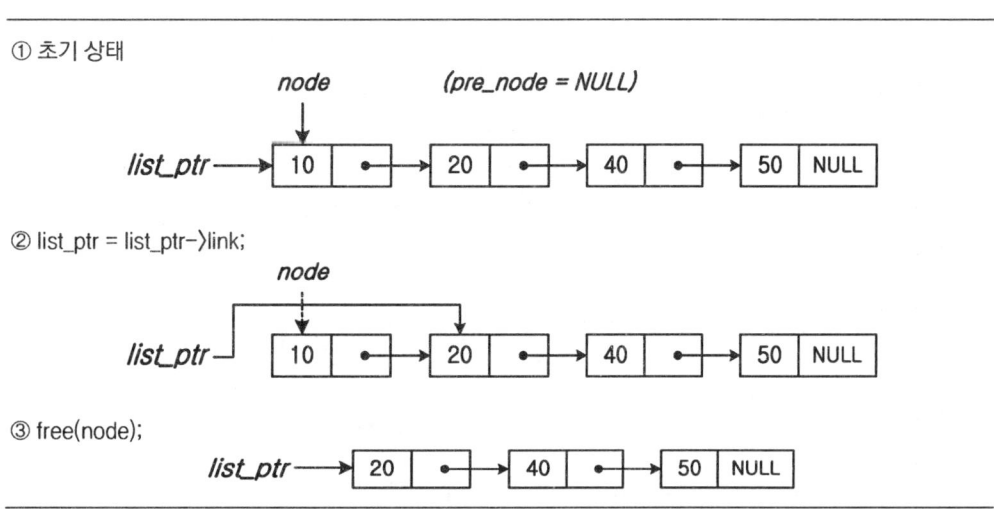

[그림 6-14(a)] 첫 번째 노드에 대한 삭제 과정

다음 그림들은 앞의 [그림 6-12]의 단순 연결 리스트에서 노드가 삭제되는 과정들을 보여주고 있는데, 각각은 리스트의 첫 번째 노드가 삭제될 경우와 중간의 노드가 삭제될 경우, 그리고 마지막 노드가 삭제될 경우이다.

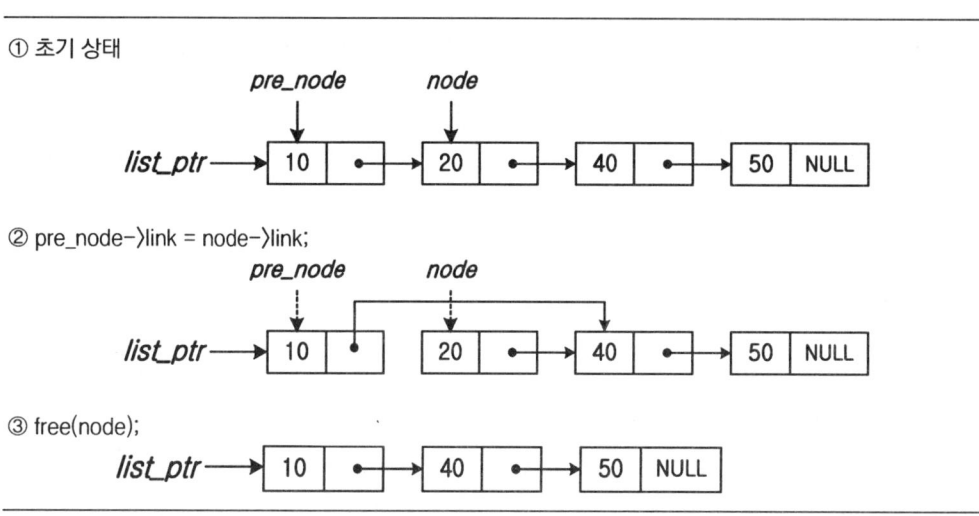

[그림 6-14(b)] 중간 노드에 대한 삭제 과정

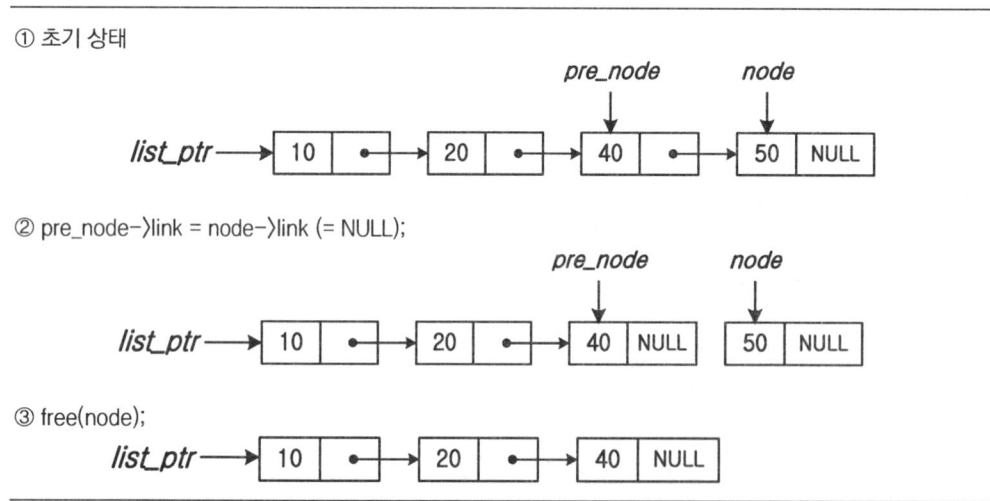

[그림 6-14(c)] 마지막 노드에 대한 삭제 과정

상속

지금까지 클래스의 개념과 객체의 개념 그리고 그것들을 활용하는 방법들에 대해 살펴보았다. 그러나, 기존의 전통적인 프로그래밍 방식과 큰 차이가 있는 내용은 없었다. 그러면 객체지향 프로그래밍은 어떤 이유로 등장한 개념이고 무엇 때문에 기존의 방식보다 뛰어나다고 할 수 있는 것인가? 그 답으로 들 수 있는 것이 바로 상속이다. 우리는 이번 장에서 상속에 대한 개념과 응용에 대해 이야기 해보고자 한다.

7.1 상속의 개념

7.1.1 상속의 정의

객체지향 프로그래밍(OOP : Object-Oriented Programming)은 소프트웨어 개발에 대한 위기에서 나온 개념이다. 즉, 기존의 프로그램 개발 방식-기존의 개발 루틴이나 라이브러리 활용-은 하드웨어의 속도가 점점 빨라지고, 사용자들의 요구도 점점 많아지는 상황에 이르자 프로그램의 개발 시간이나 노력은 급속도로 증가되고 이에 반해 프로그램 사용 주기는 점점 짧아지는 상황에 이르렀고 이에 따라 소프트웨어의 존폐 위기가 발생하였다. 그래서 사용자의 요구를 적극 수용할 수 있으면서 개발 시간과 노력을 줄여줄 수 있는 방법으로 등장한 개발 방법이 바로 객체지향 프로그래밍 방식이고 그 중에서 바로 상속이라는 개념이 이러한 일을 근본적으로 해결하도록 하고 있다.

인간 사회에서의 상속처럼 C++에서도 상속은 부모로 부터 무엇인가를 물려받는 것을 의미한다. C++의 상속은 클래스와 클래스 간에 발생하게 되는데, 이때 상속을 해주는 부모 클래스를 Base(기본, 기반) 클래스 혹은 Super 클래스라 하고, 상속을 받는 자식 클래스를 Sub 클래스 혹은 Derived(파생) 클래스라 한다. 상속이 일어나면 상속을 받은 Derived 클래스는 Base 클래스의 멤버들(멤버변수, 멤버 함수)을 물려받게 되며, 또한 자신만의 멤버들을 정의할 수 있다. [그림 7-1]에서 보듯이 상속이란 잘 만들어진 클래스를 물려받은 클래스가 중복되는 내용은 재활용하면서 쉽게 확장할 수 있도록 해주는 개념인 것이다.

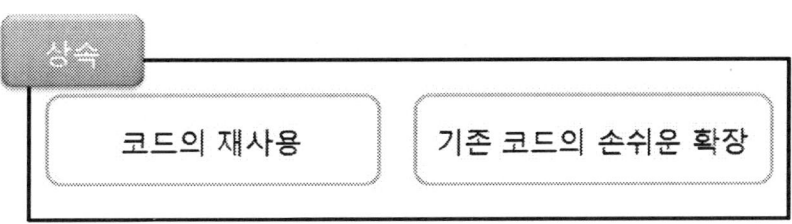

[그림 7-1] 상속의 정의

7.1.2 상속 정의 방법

상속을 이용하는 프로그램을 만들기 위해서는 우선 만들어야 하는 프로그램에 두 개 이상의 클래스가 사용되고, 해당 클래스들에 공통된 내용이 존재해야 한다. 또한 해당 클래스마다 서로 다른 내용도 존재해야 하고, 그것을 기반으로 클래스를 정의해 나가면 된다. 우선 다음 [예제 7-1]을 보자.

>> [예제 7-1] chap7₩ch7_1₩ch7_1.cpp

```cpp
1.  #include <iostream>
2.
3.  using std::cout;
4.  using std::endl;
5.
6.  class Add{
7.  private:
8.      int a;
9.      int b;
10.     int c;
11. public:
12.     void InData(int, int);
13.     void AddOper();
14.     void ShowData();
15. };
16. class Subt{
17. private:
18.     int a;
19.     int b;
20.     int c;
```

```
21.  public:
22.      void inData(int, int);
23.      void SubtOper();
24.      void ShowData();
25.  };
26.  void Add::inData(int i, int j){
27.      a = i;
28.      b = j;
29.  }
30.  void Add::AddOper(){
31.      c = a + b;
32.  }
33.  void Add::ShowData(){
34.      cout << a << " , " << b << " : " << c << endl;
35.  }
36.  void Subt::inData(int i, int j){
37.      a = i;
38.      b = j;
39.  }
40.  void Subt::SubtOper(){
41.      c = a - b;
42.  }
43.  void Subt::ShowData(){
44.        cout << a << " , " << b << " : " << c << endl;
45.  }
46.  void main(){
47.      Add in;
48.      Subt sb;
49.
50.      in.inData(100, 200);
51.      sb.inData(20, 10);
52.
53.      in.AddOper();
54.      sb.SubtOper();
55.
56.      in.ShowData();
57.      sb.ShowData();
58.  }
```

[예제 7-1]은 클래스 객체를 생성하여 입력한 정수값 2개를 더한 결과와 뺀 결과를 보여
주는 프로그램이다. 그런데, 위에 굵은 글씨로 표시된 부분은 똑같은 내용이 반복해서
들어간 부분이다. 프로그램 내에 중복되는 내용이 많다면 그것은 효율적인 프로그램이
라 말할 수 없다. 프로그램을 구현할 때 중복을 최소화하여 보다 효율적인 프로그램으로
만들 수 있는 방법이 바로 상속이다. 상속은 우선 중복되는 내용이 공통된 사항이라고
보고 이 공통으로 사용되는 내용을 Base 클래스로 정의한다. 또한 이것을 상속받아 사용
하는 Derived 클래스를 만들어 정의하고, 상속받는 부분 외에 서로 다른 부분을 추가적
으로 넣어주면 된다.

■ 실행 결과

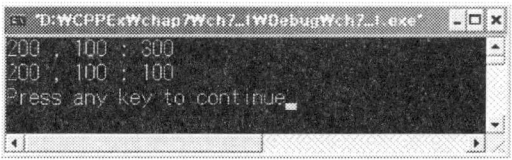

위 예제를 상속이라는 개념을 사용하여 수정하기 전에, 우선 상속을 하기 위해 어떻게
해야 하는지부터 차근히 살펴보자.

[그림 7-2] 상속 선언 방법

[그림 7-2]는 클래스 상속을 선언하는 방법을 나타내고 있다. 우선 상속받을 자식 클래스
즉, Derived 클래스를 먼저 적고, 뒤에 ":"를 하고 접근 제한자를 적은 후 상속을 해줄 부
모 클래스 즉 Base 클래스 이름을 적어주면 된다. 이렇게 하면 Base 클래스의 멤버 변수
와 멤버 함수를 Derived 클래스가 사용할 수 있게 된다. 그런데, 여기서 상속해줄 부모
클래스를 적을 때 접근 제한자를 적고 있다. 이것은 어떤 용도로 사용되는 것인지 짚고
넘어가지 않을 수 없다. 그러면, 상속에서의 접근 지정자는 무엇인지 살펴보도록 하자.

7.2 상속에서의 접근 지정자

7.2.1 상속의 유형

우리는 정보의 은닉을 위해 클래스를 생성할 때 멤버 변수와 멤버 함수의 접근을 제어할 수 있도록 접근 지정자를 두어 정의하는 것에 대해 이미 살펴보았다. 클래스를 선언할 때 사용하는 멤버의 접근 지정자와 마찬가지로 상속에서 사용되는 접근 지정자도 public, private, protected 이렇게 세 가지가 있다. 이러한 상속에서의 접근 권한은 Base 클래스의 멤버를 Derived 클래스로 상속하는 과정에서 접근 권한을 변경하기 위해 사용된다.

접근 권한은 private < protected < public 순으로 넓어지는데, 이 중, protected는 평소에는 private와 같은 의미로 사용되나 상속에서 사용되었을 때의 의미는 좀 다르다. 간단히 이야기하면 protected는 상속 가능한 클래스 내부에서는 public이고 외부 클래스에서는 private처럼 사용된다. 다음 〈표 7-1〉을 보자.

〈표 7-1〉 상속유형과 접근 권한

상속형태 Base 클래스	public 상속	protected 상속	private 상속
public 멤버	public	protected	private
protected 멤버	protected	protected	private
private 멤버	접근불가	접근불가	접근불가

```
1.  class BaseClass{
2.  private:
3.      int a;
4.  protected:
5.      int b;
6.  public:
7.      int c;
8.  };
```

```
1.  void main(){
2.      DerivedClass dc(10, 20, 30);
3.      dc.ShowData();
4.
5.      dc.a = 100;
6.      dc.ShowData();
7.
8.      dc.b = 200;
9.      dc.ShowData();
10.
11.     dc.c = 300;
12.     dc.ShowData();
13.  }
```

위 두 박스는 Base 클래스와 main() 함수에 대한 정의를 따로 놓은 것이다. 아직 위 프로그램은 완성된 것이 아니다. 왜냐하면 main()함수가 원활하게 수행되기 위해서는 DerivedClass 클래스가 정의되어 있어야 하는데, 해당 클래스의 정의가 아직 없다. 이 DerivedClass 클래스의 정의는 접근 권한에 따라 세 유형으로 BaseClass 클래스를 상속 받을 수 있는데, 그 접근 권한에 따라 BaseClass의 멤버에 접근을 할 수 있는 권한을 받을 수도 또는 받지 못할 수도 있다. 아래 DerivedClass의 유형에 따라 멤버들의 접근이 어떻게 될지를 〈표 7-1〉과 비교해서 보기 바란다.(코드는 오류를 동반할 수도 있다. 접근 제한을 고려하지 않고 확인을 위해 만든 코드이기 때문이니 경우에 따라 주석처리를 함으로써 결과를 확인할 수 있다.)

(1)
```
1.  class DerivedClass : public BaseClass{
2.  public:
3.      DerivedClass(int i, int j, int k){
4.          a = i;
5.          b = j;
6.          c = k;
7.      }
8.      void ShowData(){
9.          cout << a << "\t" << b << "\t" << c << endl;
10.     }
11.  };
```

위의 (1)은 Derived 클래스인 DerivedCalss의 정의부이다. 01번 줄을 보면 상속 선언을 하고 있다. 01번 줄을 풀어 이야기하면 "DerivedClass를 정의하는데, 이 클래스는 BaseClass의 멤버들에 대한 접근을 public하게 할 수 있는 권한으로 상속받겠다"는 의미 이다. 실제 위 코드를 실행해보면 오류가 발생한다. 오류는 위 (1)의 04, 09번 줄에서 발생하고, main()함수에서 05, 08번 줄에서 오류가 발생한다. (1)의 04, 09번 줄의 오류는 바로 BaseClass에서 private한 접근 권한을 가지고 있는 a라는 변수 접근이 "불가능"하기 때문에 발생하는 오류이다. 〈표 7-1〉을 보자. 멤버 변수의 권한이 private이고, 상속 권한이 public일 때, 이 클래스의 객체로는 BaseClass의 private 변수인 a에는 "접근 불가" 이다. 이에 반해, a로의 접근만 제외시킨 후 실행을 해보면 제대로 실행이 된다. 이는 protected 접근 권한인 멤버로의 접근이 가능했다는 것인데, 그것은 〈표 7-1〉에서 나타난 것처럼 protected 멤버를 public하게 상속받았을 때, 해당 멤버의 접근 권한은 protected로 받게 된다는 것이고, 이것은 Base 클래스의 protected 멤버가 실제 접근이 불가능한 멤버이지만 상속받은 클래스 즉 Derived 클래스에서만은 접근을 할 수 있는 권한을 준다는 것이다. 바로 이 사항이 private 접근 권한과 protected 접근 권한의 차이이다. public 멤버는 외부 접근이 허용되는 멤버이므로 public 상속 일때도 접근이 가능하다. 또한, main()함수에서의 05번 줄 오류는 우리가 지금까지 보아왔던 것처럼 private 접근 권한을 가진 a라는 변수에 접근은 "불가능"하기 때문에 난 오류이다. 그런데 DerivedClass 클래스에서 protected 멤버의 접근 즉 (1)의 05, 09번 줄의 접근이 가능한데 main()에서의 08번 줄은 오류가 발생한다. 몇 번 이야기 했지만 protected 멤버는 외부에서의 접근은 private의 경우와 마찬가지로 "불가능"하기 때문에 발생한 오류이다. main()에서는 DerivedClass의 객체를 이용해 a, b, c에 접근하려 한다. 그런데 08번 줄에서 오류가 난다는 것은 결과적으로 public 상속 권한으로 상속했을 때, public은 그대로 public하지만 private는 "접근 불가", 그리고 protected는 상속받은 클래스에서는 접근 가능하나 외부접근은 불가능한 "protected"로 상속됨을 확인할 수 있다.

그러면 다음 경우를 살펴보자.

(2)

```
17.  class DerivedClass : protected BaseClass{
18.  public:
19.      DerivedClass(int i, int j, int k){
20.      a = i;
21.         b = j;
22.         c = k;
23.      }
24.      void ShowData(){
25.          cout << a << "\t" << b << "\t" << c << endl;
26.      }
27.  };
```

(2)의 경우, 상속 접근 권한이 protected로 선언되어 있다. 이런 경우 실행시켜보면 역시 04번 줄과 09번 줄에서 실행 오류가 발생한다. protected 멤버는 외부에서의 접근은 private 멤버의 제한과 같고 상속 관계에 놓여있는 경우 public 멤버의 제한과 같이 사용되는데, 다시 말하면 Derived 클래스에서 Base 클래스의 protected 멤버들은 접근 가능하나 외부에서 이 protected 멤버를 Derived 클래스의 객체를 통해 접근하고자 하는 것은 가능하지 않다는 의미이다. 그리고 protected 상속인 경우, Base 클래스의 public 멤버를 protected하게 상속받기 때문에 마찬가지로 외부 접근은 불가하고 내부에서는 접근 가능한 멤버로 인식하게 된다. 이를 확인하기 위해 main()함수에서의 오류 발생한 곳을 살펴보면 05, 08, 11번 줄에서 모두 오류가 발생하고 있다. 05번 줄은 private 멤버이기 때문에 "접근 불가능"이고, 08번 줄은 앞 예제에서 설명했듯이 protected는 외부 접근이 불가능하고 상속해도 protected이기 때문에 접근이 되지 않는다. 그런데, public으로 선언되었던 멤버 c에도 접근이 안되고 있다. 〈표 7-1〉을 보면 public한 멤버를 protected 상속했을 때 접근 권한이 protected로 바뀌어 적용되는 것을 확인할 수 있다. 즉, main()의 11번 줄은 public했던 c를 상속받을 때, protected하게 상속을 받아 실제로 권한이 변경되었음을 우리가 확인한 것이다.

다음 경우를 살펴보자.

(3)

```
1.  class DerivedClass : private BaseClass{
2.  public:
3.      DerivedClass(int i, int j, int k){
4.      a = i;
5.          b = j;
6.          c = k;
7.      }
8.      void ShowData(){
9.          cout << a << "\t" << b << "\t" << c << endl;
10.     }
11. };
```

(3)의 01번 줄의 상속 접근이 private으로 되어 있다. 이렇게 하고 실행시켜보면 앞의 경우와 마찬가지로 (3)의 클래스에서는 04, 09번 줄에서 오류가 발생하고, main() 함수에서 05, 08, 11번 줄에서 오류가 발생한다. 〈표 7-1〉에서 private 상속인 경우, private 멤버의 경우를 제외하고 모든 경우를 private로 변경한다. 그렇기 때문에 05, 08, 11번 줄의 접근에서 모두 오류가 발생하고 있는 것이다.

이렇게 상속을 할 때, 상속 권한을 주어 멤버에 대한 접근을 제어할 수가 있다. 이것은 유용하게 사용되므로 반드시 기억할 수 있도록 하고, 특히 public 상속은 앞으로도 계속 나오므로 잘 기억해두기 바란다.

그러면 지금까지의 배운 내용을 가지고 [예제 7-1]을 수정해 보도록 하자.

첫 번째 단계로 공통적인 부분을 하나의 공통 클래스로 만들어보자.

》 chap7₩ch7_1₩ch7_1.cpp(수정)

```
1.  #include <iostream>
2.
3.  using std::cout;
4.  using std::endl;
5.
6.  class InputData(){
7.  protected:
8.          int a;
9.    int b;
```

```
10.          int c;
11.  public:
12.          void inData(int, int);
13.          void ShowData();
14.  };
15.  void InputData::inData(int i, int j){
16.          a = i;
17.          b = j;
18.          c = 0;
19.  }
20.  void InputData::ShowData(){
21.          cout << a << " , " << b << " : " << c << endl;
22.  }
```

InputData 클래스는 연산에 필요한 변수의 선언과 객체 생성시 받은 데이터를 각각 변수에 대입하고 계산 결과가 들어갈 변수 c를 0으로 초기화하는 작업을 하는 inData()함수를 정의하고 있다. 그리고 연산된 결과를 모니터에 출력하는 ShowData() 함수를 정의하고 있다. 그런데, 이중에서 07번 줄에 보면 멤버 변수의 선언을 할 때 접근 지정자를 protected로 하고 있다. private이 아니라 protected인 이유는 상속받은 클래스에서의 접근을 허용하기 위함이다. 이러한 접근 지정까지 고려해서 Base 클래스를 정의해야 한다. 그러면 이제 Derived 클래스로 정의할 Add 클래스와 Subt 클래스를 정의하도록 하겠다.

```
1.  class Add : public InputData{
2.  public:
3.      void AddOper();
4.  };
5.  void Add::AddOper(){
6.      c = a + b;
7.  }
```

```
1.  class Subt : public InputData{
2.  public:
3.          void SubtOper();
4.  };
```

```
5.  void Subt::SubtOper(){
6.      c = a - b;
7.  }
```

위의 박스들에서 Add 클래스와 Subt 클래스의 01번 줄에 보면 InputData 클래스를 public하게 상속한다는 선언 구문이 있다. 이 선언으로 Add와 Subt 클래스는 InputData 클래스의 멤버 변수 a, b, c를 protected 접근 권한으로 상속 받기 때문에 외부에서는 접근 불가능하지만 내부에서는 접근 가능한 멤버 변수로 사용할 수 있다. 그리고 이들은 연산을 하는 함수 AddOper()함수와 SubtOper() 함수를 각각 정의하고 있다. 이렇게 만든 클래스를 이용해 위의 main()함수로 실행을 하면 정상적인 수행이 되는 것을 확인할 수 있을 것이다. main()에서 Add 객체와 Subt 객체를 생성하게 되면, 실제로 각각의 객체는 [그림 7-3]과 같은 구조가 될 것이다.

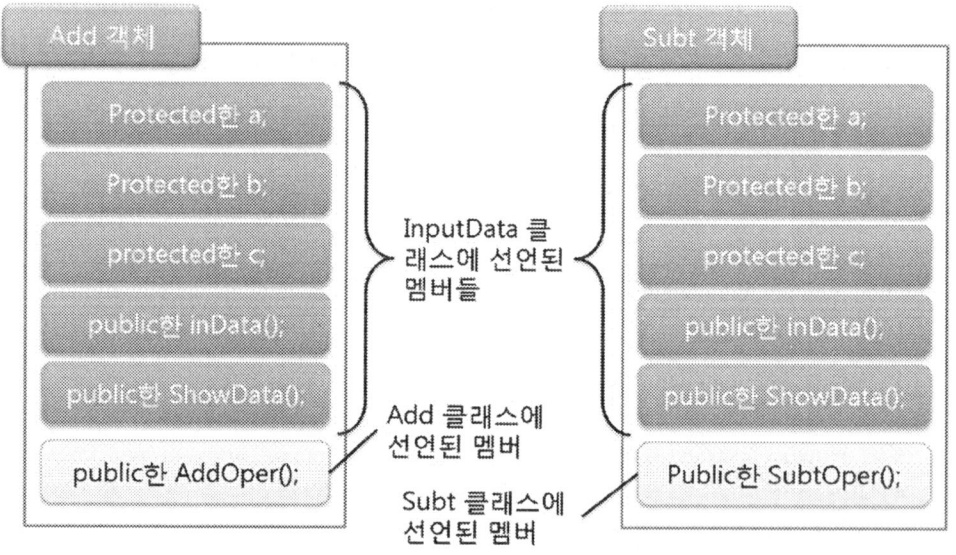

[그림 7-3] InputData를 상속받은 Add와 Subt 클래스의 객체에서 접근할 수 있는 멤버

이렇게 상속이라는 개념을 이용하여 프로그래밍을 하게 되면 확인한 바와 같이 코드를 재사용 할 수 있다는 점뿐만 아니라 코드의 확장성이 좋아진다는 것도 기억해 두자.

7.3 상속 관계에서의 생성자와 소멸자

우리는 앞에서 생성자와 소멸자에 대해서 학습하였다. 모든 객체는 생성될 때와 객체 사용을 완료했을 때 각각 생성자와 소멸자를 호출하고, 생성자에서는 사용된 멤버들에 대한 초기화 작업이 수행되는게 일반적이다. 그런데, 이러한 생성자는 일반적인 멤버 함수와는 달리 상속이 되지 않는다는 특징을 갖는다. 또한, Derived 클래스의 객체가 생성되면 Base 클래스의 생성자도 호출되는 것도 기억해 두자.

7.3.1 객체 생성 과정

다음 [예제 7-2]를 실행해보자.

>> [예제 7-2] chap7\ch7_2\ch7_2.cpp

```
 8.  #include <iostream>
 9.
10.  using std::cout;
11.  using std::endl;
12.
13.  class Parents{
14.  public:
15.      Parents(){
16.          cout<<"Parents 클래스 생성자 호출~!"<<endl;
17.          }
18.      Parents(int a){
19.          cout <<"Parents(int) 클래스 생성자 호출~!" <<endl;
20.          }
21.  };
22.  class Child : public Parents{
23.  public:
24.          Child(){
25.          cout<<"Child 클래스 생성자 호출~!"<<endl;
26.          }
27.          Child(int a){
28.          cout<<"Child(int) 클래스 생성자 호출~!"<<endl;
29.          }
```

```
30.  };
31.  void main(){
32.        Child ch1;
33.        cout << endl;
34.        Child ch2(11);
35.  }
```

■ 실행 결과

[예제 7-2]의 06~14번 줄까지는 Parents 클래스를 정의하고 있다. 그리고 15~23번 줄까지는 Child 클래스를 정의하고 있는데, 그중 15번 줄을 보면 ": public Parents" 라는 문장이 있다. 이는 앞에 나온 Parents 클래스를 public 상속하겠다는 의미임을 알고 있을 것이다. 그런데, main() 구문의 25번 줄과 27번 줄은 Child 클래스의 객체를 생성하는 구문들이다. 그리고 나서 실행했더니 위의 [실행결과]와 같이 나왔다. 우리는 분명 Child 클래스의 객체만을 생성하고 있는데, 생성자 실행은 Child 클래스의 생성자만이 아닌 Parents 클래스의 생성자도 실행이 되고 있으며, Child 클래스 생성자가 실행되기 이전에 실행되는 것을 이 결과로 알 수 있다. 이로써 객체가 생성되는 과정을 [그림 7-4]에서 보는 바와 같이 설명할 수 있겠다.

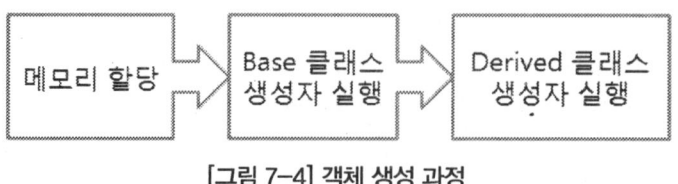

[그림 7-4] 객체 생성 과정

7.3.2 객체 소멸 과정

객체가 할 일을 다 끝낸 후에는 소멸자를 호출하는데, 생성될 때와 마찬가지로 소멸될 때도 상속해준 Base 클래스의 소멸자를 자동으로 호출한다. [예제 7-3]의 프로그램을 살펴보자.

≫ [예제 7-3] chap7₩ch7_3₩ch7_3.cpp

```cpp
36.  #include <iostream>
37.
38.  using std::cout;
39.  using std::endl;
40.
41.  class Parents{
42.  public:
43.      Parents(){
44.          cout << "Parents 클래스 생성자 호출~!" << endl;
45.      }
46.      ~Parents(){
47.          cout << "Parents 클래스 소멸자 호출~!" << endl;
48.      }
49.  };
50.  class Child : public Parents{
51.  public:
52.      Child(){
53.          cout << "Child 클래스 생성자 호출~!" << endl;
54.      }
55.      ~Child(){
56.          cout << "Child 클래스 소멸자 호출~!" << endl;
57.      }
58.  };
59.  void main(){
60.      Child ch1;
61.  }
```

■ 실행 결과

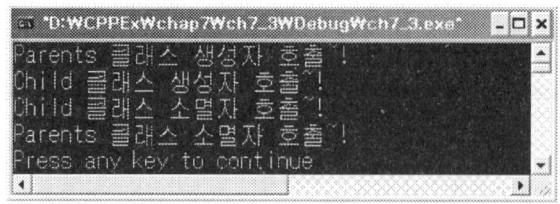

15번 줄에서 보는바와 같이 Child 클래스는 Parents 클래스를 상속받은 Derived 클래스이다. 그리고 25번 줄에서 이 Child 클래스의 객체 ch1을 생성하였다. 이때, 생성자가 호출되는데, 호출되는 순서는 앞에서 본것과 같이 Base 클래스인 Parents 클래스의 생성자가 먼저 호출된다. 그런 후에 Derived 클래스인 Child 클래스의 생성자가 호출되는 것은 이미 언급한 바와 같다. 또한, 생성되었던 객체가 소멸될 때는 소멸자를 호출하는데, 소멸자는 위 [실행결과]에서 보는 것과 같이 Derived 소멸자와 Base 소멸자가 모두 호출된다. 또, 순서는 우선 상속 받은 클래스의 소멸자를 먼저 호출하여 정리한 후 Base 클래스 즉 상속을 해준 클래스의 소멸자를 호출하여 프로그램을 종료한다. 이는 Derived 클래스의 객체가 소멸될 때, Base 클래스의 생성자에서 할당한 메모리 공간까지 확실하게 정리될 수 있게 해준다.

7.4 멤버 함수의 오버라이딩

7.4.1 오버라이딩의 의미

Base 클래스를 상속하게 되면 Base 클래스에 정의된 멤버 함수를 Derived 클래스에서 사용할 수 있게 된다. 그런데, 경우에 따라서는 상속받은 Derived 클래스에서 Base 클래스의 멤버 함수를 수정할 필요가 있을 수 있다. 이때, Base 클래스의 멤버 함수 이름과 동일한 이름으로 Derived 클래스에서 멤버 함수를 다시 정의하는 것을 멤버 함수 오버라이딩(Overriding)이라 한다.

함수를 오버라이딩 하는 것은 이미 Base 클래스에 정의되어 있는 함수를 재정의 하는 것으로 함수의 원형이 Base 클래스에 정의된 것과 동일한 형태로 되어야 한다. [예제 7-4]의 프로그램을 살펴보자.

```cpp
1.   #include <iostream>
2.
3.   using std::cout;
4.   using std::endl;
5.
6.   class Parents{
7.   public:
8.       void Show(){
9.           cout << "Parents" << endl;
10.      }
11.  };
12.  class Child : public Parents{
13.  public:
14.      void Show(){
15.              cout << "Child" << endl;
16.      }
17.  };
18.  void main(){
19.      Child ch;
20.      ch.Show();
21.  }
```

■ 실행 결과

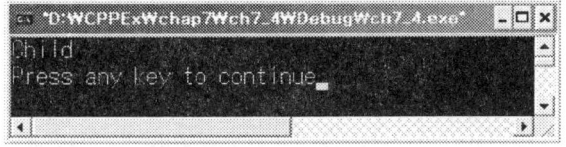

Parents 클래스 즉 Base 클래스에 선언된 함수를 Derived 클래스인 Child에 다시 선언하는 것을 오버라이딩이라 하는데, [예제 7-4]의 19번 줄에서의 객체 생성은 실제 Child 클래스의 객체로 만들어지고 있는데, 이 Child 클래스는 Parents 클래스를 상속하고 있다.

그러면 Child 객체는 자기 자신의 Show()를 호출하는데, 이 Show() 라는 함수는 Parents 에도 존재하는 함수이다. 이와 같이 이름이 같은 함수인 경우에 Child 객체가 생성될 때 는 Child의 Show() 함수가 호출된다.

7.5 다중 상속

C++에서의 특징 중 하나인 다중 상속은 여러 개의 Base 클래스를 동시에 상속한 Derived 클래스를 만드는 것을 말한다. 이제 이러한 다중 상속에 대해 살펴보도록 하자. [그림 7-5]는 다중 상속의 관계를 보여준다.

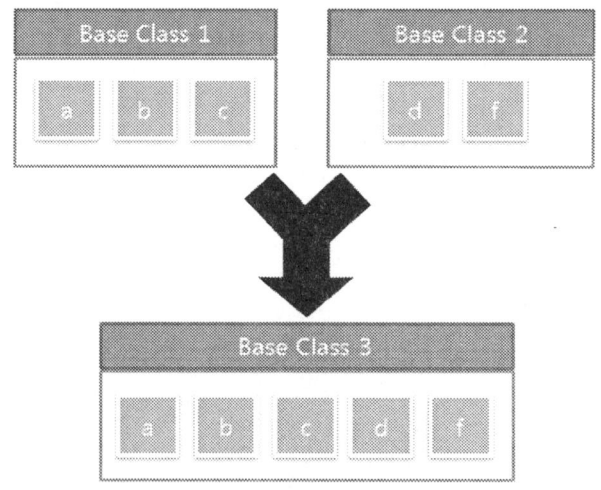

[그림 7-5] 다중 상속

7.5.1 다중 상속의 정의

다중 상속은 단일 상속(지금까지 보아온 것처럼 1개의 Base 클래스를 상속하는 Derived 클래스를 만드는 것)과 같이 Derived 클래스를 정의할 때, 상속할 Base 클래스의 이름을 다 적으면 된다. 다만, 클래스의 이름을 ","(콤마)로 구분하여 정의해 주기만 하면 된다.

■ **형식**

```
class Derived : public Base1, Base2{
    ...
}
```

이러한 다중 상속은 여러 개의 Base 클래스에 같은 이름의 멤버가 있는 경우, Derived 클래스에 같은 이름의 멤버가 여러 개 생기게 된다. 그러면 실행할 때, 같은 이름의 멤버 중 어떤 Base 클래스에 선언되었던 멤버를 호출하는 것인지 알 수가 없다. 그래서 이를 표시하기 위해 스코프 연산자(::)를 사용한다. [예제 7-5]의 프로그램을 살펴보자.

》》 [예제 7-5-1] chap7₩ch7_5₩multiinh.h

```cpp
1.  #include <iostream>
2.
3.  using std::cout;
4.  using std::endl;
5.
6.  class Circle{
7.  public:
8.      void ShowData(){
9.          cout << "동그라미" << endl;
10.     }
11. };
12. class Triangle{
13. public:
14.     void ShowData(){
15.         cout << "삼각형" << endl;
16.     }
17. };
18. class Rectangle{
19. public:
20.     void ShowData(){
21.         cout << "사각형" << endl;
22.     }
23. };
24. class Diagram : public Circle, public Triangle, public Rectangle{
```

```
25.  public:
26.      void prn(){
27.          cout << "도형 그리기" << endl;
28.      }
29.  };
```

>> [예제 7-5-2] chap7₩ch7_5₩ch7_5.cpp

```
1.  #include "multiinh.h"
2.
3.  void main(){
4.      Diagram da;
5.
6.      da.ShowData();
7.  }
```

```
------------------Configuration: ch7_5 - Win32 Debug------------------
Compiling...
ch7_5.cpp
D:₩CPPEx₩chap8₩ch7_5₩ch7_5.cpp(6) : error C2385: 'Diagram::ShowData' is ambiguous
D:₩CPPEx₩chap8₩ch7_5₩ch7_5.cpp(6) : warning C4385: could be the 'ShowData' in base 'Circle' of class 'Diagram'
D:₩CPPEx₩chap8₩ch7_5₩ch7_5.cpp(6) : warning C4385: or the 'ShowData' in base 'Triangle' of class 'Diagram'
D:₩CPPEx₩chap8₩ch7_5₩ch7_5.cpp(6) : warning C4385: or the 'ShowData' in base 'Rectangle' of class 'Diagram'
Error executing cl.exe.

ch7_5.obj - 1 error(s), 3 warning(s)
```

[그림 7-6] 오류 메시지

[그림 7-6]은 [예제 7-5]의 프로그램을 실행시켰을 때의 오류 메시지이다. [예제 7-5-1]을 보면 Circle, Triangle, Rectangle이라는 클래스를 Diagram이라는 클래스가 모두 상속한다.(24번 줄) 이렇게 상속하면, Diagram이라는 클래스는 ShowData() 함수를 3개나 갖게 된다. 이때, [예제 7-5-2]의 06번 줄을 보면 Diagram의 객체 da를 통해 ShowData()함수를 호출한다. 그런데 이 ShowData()는 어떤 클래스의 ShowData()인가? 그게 명확하지가 않다. [그림 7-6]은 바로 이 ShowData()가 정확히 무엇을 가리키는지 명확하지 않음을 메시지로 주고 있는 것이다. 이를 해결하기 위해 [예제 7-5-2]의 06번 줄을 다음과 같이 변경하고 다시 실행시켜 보자.

```
da.Triangle::ShowData();
```

이는 객체 da가 상속받은 클래스들 중 Triangle 클래스에 선언된 ShowData() 함수를 호출해 달라는 뜻이다. 이렇게 수정하고 실행하면 Triangle 클래스에 선언된 ShowData() 함수를 호출해 의도된 결과를 보여줄 것이다.

다중 상속은 나름 편리한 기능이다. 그런데 문제도 있다. 만약 Triangle, Circle, Rectangle 이 예를 들어 Point라는 클래스를 상속받은 클래스라면 이 세 클래스는 분명 Point 클래스의 멤버를 다 가지고 있게 된다. 그래서 이 Point 클래스를 상속할 때 virtual 키워드를 지정하는 가상 기본 클래스를 사용하면 문제를 해결할 수도 있지만 상당히 복잡해질 수 있으니 상속하는 것을 잘 생각해보고 사용하도록 하자.

상속과 다형성

이제 객체지향에서 빼놓을 수 없는 개념인 다형성(polymorphism)을 살펴보기로 하자. 다형성은 모습은 같은데 형태가 다른 것을 의미한다. 예를 들어, 생수병을 만드는 공장이 있다고 가정하자. 이 공장은 한 가지의 생수병 디자인만을 고집해 왔었는데 시장이 커지면서 보다 다양한 디자인이 필요하게 되었다. 그래서 생수병 디자인을 3개 더 추가하였다. 그런데, 생수병의 디자인이 바뀐다고 해서 뚜껑까지 바뀐다면 공장은 너무나 많은 투자가 필요하다. 즉 최소한 생수병 뚜껑을 만드는 라인은 기존의 것을 그대로 유지하여 더 이상의 추가 없이도 물건을 생산하는데 지장이 없게끔 하는 것이 필요하다. 이제 이 공장에서 나오는 생수병의 디자인은 총 4가지이다. 그러나 뚜껑을 만드는 부분은 예전 것 그대로 변경하지 않고 사용할 수 있도록 하여 쉽게 그 추가된 3가지의 상품을 완성할 수 있었다. 서로 약속된 부분, 즉 뚜껑의 모양과 크기 등과 병 주둥이의 모양과 크기를 그대로 유지하면 디자인이 얼마가 추가되더라도 얼마든지 뚜껑을 제공할 수 있다. 이렇게 서로 약속한 부분, 즉 인터페이스만 그대로 유지하며 얼마든지 다른 것(객체)으로 바꿀 수 있도록 하는 것이 다형성이다.

8.1 기본형의 형변환

8.1.1 형변환

포인터 변수에 주소를 저장하기 위해서는 포인터 변수의 자료형과 주소값을 저장할 변수의 자료형이 동일해야 한다는 것은 이미 알고 있다. 일반 포인터 변수와 마찬가지로 객체 포인터 변수 역시 주소값을 저장하는데, 이럴 경우 포인터 변수의 자료형이 객체를 선언한 클래스와 동일한 형이어야 한다. 그런데, 우리가 연산을 하고자 할 때, 대입하고자 하는 변수의 자료형과 연산 결과의 자료형이 다른 경우 컴파일러에 의해 대입하려는 변수의 자료형으로 형이 바뀌는 것을 본 적이 있을 것이다. 이것을 우리는 암시적 형변환이라고 한다. 또, 우리가 원하는 연산을 위해 해당 라인에서만 강제적으로 형변환을 시켜줄 수도 있는데 이것을 우리는 명시적인 형변환이라고 한다. 객체 포인터들에서도 이러한 형변환이 발생하는데, 특히 상속에서 자주 사용된다.

상속에서 발생하는 형변환은 크게 업 캐스팅(UpCasting)과 다운 캐스팅(DownCasting)으로 나누어 볼 수 있다. 이중 업 캐스팅은 Base 클래스의 포인터 변수가 Derived 클래스의 객체의 주소를 대입받는 경우를 이야기하는데, 이는 컴파일러에 의해 자동으로 형변환 된다. 다운 캐스팅은 Derived 클래스로 선언된 포인터 변수에 Base 클래스의 객체의 주소를 대입하는 경우를 이야기 하는데,이는 컴파일 오류가 발생한다. Base 클래스는 자신의 영역만을 가지고 있을 뿐, 자신을 상속해준 Derived 클래스가 어떠한 영역인지 알지 못하기 때문이다. 그렇기 때문에 다운 캐스팅은 명시적 형변환을 해야 사용 가능하다. 그러나 다운 캐스팅을 무조건 강제 형변환을 하여 적용하는 것도 가능하지 않다. 이제 업 캐스팅과 다운 캐스팅에 대해 자세히 살펴보도록 하자.

8.1.2 업 캐스팅

```
Student s(kim, 1234);
Person  *p;

p = &s;
```

위에서, Student가 Derived 클래스고, Person이 Base 클래스라고 하면, p=&s, 즉 Base 클래스의 포인터 변수가 Derived 클래스 객체를 가리키도록 하고 있는데 이러한 적용을 업 캐스팅이라 한다. 이러한 대입은 컴파일러에 의해 자동으로 형변환되어 사용된다. 실제 업 캐스팅은 포인터 사이의 형변환을 의미하게 되며, 결과적으로 상위 클래스의 포인터 변수가 하위 클래스의 객체를 가리키는 것을 말한다. [예제 8-1]의 프로그램을 살펴보자.

>> [예제 8-1-1] chap8₩ch8_1₩upcasting.h

```
1.  #include <iostream>
2.
3.  using std::cout;
4.  using std::endl;
5.
6.  class Person{
7.  protected:
```

```
 8.        int idnum;
 9.        char name[20];
10.   public:
11.        Person();
12.        Person(int, char*);
13.        void ShowData();
14.   };
15.   class Student : public Person{
16.   private:
17.        char major[20];
18.   public:
19.        Student();
20.        Student(int, char*, char*);
21.        void ShowData();
22.   };
```

>> [예제 8-1-2] chap8₩ch8_1₩upcasting.cpp

```
 1.   #include "upcasting.h"
 2.
 3.   Person::Person(){
 4.        idnum = 0;
 5.        strcpy(name, "이름미입력");
 6.   }
 7.   Person::Person(int i, char* n){
 8.        idnum = i;
 9.        strcpy(name, n);
10.   }
11.   void Person::ShowData(){
12.        cout << "학번 : " << idnum << endl;
13.        cout << "이름 : " << name << endl;
14.   }
15.
16.   Student::Student():Person(){
17.        strcpy(major, "전공미입력");
18.   }
19.   Student::Student(int i,char* n,char* m): Person(i,n){
20.        strcpy(major, m);
```

```
21.  }
22.  void Student::ShowData(){
23.      Person::ShowData();
24.      cout << "전공 : " << major << endl;
25.  }
```

>> [예제 8-1-3] chap8₩ch8_1₩ch8_1.cpp

```
1.  #include "upcasting.h"
2.
3.  void main(){
4.      Student st(1234, "kim", "computer");
5.      Person *p = &st;
6.
7.      st.ShowData();
8.      cout << endl;
9.      p->ShowData();
10. }
```

■ 실행 결과

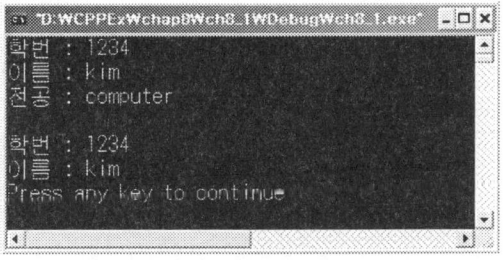

[예제 8-1-1]에서 Person과 Student 클래스 2개가 선언되었다. 이 중, Student는 Person을 상속받은 Derived 클래스이며, Person은 Base 클래스이다. 그리고 [예제 8-1-2]에서 각 클래스의 생성자와 멤버 함수의 정의를 보면, 16번 줄에서 Student 클래스는 Base 클래스의 Person 생성자를 명시적으로 호출하는 형태로 보다 간단하게 생성자를 정의할 수 있다. 또 23번 줄을 보면 오버라이딩되어 가려진 Base 클래스의 ShowData()를 수행해야 하기 때문에 이를 호출하고 있다. [예제 8-1-3]의 04, 05번 줄은 객체를 선언하는 부분이

다. 그 중에서 04는 Student 객체를 생성하고, 05번 줄은 Base 클래스의 포인터 변수를 선언하면서 Derived 클래스의 객체를 가리키고 있다. 그리고 07번 줄은 Base 클래스의 ShowData() 함수를 호출하고 있다. 09번 줄은 Base 클래스의 포인터 변수를 이용해 ShowData() 함수를 호출하고 있다. 위 [실행결과]가 이 예제에 대한 결과인데, 이것을 보면 st.ShowData()는 학번과 이름, 전공을 출력해주고 있다. 상속받은 멤버들에도 접근하여 값을 넣었음을 확인할 수 있다. 그런데 09번 줄에 ShowData 호출을 한 결과를 보니 학번과 이름이 출력되고 있다. 이 ShowData()는 자신의 멤버 변수인 idnum과 name에 접근하고 있다. 우리는 Person의 객체를 이용해 값을 대입한 적은 없다. 그런데도 이러한 결과가 나온 이유는 바로 업 캐스팅 때문이다. 업 캐스팅은 암시적으로 일어난다. Derived 클래스의 포인터 값이 Base 클래스의 포인터 변수에 저장되면서 Base 클래스형으로 변환이 일어나게 되는 것이다. 따라서 Base 변수의 포인터 변수는 Derived 클래스의 객체를 참조할 수 있게 된다. 그런데 이렇게 되면 참조하게 되는 영역에 제한이 생기는데, 다시 말해 Derived 클래스는 Base 클래스로부터 상속받은 부분만 참조하게 되는 것으로 제한되는 것이다.

다음에 보는 프로그램은 [예제 8-1-1]의 07번 줄에 Student생성자의 함수 인자를 하나 더 추가하고, 함수 InputData()를 추가한 것이다.

>> chap8₩ch8_1₩upcasting.h 중 일부 수정

```
class Student : public Person{
private:
    int phone;
    char major[20];
public:
    Student();
    Student(int, int, char*, char*);
    void InputData(int);
    void ShowData();
};
```

>> chap8₩ch8_1₩upcasting.cpp 중 일부 수정

```
Student::Student(int i,int ph,char* n,char* m):Person(i,n){
    ph = 0;
    strcpy(major, m);
}
void Student::InputData(int ph){
    phone = ph;
}
void Student::ShowData(){
    Person::ShowData();
    cout << "전공 : " << major << endl;
    cout << "전화번호 : " << phone << endl;
}
```

>> chap8₩ch8_1₩ch8_1.cpp 중 일부 수정

```
1.  void main(){
2.      Student st(1234, 1234560, "kim", "computer");
3.      Person *p = &st;
4.
5.      st.InputData(012345675);
6.      st.ShowData();
7.      cout << endl;
8.      p->InputData(987654321);
9.      p->ShowData();
10. }
```

수정된 main() 함수를 그대로 실행하면 컴파일 오류가 발생한다. 발생하는 부분은 08번 줄인데, 이것은 Base의 포인터변수인 p가 Derived 클래스의 객체를 가리키도록 했지만, Base 클래스에서 상속받은 것들에 대해서만 제한된 접근을 할 수 있다. 그렇기 때문에 Derived 클래스에서 새롭게 정의된 InputData()는 Base 클래스인 Person 클래스에는 없는 함수이므로 호출할 수가 없는 것이다. 이렇게 업 캐스팅은 자동으로 형 변환이 일어나 Base 클래스의 포인터로 Derived 클래스의 객체를 가리킬 수 있지만 자신이 상속해준 멤버 함수만 호출할 수 있다는 것을 반드시 기억하자.

8.1.3 다운 캐스팅

다운 캐스팅은 업 캐스팅과 반대로 Derived

클래스의 포인터 변수에 Base 클래스의 객체의 주소를 저장하도록 하는 것인데, 이는 컴파일러가 자동으로 형변환을 하지 않기 때문에 에러가 발생하게 된다.

```
1.  Person   p(kim, 1234);
2.  Student *s;
3.
4.  s = &p;
```

Person은 Base 클래스이고, Student는 Derived 클래스이다. 이런 경우 04번 줄의 실행은 오류를 발생한다. 왜냐하면, Person의 객체 p는 자기 클래스의 멤버에 대한 것만이 자신 영역이 된다. Student 클래스의 영역은 전혀 생성되지 않았다. 그렇기 때문에 없는 영역을 가리키려고 하는 것에 대해 컴파일러는 오류를 발생시키는 것이다. 그러나, 명시적으로 캐스트 연산자를 이용하여 강제로 형 변환하여 실행시킬 수 있다.

이전에 보았던 수정된 업 캐스팅 예제를 그대로 사용한다. 그 중, Student 생성자를 하나 추가하고 main() 함수를 수정해보자.

>> chap8₩ch8_1₩upcasting.h

```
class Student : public Person{
      ...
public:
        Student();
        Student(int, char*);  // 헤더에 추가
        ...
};
```

>> chap8₩ch8_1₩upcasting.cpp

```
Student::Student(int i, char* n):Person(i, n){
        strcpy(major, "전공미입력");
}
```

>> [예제 8-1-4] chap8₩ch8_1₩ch8_1_3.cpp

```
1.   #include "upcasting.h"
2.
3.   void main(){
4.       Person *ps = new Student(1234, "Kim");
5.       ps->ShowData();
6.
7.       Student *st = ps;
8.       st->ShowData();
9.       st->InputData(1234657);
10.      st->ShowData();
11.  }
```

■ 오류 메시지

```
--------------------Configuration: ch8_1_3 - Win32 Debug--------------------
Compiling...
ch8_1_3.cpp
d:₩cppex₩chap8₩ch8_1_3₩ch8_1_3.cpp(7) : error C2440: 'initializing' : cannot convert from 'class Person *' to 'class Student *'
        Types pointed to are unrelated; conversion requires reinterpret_cast, C-style cast or function-style cast
Error executing cl.exe.

ch8_1_3.obj - 1 error(s), 0 warning(s)
```

[예제 8-1-4]의 07번 줄에서 오류가 발생한다. 컴파일러는 이와 같은 대입을 허용하지 않는다. Derived 클래스에서는 Base 클래스의 상속받은 멤버만 사용할 수 있었는데, 지금 하고자 했던 것은 Base 클래스의 객체를 접근하여 Derived 클래스에 선언된 멤버 함수를 사용하고자 했던 것이다. 그러나 이런 쓰임 자체가 허용되지 않기 때문에 실행할 수가 없는 것이다. main() 함수를 [예제 8-1-5]와 같이 다시 수정하자.

(») **[예제 8-1-5]** chap8₩ch8_1₩ch8_1_3.cpp

```
1.    #include "upcasting.h"
2.
3.    void main(){
4.       Person *ps = new Student(1234, "Kim");
5.       ps->ShowData();
6.       cout << endl;
7.
8.       Student *st = (Student *)ps;
9.       st->ShowData();
10.      cout << endl;
11.      st->InputData(1234657);
12.      st->ShowData();
13.   }
```

■ 실행결과

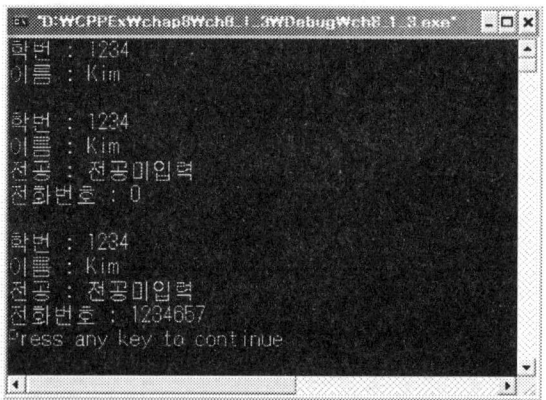

04번 줄과 08번 줄에서 보듯이 2단계 절차로 객체를 생성하면 다운 캐스팅이 가능해진다. 08번 줄에 보면 Base 클래스의 포인터 객체를 이용하여 새롭게 Derived 클래스의 포인터 객체를 만들면서 먼저 만든 Base 클래스의 포인터 객체를 강제로 형변환하고 있다. 바로 "(Student *)"가 강제로 형변환하는 것이다. 이러한 다운 캐스팅을 허용하는 이유는 객체의 타입을 복구할 수 있기 때문이다. 즉, 11번 줄에서 보듯이 Derived 클래스에 선언되었던 멤버 함수를 사용할 수 있다는 것이다.

8.2 가상 함수

8.2.1 정적 바인딩과 동적 바인딩

여기서 말하는 바인딩이란 함수 호출을 해당 함수의 정의와 결합하는 것을 의미한다. 그런데 C++에서는 함수의 오버라이딩을 제공한다. 즉, 같은 이름의 함수가 2개 이상 존재할 수 있다는 것이다. 이러한 오버라이딩된 함수를 호출하는 경우, 어떤 함수를 호출하는 것인지를 결정해야 하는데, 보통 컴파일 시점에서 호출될 멤버 함수가 결정되고 이함수가 실행되어야 한다. 이렇게 컴파일 시점에 호출될 멤버 함수를 결정하는 것을 정적(static) 바인딩이라 한다. 컴파일 시점은 선언된 변수의 자료형이 결정되고 호출될 함수가 결정되는 시점이다. 이 시점에는 선언된 변수의 자료형에 대해서만 정보를 가지고 있을 뿐이다. [예제 8-2]를 보자.

>> [예제 8-2-1] chap8₩ch8_2₩virtualex.h

```
1.  #include <iostream>
2.
3.  using std::cout;
4.  using std::endl;
5.
6.  class Person{
7.  protected:
8.      int idnum;
9.      char name[20];
10. public:
11.     Person();
12.     Person(int, char*);
13.     void ShowData();
14. };
15. class Student : public Person{
16. private:
17.     char major[20];
18.     char phone[20];
19. public:
20.     Student();
```

```
21.        Student(int, char*, char*, char*);
22.        void ShowData();
23.    };
```

```
1.  #include "virtualex.h"
2.
3.  Person::Person(){
4.      idnum = 0;
5.      strcpy(name, "이름 미입력");
6.  }
7.  Person::Person(int i, char* n){
8.      idnum = i;
9.      strcpy(name, n);
10. }
11. void Person::ShowData(){
12.     cout << "═════════학생 정보═════════" << endl;
13.     cout << "   학    번 : " << idnum << endl;
14.     cout << "   이    름 : " << name << endl;
15. }
16. Student::Student():Person(){
17.     strcpy(phone, "000-0000-0000");
18.     strcpy(major, "전공 미입력");
19. }
20. Student::Student(int i, char* n, char* p,
21.         char* m):Person(i, n){
22.     strcpy(phone, p);
23.     strcpy(major, m);
24. }
25. void Student::ShowData(){
26.     Person::ShowData();
27.     cout << "   전화번호 : " << phone << endl;
28.     cout << "   전    공 : " << major << endl;
29. }
```

>> [예제 8-2-3] chap8₩ch8_2₩ch8_2.cpp

```
1.  #include "virtualex.h"
2.
3.  void main(){
4.      Person * ps = new Student(1234, "kim", "123-
5.                      1234-5678", "computer");
6.          ps->ShowData();
7.  }
```

■ 실행결과

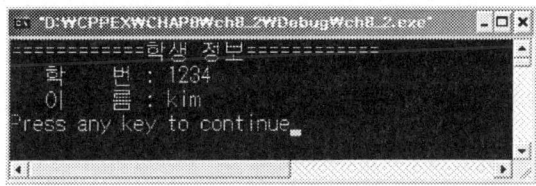

위 [실행결과]를 보면, 내가 원하는 학생의 학번, 이름, 전화번호, 학과가 다 보이지 않고 Person의 ShowData() 내용만 실행하고 있다. 이것은 ShowData()를 호출할 때, 컴파일 시 이미 만들어진 Person 객체로 ShowData()를 호출하기 때문에 Student 클래스의 ShowData()가 호출되지 못하는 것이다. 이와는 달리 포인터 변수가 가리키는 객체의 클래스 형에 따라 멤버 함수를 호출할 수 있도록 하는 것이 동적(Dynamic) 바인딩이다.

동적 바인딩이란 컴파일시가 아닌 실행시 호출할 멤버 함수를 정확하게 맞추어 함수를 호출할 수 있도록 하는 것이다. 동적 바인딩을 하면 컴파일 할 때가 아니라 실행할 때 포인터 변수가 어떤 객체를 가리키고 있는지가 결정된다. 동적 바인딩을 하는 방법은 간단하다. virtual 이라는 예약어를 사용하면 되는 것이다. 함수가 선언되어 있는 Base 클래스의 함수 원형 앞에 virtual을 붙여주면 상속해서 사용가능하며, 오버라이딩될 함수라는 의미가 된다.

```
>> chap8₩ch8_2₩virtualex.h (수정)
...
6 .   class Person{
7.    protected:
8.        int idnum;
9.        char name[20];
10.   public:
11.        Person();
12.        Person(int, char*);
13.        virtual void ShowData();
14.   };
...
```

위는 [예제 8-2-1]의 13번 줄을 수정한 내용을 보여주고 있다. 함수의 선언 앞에 virtual이라는 선언문을 하나 더 붙였다. 그리고 실행을 했더니 다음과 같은 결과가 나왔다.

■ 실행결과

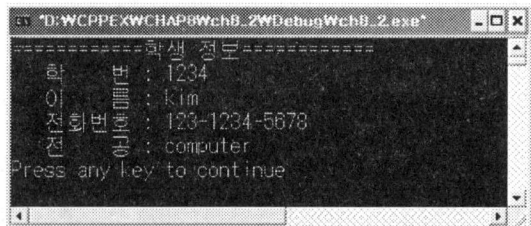

이렇게 함수의 앞에 virtual이라고 선언되어 있는 함수를 가상 함수라 한다. 이제 가상 함수에 대해 살펴보도록 하자.

8.2.2 가상 함수의 선언과 사용

가상 함수는 C++ 언어에서 상속을 통해 다형성을 제공하는 중요한 도구이다. 이 가상 함수는 클래스 내에서 virtual이라는 키워드로 선언된다. 선언 형식은 다음과 같다.

virtual   함수선언;

위 형식처럼 선언하면 해당 함수는 멤버 함수이면서 동시에 가상 함수가 되는 것이다. 이 가상 함수는 상속을 통해 오버라이딩을 하기 위해 만들기 때문에 이를 고려해 접근 지정어를 사용해야 할 것이다. 그리고 가상 함수가 선언된 클래스의 포인터나 레퍼런스 를 통해 객체가 전달되었을 경우에 실행된다.

[예제 8-3-1] chap8₩ch8_3₩ch8_3.cpp

```
8.  #include <iostream>
30.
31. using std::cout;
32. using std::endl;
33.
34. class AAA{
35. public:
36.     virtual void vf(){
37.         cout << "Base Class Virtual Function!" << endl;
38. }
39. };
40. class BBB : public AAA{
41. public:
42.     void vf(){
43.             cout <<"First Derived Class Function!" << endl;
44.     }
45. };
46. void vf(AAA a){
47.     cout << "Normal Function!!" << endl;
48.     a.vf();
49. }
50.
51. void main(){
52.     AAA a;
53.
54.     vf(a);
55.     cout << endl;
56.     BBB b;
57.     vf(b);
58. }
```

■ 실행결과

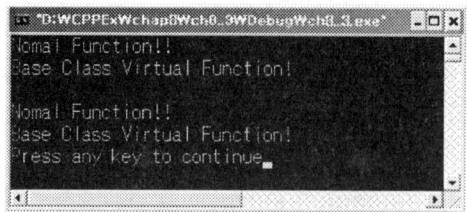

[예제 8-3-1]의 26, 29번 줄에서는 일반 함수인 vf()를 호출하고 있다. 그런데, 여기서 함수의 인자로 객체를 전달하는데, 이때 26번 줄에서는 Base 클래스의 객체를 인자로 전달하여 일반 함수 vf()에서 a.vf()로 AAA 클래스의 가상 함수인 vf()를 호출하여 실행한다. 그런데 29번 줄에서도 똑같이 일반 함수 vf()를 호출하고 있다. 이때 전달하는 객체는 BBB의 객체이다. 즉, Derived 클래스의 객체가 전달된다. 그런데 이 객체 b는 일반 함수 vf()에 전달될 때 자신의 Base 클래스인 AAA 타입으로 변환된다. 매개 변수 타입이 AAA로 설정되었기 때문이다. 이렇게 되면 BBB 고유의 정보를 모두 잃어버리기 때문에 매개 변수가 복사 생성되면서 전달되는 경우를 잘 고려해서 호출해야 할 것이다. 이렇게 정보를 잃어버리는 것을 방지하기 위해 레퍼런스나 포인터를 통해 객체를 전달하면 객체 자체는 변경되지 않는다. [예제 8-3-1]의 18번 줄을 [예제 8-3-2]에서와 같이 수정하자.

>>> [예제 8-3-2] chap8\ch8_3\ch8_3.cpp(수정)

```
void vf(AAA &a){
```

[예제 8-3-2]는 레퍼런스를 전달하는 방법이다. 그리고 [예제 8-3-3]은 포인터를 전달하는 방법이다.

>>> [예제 8-3-3] chap8\ch8_3\ch8_3.cpp(수정)

```
...
18.    void vf(AAA *a){
...
23.    void main(){
24.         AAA a;
25.
26.         vf(&a);
```

```
27.        cout << endl;
28.        BBB b;
29.        vf(&b);
}
```

이러한 가상함수 사용과 함께 매개 변수를 전달할 때 포인터나 레퍼런스로 전달하는 방법을 사용하면 Derived 클래스에 구체적으로 접근하지 않아도 되고, 보다 독립적인 프로그래밍을 할 수 있으며, 이는 결국 클래스의 재사용성을 높여준다. 또한 가상 함수는 상속된 클래스에서 오버라이딩되며, 특히 위의 예제처럼 동적 바인딩하여 실행할 때 정확한 멤버 함수를 호출할 수 있다. 사용 예제는 이전 [예제 8-2-1, 2, 3]을 참고하면 된다.

8.3 순수 가상 함수와 추상 클래스

8.3.1 순수 가상 함수

순수 가상 함수(Pure Virtual Function)는 일반 가상 함수와는 다르게 함수의 정의없이 함수의 선언부만 Base 클래스에 선언하는 것인데, 이때 함수 선언부 마지막에 "=0"을 붙인다. 이 순수 가상 함수는 아무런 일도 하지 않는다. 호출될 일도 없는 함수이다. 그런데 "=0"을 붙이는 이유는 컴파일시 오류가 나지 않게 하기 위함이므로 반드시 붙여주도록 한다.

■ 선언 형식

```
virtual   함수선언 = 0;
```

순수 가상 함수가 포함되는 클래스를 추상 클래스(Abstract Class)라고 하는데, 이러한 클래스는 객체를 생성할 수 없다. 왜냐하면 순수 가상 함수에는 정의가 없어 어떻게 동작할지 모르기 때문이다. 그러면 이러한 추상 클래스는 어떻게 사용될 것인가? 이제부터 그것을 살펴보자.

8.3.2 추상 클래스

추상 클래스는 앞에서 언급했던 것과 같이 순수 가상 함수를 1개 이상 가지고 있는 클래스이다. 이 클래스는 객체를 생성할 수 없고 상속을 위한 Base 클래스로 사용된다. 그리고 이 클래스를 상속받은 Derived 클래스는 상속받은 Base 클래스의 순수 가상함수를 오버라이딩해서 함수의 바디를 재정의하여 사용해야 한다. 순수 가상 함수와 추상 클래스는 여러 클래스에서 동일한 함수로 접근할 수 있도록 해준다. 추상 클래스를 상속받은 Derived 클래스는 반드시 함수를 재정의 해주어야 한다. [예제 8-4]의 프로그램을 살펴보자.

>> [예제 8-4-1] chap8₩ch8_4₩abstractpure.h

```
1.  #include <iostream>
2.
3.  using std::cout;
4.  using std::endl;
5.
6.  class Calcul{
7.  protected:
8.      int a;
9.      int b;
10. public:
11.     virtual void Oper()=0;
12. };
13. class Add:public Calcul{
14. public:
15.     Add(int, int);
16.     void Oper();
17. };
18. class Subt:public Calcul{
19. public:
20.     Subt(int, int);
21.     void Oper();
22. };
23. class Multp:public Calcul{
24. public:
25.     Multp(int, int);
26.     void Oper();
```

```
27.  };
28.  class Divid:public Calcul{
29.  public:
30.      Divid(int, int);
31.      void Oper();
32.  };
```

⟫ [예제 8-4-2] chap8₩ch8_4₩abstractpure.cpp

```
1.   #include "abstractpure.h"
2.
3.   Add::Add(int i, int j){
4.       a = i;
5.       b = j;
6.   }
7.   void Add::Oper(){
8.       cout<< a << " + " << b << " = " << a+b << endl;
9.   }
10.  Subt::Subt(int i, int j){
11.      a = i;
12.      b = j;
13.  }
14.  void Subt::Oper(){
15.      cout<< a << " - " << b << " = " << a-b << endl;
16.  }
17.  Multp::Multp(int i, int j){
18.      a = i;
19.      b - j;
20.  }
21.  void Multp::Oper(){
22.      cout<< a << " * " << b << " = " << a*b << endl;
23.  }
24.  Divid::Divid(int i, int j){
25.      a = i;
26.      b = j;
27.  }
28.  void Divid::Oper(){
29.      cout<< a << " / " << b << " = " << a/b << endl;
30.  }
```

>> **[예제 8-4-3] chap8₩ch8_4₩ch8_4.cpp**

```
 1.  #include "abstractpure.h"
 2.
 3.  void main(){
 4.        Add a(100, 50);
 5.        Subt s(100, 50);
 6.        Multp m(100, 50);
 7.        Divid d(100, 50);
 8.
 9.        a.Oper();
10.        s.Oper();
11.        m.Oper();
12.        d.Oper();
13.  }
```

■ 실행결과

```
"D:₩CPPEX₩CHAP8₩ch8_4₩Debug₩ch8_4.exe"
100 + 50 = 150
100 - 50 = 50
100 * 50 = 5000
100 / 50 = 2
Press any key to continue
```

[예제 8-4]에서 보듯이 여러 클래스에서 유사한 동작을 하는 함수를 사용하려고 할 때, 그러나 그 함수의 실행이 모두 정확히 일치하는 것이 아니라 각 클래스마다 저마다의 방식으로 조금씩 다른 실행을 해야 할 때, 위와 같이 가상 함수를 만들어 필요한 클래스에서 상속받아 오버라이딩하여 사용하면 된다. 이렇게 가상 함수와 추상 클래스를 이용하면 오버라이딩에 의한 다형성의 장점을 극대화하여 사용할 수 있다. 또한 이것은 Derived 클래스의 객체를 Base 클래스로 일원화하여 관리할 수 있기 때문에 보다 효율적으로 프로그램을 구현할 수 있다.

자료구조 II

우리는 6장에서 자주 사용되는 자료 구조에 대하여 이미 자세히 살펴보았다. 스택, 큐, 연결리스트 등은 컴퓨터 프로그래밍에서 자주 사용되는 자료구조이다. 이러한 자료구조를 클래스로 정의하여 각 자료의 구성을 정의하고, 이를 기반으로 자료의 저장, 가공처리 등, 자료의 활용에 대한 여러 메소드를 정의하여 사용해 보았다. 프로그래머들은 자주 사용되는 자료들의 구조가 점점 정형화되어 가고 있다는 것을 깨닫게 된다. 따라서 자주 사용되는 자료구조를 미리 정형화된 클래스로 정의하고 이를 호출하여 사용하는 방법이 일반적으로 보편화 되어가고 있다. 예로, 프로그래밍에서 자주 애용되는 것 중의 하나가 바로 문자열, 즉, 스트링 자료구조이다. 이는 문자형 자료를 수용할 수 있는 배열로 그 크기가 문자열의 크기에 따라 변화하며 문자열 처리의 기본 자료구조로 활용될 수 있다. 이와 같이 자주 사용되는 자료구조는 필요할 때마다 그 구조를 정의하여 만들어 사용하는 것 보다, 클래스를 정의하여 라이브러리에 저장한 후 이를 단순히 호출하여 사용하는 방법을 제공한다면 얼마나 편리할 것인가? 사용자 입장에서는 프로그램이 간단해 질뿐만 아니라 매번 해당 클래스를 정의하여 사용해야 하는 수고를 덜 수 있을 것이다. 이 장에서는 이와 같이 자주 사용되는 자료구조 중 일부를 소개하려 한다.

■ MFC 클래스 라이브러리

자주 사용되는 클래스를 미리 정의하여 모아둔 것으로 마이크로소프트사가 제작하여 배포한 MFC(Microsoft Foundation Class)라는 라이브러리가 있다. MFC는 일반적으로 C++에서 사용되는 윈도우즈 응용프로그래밍 인터페이스 (API: Application Programming Interface)를 포함한 클래스 라이브러리로 다양한 윈도우즈 객체와 그래픽 사용자 인터페이스를 위한 여러 컨트롤을 포함한 광범위한 클래스 라이브러리라 할 수 있다.

프로그램의 가장 간단한 예로 'Hello World'라는 프로그램이 있다. 이는 많은 교재의 첫 번째 프로그램으로 자주 등장하는 것으로 프로그램의 내용 보다는 프로그램의 작성과정과 어떻게 컴파일하며 어떻게 실행시키는지, 그 상세한 절차를 설명하는 목적으로 소개된다. 가장 간단한 프로그램의 하나로, 그 프로그램의 크기는, 통상, 프로그램 헤더를 포함하여 3-4 줄의 코드이면 충분하다. 그러나 그래픽 인터페이스를 이용하는 윈도우 프로그램의 경우에는 그 안에 한 줄짜리 메시지를 표시하려 한다고 해도 윈도우 프로그램의 특성상 상당히 큰 규모의 코드가 작성되어야 한다. 물론, 실제로 작성하는 프로그램의

양은 거의 같은 수준이지만, 내부적으로 생성되는 프로그램과 그 밖의 추가되는 부수적
인 파일 등을 감안하면 아무리 작은 프로그램이라도 전체 용량은 상당하다. 그 이유는
이런 것들을 가능하게 하는 여러 가지 윈도우즈 응용프로그래밍 인터페이스(API)가 포
함되기 때문이다. 여러 가지 클래스 및 객체들을 단순히 호출하고 조합하여 프로그래밍
을 할 수 있다면 그 과정은 매우 단순화 될 수 있을 것이다. 이러한 프로그래밍을 가능하
게 하는 것이 있다. 바로 프로그래밍 개발 툴의 내부에 저장되어 있는 MFC 라이브러리
이다. 본 교재에는 윈도우 프로그래밍이 포함되지 않기 때문에 이들의 사용에 대한 설명
이 포함되어 있지 않다. 그러나 여러 가지 유틸리티 클래스라 불리는 MFC 클래스들이
제공되어 있는데, 이들 유틸리티 클래스는 주로 자료구조에 대한 클래스로 알고리즘 개
발 등에 유용하게 활용될 수 있다. 본 장에서 소개될 4가지의 유틸리티 클래스는 다음과
같다: 스트링 클래스, 배열 클래스, 리스트 클래스, 맵 클래스.

MFC에서 제공되는 클래스를 사용하여 프로그램을 작성하는 것은 일반적인 프로그램을
작성할 때와 다른 점이 있다. [그림 9-1]에서 보듯이 프로젝트 생성 시 연결할 헤더 파일
을 선택할 때, '공용 헤더 파일 추가 대상'에서 'MFC'를 선택해야 한다.

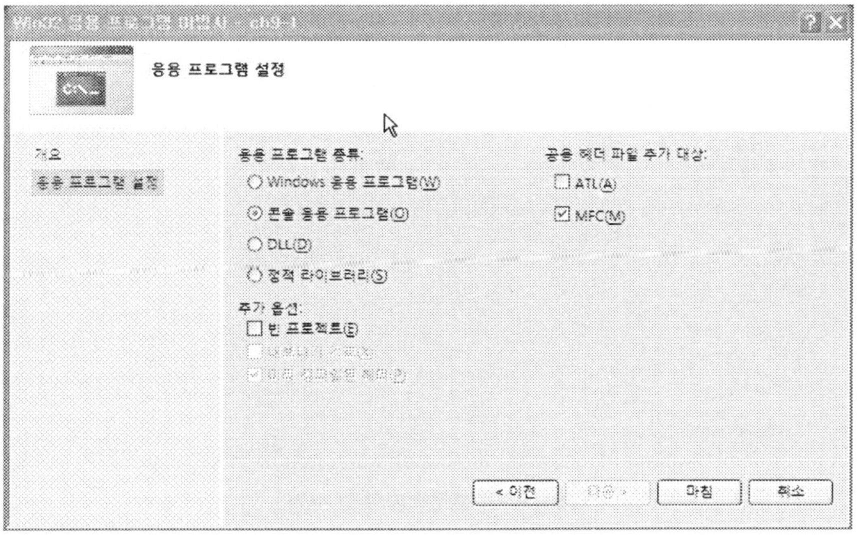

[그림 9-1] 공용 헤더 파일 추가

■ 멀티문자 속성 세팅

프로그램을 작성할 때 한글 입력이 가능해야 한다. 한글이 자유로이 입출력 되어야 하므로 프로그램 속성에서 변경해야 할 부분이 있다. 비주얼 스튜디오 화면에서 '프로젝트' 메뉴를 선택하면 [그림 9-2]에서 보듯이 맨 하단에 프로젝트 속성이란 메뉴가 보인다. 이것을 클릭하면 [그림 9-3]과 같은 속성에 관한 팝업 창이 나타난다. 이 창의 왼쪽 프레임에 '구성 속성' 메뉴가 있는데, 이것을 클릭하면 서브 메뉴가 나타난다. 그중 '일반' 속성을 클릭하면 여러 가지 속성 항목이 나타나는데, 이 중에서 문자 집합 항목을 클릭하고 '멀티바이트 문자 집합 사용'을 선택한다. 이것을 선택하면 한글과 같이 2바이트 문자집합을 사용하는 언어를 사용하여 프로그래밍 할 수 있게 된다.

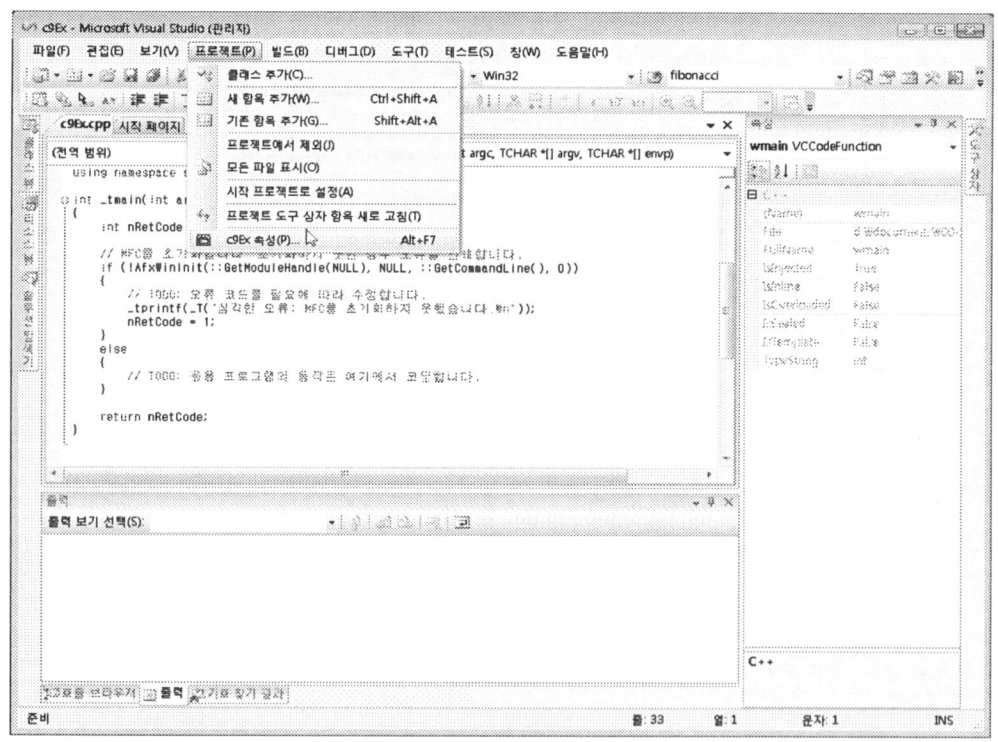

[그림 9-2] 프로젝트 속성 보기

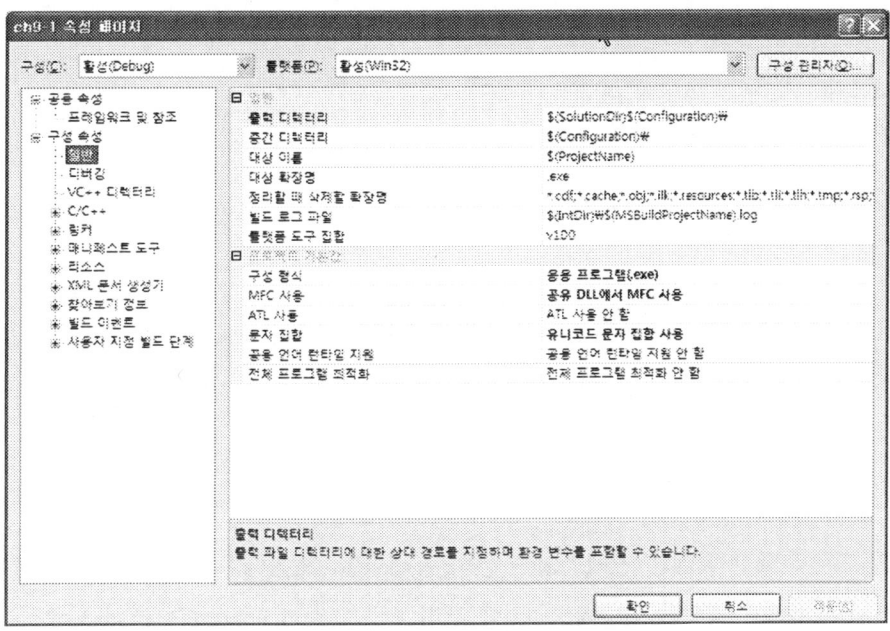

[그림 9-3] 문자집합 속성 변경하기

프로그램 파일인 ---.cpp 파일의 내부 코드내용 중 다음과 같은 줄이 else 하단에 있다. 이 부분은 자동으로 MFC 라이브러리와 함께 생성한 main 코드의 일부이다. 주석으로 기술한 '// TODO: 응용 프로그램의 동작은 여기에서 코딩합니다.' 문장 밑에 사용자가 작성한 코드를 삽입하여 컴파일 후 링크하게 된다.

```
else{
    // TODO: 응용 프로그램이 동작은 여기에서 코딩힙니다.
}
return nRetCode;
```

9.1 스트링 클래스

C에서 예전부터 사용해 오던 문자열은 1차원 배열을 이용하여 문자들을 저장할 수 있는 공간으로 활용된다. 그리고 맨 끝에는 널 문자('₩0')로 채워진다. 이와 별도로 범용 C++ 개발을 위해 마이크로소프트에서 제공하는 스트링 클래스가 존재한다. 이것은 예전의 C

스타일에서의 문자열과 달리 마지막에 널 문자가 포함되지 않는다.

먼저 CString 객체를 생성해 보자.

```
CString exStr = _T("Hello World");
CString newStr = exStr;
```

위의 코드에서 _T는 문자열을 사용할 때 사용하는 매크로로 _TEXT로 쓰이기도 한다. 문자의 종류(한글처럼 다중 바이트 문자나 유니코드 문자)에 상관없이 사용할 때 유용하다. _T를 사용하면 컴파일시 문자의 종류를 판단하여 컴파일하게 된다. 두 번째 CString 객체(newStr)는 이미 정의한 객체(exStr)를 복사하여 생성된다.

개별문자를 선택할 때에는 인덱스를 이용하여 접근할 수 있다. exStr[6]은 'W'를 나타낸다. 개별 문자를 선택하는 것은 CString에 멤버 메소드로 정의된 getAt를 사용해서도 가능하다:

```
exStr.GetAt(6)
```

'Hello'와 'World'의 사이에 있는 빈칸을 '-'로 대체하려면 다음과 같이 하면 된다.

```
exStr.SetAt(5, '-');
```

두 스트링을 연결하여 하나의 스트링으로 만드는데 사용하는 + 연산자를 살펴보자. 이 경우 + 연산자는 숫자의 합산을 구하는 덧셈 연산과 중복되어 정의되어 있음을 알 수 있다. 먼저 CString 객체를 간단히 배정문을 이용하여 생성한다:

```
CString hString = "Hello";
```

또 다른 CString 객체 생성방법으로는 생성자 함수를 이용한 방법이 있다:

```
CString hString = CString("Hello");
```

```
CString hString = "Hello"
CString wString = "World"
CString hwString = hString + " " + wString;
cout << hwString << endl;
```

■ 실행 결과

많은 경우에 자료를 포맷에 맞게 입력하여 스트링으로 완성한 후 출력하는 방법이 자주 사용된다. 예로 x, y의 좌표값이 각각 120, 250이라 가정할 때 이를 스트링으로 만들어서 출력하는 코드를 살펴보자. CString의 멤버함수인 Format()는 데이터를 포맷하여 스트링으로 만들어 주는 기능을 한다.

```
CString result;
int x=120, y=250;
result.Format("x좌표= %d,  y좌표= %d", x, y);

cout << result << endl;
```

■ 실행결과

스트링 포맷에 자주 사용되는 몇 가지 포맷 명시자는 〈표 9-1〉에서 보는 바와 같다.

〈표 9-1〉 CString Format 명시자

명시자	설명
%d	부호있는 정수
%s	문자열
%f	소수점 포함하는 실수

9.2 배열 클래스

배열은 자주 사용하는 자료 구조의 하나로 같은 타입의 자료가 연속적으로 저장될 수 있는 공간으로 이루어진 자료구조이다. MFC에서 정의되어 있는 배열에는 그 구조와 활용할 수 있는 멤버 함수들이 클래스로 정의되어 있다. 이 배열 클래스는 사용자가 이들을 손쉽게 호출하여 프로그램을 용이하게 작성하도록 도와준다. 또한 기존의 배열의 크기가 고정적인 것에 비해서 배열의 크기를 가변적으로 변경시킬 수 있다는 편리함도 제공해 준다. 즉, 필요에 따라 배열의 크기를 늘리거나 줄일 수 있다. 배열 인덱스는 항상 0으로부터 시작된다.

먼저 배열 클래스에는 〈표 9-2〉에서 보듯이 몇 가지 종류가 있다. 이와 같은 배열 클래스를 사용하려면 코드의 상단 부분에 헤더 파일인 "afxcoll.h"를 포함시켜야 한다. 단, 자동으로 이 헤더파일이 포함되어 있는 경우에는 이를 생략해도 된다.

```
#include "afxcoll.h"
```

〈표 9-2〉 클래스 종류

클래스	설명
CByteArray	BYTE 데이터 배열
CWordArray	WORD 데이터 배열
CUIntArray	부호 없는 정수형 배열
CStringArray	CString 타입의 배열

[예제 9-1] 프로그램은 부호 없는 C UInt 타입의 배열 클래스를 선언한 후 내용을 배정하고 그 내용을 출력하는 프로그램이다. 먼저 배열 클래스는 1번 줄에서 선언되었고, 크기를 5개의 원소를 갖는 배열로 설정한 코드는 03번 줄이다. 05번 줄에서는 배열의 각 인덱스 위치에 값을 배정하는 SetAt 멤버함수를 이용하여 값을 배정하였고, 07번 줄에서는 값을 읽어 출력하는 문장을 작성하였다.

〉〉 [예제 9-1] GetAt, SetAt 함수

```
1.  CUIntArray arr;
2.  int i;
3.  arr.SetSize(5);
4.  for (i=0; i<5; i++)
5.      arr.SetAt(i, i*100);
6.  for (i=0; i<5; i++)
7.      cout << (int)arr.GetAt(i) << ' '
8.  cout << endl;
```

■ 실행결과

```
C:\Windows\system32\cmd.exe
0 100 200 300 400
계속하려면 아무 키나 누르십시오 . . .
```

[예제 9-2]는 배열클래스의 멤버 함수 GetSize, Add, RemoveAt, InsertAt에 대한 사용을 추가한 예제이다. 각 멤버 함수에 대한 설명이 〈표 9-3〉에 기술되어 있다.

〈표 9-3〉 배열클래스의 멤버함수

멤버함수	설명
GetSize()	배열의 크기, 즉, 원소 수를 반환한다.
Add(value)	배열의 끝에 value 값을 갖는 원소를 추가한다.
RemoveAt(index)	index에 있는 배열 원소를 제거한다.
InsertAt(index, value)	배열의 index에 value 값을 갖는 원소를 추가한다.

[예제 9-5]의 05번 줄과 06번 줄에서 5개의 값을 배열에 저장한다. 07번 줄에서는 10을 포함한 배열 원소를 배열의 끝에 추가하는 Add 함수를 보여준다. 이때 배열의 크기는 하나가 증가한다. 이 과정은 [그림 9-4]에서 보는 바와 같다. 08번 줄은 5번째 원소를 삭제하는 RemoveAt(4) 멤버함수를 보여준다. 배열의 첫 번째 인덱스는 0에서 시작하므로 5번째 원소의 인덱스는 4이다. 이 함수가 실행된 후에는 배열의 크기가 하나 줄어들어 원래의 크기로 돌아 왔다. 이후, 09번 줄에서는 InsertAt(3, 20) 함수를 통해 4번째 원소에 20을 추가하는 명령을 수행한다. 따라서 최종 배열의 크기는 arr.GetSize()를 통해 6이 됨을 확인해 보자. 이러한 일련의 과정은 [그림 9-4]에서 확인할 수 있다.

> **[예제 9-2]**

```
 1.  CUIntArray arr;
 2.  int i;
 3.  UINT scores[] = {3, 2, 5, 2, 1};
 4.  arr.SetSize(5);
 5.  for (i=0; i<5; i++)
 6.     arr[i] = scores[i];
 7.  arr.Add(10);
 8.  arr.RemoveAt(4);
 9.  arr.InsertAt(3, 20);
10.
11.  for (i=0; i<arr.GetSize(); i++)
12.     cout << arr[i] << ' ' ;
13.  cout << endl;
```

■ 실행결과

[예제 9-3]은 스트링 배열 클래스에 대한 프로그램 코드이다. CStringArray 클래스는 스트링을 포함하는 배열로 앞선 C UInt 배열과 마찬가지로 선언한 후 배열의 크기를 설정한다. 07번 줄에서 스트링을 생성한 후, 그 스트링을 08번 줄에서 스트링 배열에 넣는다.

그리고 11번 줄에서는 저장한 개별 스트링을 화면에 출력한다.

스트링 배열의 크기는 arr.GetSize() 함수를 통해 알 수 있다. 10번 줄은 다음과 같이 대체하여 같은 결과를 만들어 낼 수 있다:

```
10:    for (i=0; i<arr.GetSize(); i++)
```

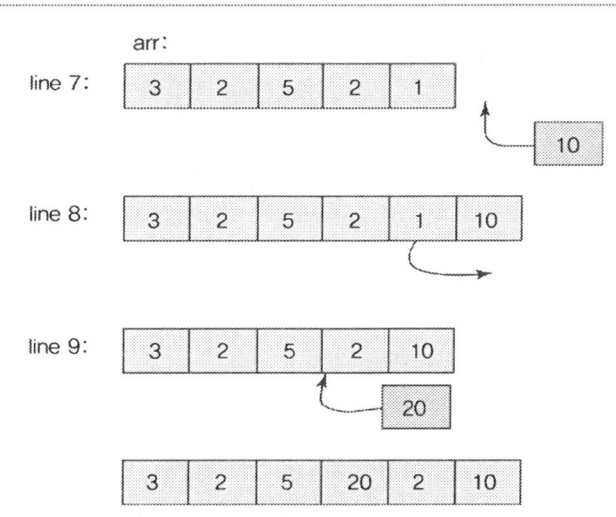

[그림 9-4] 배열에 원소를 추가 또는 삭제하는 과정

>> [예제 9-3]

```
1.  CStringArray arr;
2.  CString s;
3.  int i;
4.  int scores[] = {3, 2, 5, 2, 1};
5.  arr.SetSize(5);
6.  for (i=0; i<5; i++) {
7.    s.Format("%d 번째게임에서는%d 골을넣었습니다\n",i+1, scores[i]);
8.    arr[i]= s;
9.  }
10. for (i=0; i<5; i++)
11.    cout << arr[i] ;
```

또한 새로운 스트링을 배열에 추가하려 할 때 arr.Add("New String");과 같이 스트링을 추가할 수 있다. 이때, 배열의 맨 끝에 스트링이 추가되며 배열의 크기는 하나씩 증가하

게 된다. 만일 특정 위치의 스트링을 배열에서 삭제하려면 RemoveAt(k) 멤버 함수를 이용하여 삭제할 수 있다. 예로, arr 스트링 배열에서 4번째 스트링을 삭제하려면 다음과 같이 작성하여 삭제할 수 있다.

```
arr.RemoveAt(3);
```

이때, 전체 배열의 크기는 하나가 감소할 것이다. 이 코드를 위의 프로그램 코드의 마지막에 추가하여 프로그램을 실행해 보고 결과를 확인해 보자.

반대로 InsertAt(index, string) 멤버함수는 해당 인덱스 위치에 스트링을 추가하는 멤버함수이다. 배열 중간에 새로운 원소를 추가하면 그 위치에 있던 원소와 그 위치 이후에 있는 배열 원소들은 1칸씩 뒤로 이동하는 효과가 발생할 것이다.

9.2.1 템플릿 기반 클래스

앞선 배열 클래스는 고정된 타입의 배열 클래스를 정의하여 사용하는 비 템플릿 기반 클래스를 사용하였다. 배열에 저장될 자료가 다양할 수 있다면 얼마나 유용할까? 그러려면 타입을 고정하여 사용하는 고정 타입 배열클래스의 제한을 해결해야 한다. 이를 위해 MFC는 템플릿이라는 개념을 도입하였는데, 템플릿의 개념은 15장에서 자세히 설명될 것이다. 따라서 여기서는 템플릿이라는 개념을 간단한 예제를 통해 이해하도록 하고, 자세한 내용은 15장을 참조하도록 하자. 템플릿이라 함은 일종의 틀을 연상하면 된다. 예를 들어 배열 틀을 고려해 보자. 배열 틀을 정의할 때는 그 구조와 사용하는 메소드들을 함께 고려해야 한다. 또한 이 틀을 이용하여 정수형 배열 클래스, 실수형 배열 클래스, 문자형, 배열 클래스 등 다양한 클래스를 생성할 수 있어야 한다. 다양한 자료형을 처리하는 메소드는 대부분 같다고 보면 된다. 즉, 배열 생성, 추가, 삭제 등이다.

템플릿 기반 정수형 배열 클래스를 고려해보자. 먼저 배열 클래스를 생성하기 위해서는 CArray 클래스 이름을 사용한다. 또한 내용을 포함하는 2개의 타입 정보를 연속해서 나열해야 한다. 정수형 배열은 다음과 같이 템플릿 기반 배열 클래스로 생성하면 된다.

```
CArray<int, int> var
```

CArray 클래스는 2개의 파라미터를 동반한다. 위의 정수형 배열 클래스 예에서 〈int, int〉로 표시되어 있는데, 첫 번째 파라미터는 배열에 포함될 내용의 타입을 지정하는 것이다. 즉 기본적인 데이터 타입에 해당되는 int, char, float, long 등이 첫 번째 자리에 들어갈 수 있다. 좀 더 복잡한 예에서는 복합적인 구조체(typedef)나 클래스도 가능하다. 두 번째 파라미터는 메소드에서 사용될 매개변수의 타입을 지정하는 용도이다. 배열에 추가하거나 삭제하는 연산을 정의해야 하므로 이 경우 int로 지정하였다.

템플릿 기반 클래스를 활용하기 위해서는 다음과 같은 헤더파일을 추가해야 한다.

```
#include <afxtempl.h>
```

9.2.2 템플릿 기반 정수형 배열

[예제 9-4]의 프로그램을 살펴보자.

>> [예제 9-4]

```
1.  CArray<int, int> arr;
2.  int i;
3.  int scores[] = {3, 2, 5, 2, 1};
4.  arr.SetSize(5);
5.  for (i=0; i<5; i++)
6.     arr[i] = scores[i];
7.  arr.Add(10);
8.  arr.RemoveAt(4);
9.  arr.InsertAt(3,20);
10.
11. for (i=0; i<arr.GetSize(); i++)
12.    cout << arr[i] << ' '
13. cout << endl;
```

[예제 9-4]의 01번 줄에서 CArray〈int, int〉를 사용하여 arr을 정수형 배열로 선언하였다. 그 이후의 코드는 앞서 사용한 배열 예제 (UINT형 배열)와 동일함을 확인할 수 있다. 문자형 배열 클래스를 정의하여 사용하기 위해서는 CArray〈char, char〉를 사용하면 된다.

스트링 형 배열 클래스를 정의하기 위해서는 CArray⟨CString, CString&⟩를 정의해서 사용하면 된다. 여기서 두 번째 파라미터인 CString&은 템플릿 기반 클래스 정의에서 참조형으로 표기해야 하는 규칙 때문이다. 이를 이용하여 독자가 스스로 CStringArray의 예를 실습해 보도록 하자.

9.3 리스트 클래스

리스트 자료구조는 6장에서 이미 학습하였다. 리스트는 데이터 레코드를 연속적으로 연결시키는 데이터 구조로 각 레코드는 참조 부분이 있어 이를 통해 다음 레코드를 연결시켜 연결리스트를 만들었다. 배열과 유사한 점은 같은 형의 다수 자료를 저장할 수 있다는 점이다. 차이점은 우선, 데이터 레코드의 저장 방식에 차이가 있다. 배열은 일련의 자료를 연속적인 공간에 나열함으로 각 자료를 인덱스를 이용하여 접근할 수 있는 반면에, 리스트는 그런 인덱스가 존재 하지 않고 서로 포인터로 연결되어 있어 데이터 레코드를 접근하는데 있어 순차적으로 리스트를 따라 가면서 접근해야 한다는 점이다.

[그림 9-5]에서 상단의 그림은 배열의 형태로 5개의 값이 배열에 저장되어 있음을 표시한 것이다. 각 원소위에 있는 값은 인덱스를 나타내는 것으로 원소의 위치를 결정해 준다. 반면에 하단의 그림은 리스트의 형태로 각 원소가 앞에서 뒤로 연결되어 있음을 보여준다. 그림에서 표시된 화살표는 이들이 순차적으로 연결되어 있음을 개념적으로 표시한 것이다.

[0]	[1]	[2]	[3]	[4]
3	2	5	2	1

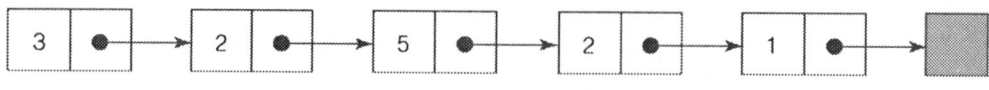

[그림 9-5] 배열과 리스트 자료구조

마지막 화살표는 끝을 나타내는 빈 레코드를 가리키고 있다. 이는 리스트의 끝을 표시하는 널 레코드로 사용된다. 배열의 경우에는 마지막 배열 원소를 인덱스로 접근할 수 있지만 리스트는 동적으로 변화할 수 있는 자료구조이므로 리스트의 끝을 인덱스로 접근할 수 없다. 화살표 링크를 따라가다가 널 레코드를 만나면 이것이 리스트의 끝이 됨을 알 수 있는 구조이다.

MFC에서 제공하고 있는 리스트 클래스는 양쪽으로 접근할 수 있는 이중 연결 리스트(Double linked list)이다. 즉, 각 데이터 레코드는 앞 뒤 양쪽의 데이터 레코드와 연결되어 구성된 구조를 말한다.

[그림 9-6]에서 보듯이 첫 번째 레코드는 Head라는 고유 명칭의 헤더를 통해 접근될 수 있으며 마지막 레코드는 Tail이라는 고유이름에 의해 접근될 수 있다. 일방 통행식의 단일 연결 리스트와 달리 데이터 레코드는 좌우 양방향으로 이동하면서 데이터 레코드를 접근할 수 있다.

Head 포인터는 첫 번째 노드로 값이 3인 노드를 가리키고 있으며 Tail 포인터는 마지막 노드로 값이 1인 노드를 가리키고 있다. 이중 연결 리스트는 단일 연결 리스트와 달리 앞뒤의 두 개의 링크와 값을 포함하는 노드가 기본 구성 노드이다.

개념적으로 두 개의 링크는 앞과 뒤의 노드를 가리키게 되어 있으며 그 가운데 필드에 값을 저장하고 있다. 리스트의 맨 끝에는 더 이상의 노드가 존재 하지 않음을 표시하기 위해 NULL 값을 갖는 노드를 갖게 되고, 리스트의 맨 앞에도 같은 NULL 노드를 포함하게 된다.

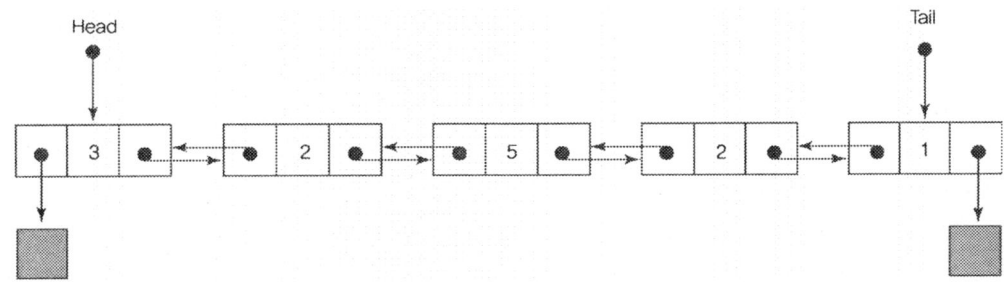

[그림 9-6] 이중 연결 리스트

9.3.1 템플릿 기반 리스트 클래스

리스트의 생성은 CList 클래스를 사용한다. 스트링 리스트의 경우 CStringList를 사용하고 나머지는 템플릿 클래스를 사용하는데 템플릿 클래스에 대한 내용은 15장에서 자세히 설명되므로 여기서는 간단한 구문을 통해 템플릿 클래스에 대하여 이해하는 수준으로 설명하고자 한다.

정수형 이중 연결 리스트는 CList라는 클래스를 이용해서 만든다. 정수형 정보를 입력하기 위해서는 CList〈int, int〉를 사용해야 한다. 첫 번째 int는 리스트에 의해 내부적으로 저장되는 타입을 의미하며, 두 번째 int는 CList 메소드 정의에서 사용되는 매개변수의 타입을 의미한다. 여기에서는 정수형 정보를 담기 위한 연결리스트를 위해 〈int, int〉를 사용한다고 아는 정도면 충분하다.

[예제 9-5]에서 01번 줄에

```
CList<int, int> iList;
```

는 iList라는 리스트 객체를 생성한다. 2번 줄에서 6번 줄까지는 AddTail 멤버함수를 통해 값을 iList에 추가하는 코드를 보여준다. AddTail(k)은 리스트의 끝(Tail)에 노드를 추가하는 함수로 사용되고 리스트의 처음 (Head)에 추가하는 함수는 AddHead(k)를 사용하게 된다. 7번 줄의 POSITION이라는 타입은 객체의 포인터 값을 갖도록 되어 있고, 만일 가리키는 노드가 없다면 NULL이라는 값을 가질 수 있다.

〉〉 [예제 9-5]

```
1. CList<int, int> iList;
2. iList.AddTail(3);
3. iList.AddTail(2);
4. iList.AddTail(5);
5. iList.AddTail(2);
6. iList.AddTail(1);
7. POSITION pos;
8.  pos = iList.GetHeadPosition();
9. while (pos)
```

```
10.     cout << iList.GetNext(pos);
11.  cout << endl;
12.
13.  int val = iList.GetHead();
14.  cout << " head " << val << endl;
```

8번 줄의 GetHeadPosition 함수는 리스트의 Head의 위치를 가리키는 포인터 값을 구한다. 9번 줄은 반복을 위한 조건으로 pos를 포함하고 있는데, pos가 NULL이 아닐 때까지 리스트를 검색해 나간다. 리스트의 내용을 검색할 때 리스트 클래스의 멤버 함수인 GetNext를 사용하는데, 필요한 인수로 POSITION 값을 요구한다. 따라서 GetNext(pos)를 사용하면, 현재의 위치가 pos일 때 그 위치의 노드에 있는 값을 반환하게 된다. 따라서 10번 줄은 리스트 변수 iList의 현재 포인터 위치(pos)에 있는 노드의 값을 반환한다. 8번 줄을 실행 한 후 첫 번째 반복에서 10번 줄의 결과는 3을 출력하게 되고 계속 GetNext를 통해 다음 노드 값을 출력하게 된다. 따라서 11번 줄까지의 실행 후, 출력 결과는 다음과 같다.

■ 실행결과

GetNext 멤버함수 사용에 있어 주의할 점은 인수로 취하는 POSITION 값이 자동으로 변경된다는 점이다. GetNext(pos)는 pos 위치에 있는 노드 값을 반환한 후, pos를 다음 노드를 가리키도록 갱신한다.

13번 줄의 GetHead 멤버 함수는 Head가 가리키고 있는 노드의 값을 반환 한다. 14번 줄까지 코드 실행 후의 결과 화면은 아래와 같다.

■ 실행결과

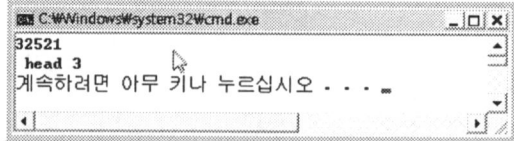

리스트의 맨 마지막 노드에 포인터를 위치시키려면 GetTailPosition()을 실행시키면 된다.

```
POSITION pos = GetTailPosition();
```

위의 예제에서 Head를 Tail로 모두 바꾸고, Next를 Prev로 바꾼 후 실행해 보자. 결과는
다음과 같을 것이다.

■ 실행결과

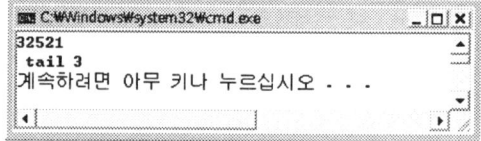

9.3.2 특정 위치에 노드 추가하기

리스트의 특정 위치에 값을 추가하기 위해 사용하는 멤버 함수로 InsertAfter(pos, val)
또는 InsertBefore(pos, val)가 있다. 위치는 pos에 의해 결정되고 그 위치에 있는 노드
다음에 값(val)을 추가한다. AddHead나 AddTail 함수를 사용하여 리스트에 노드를 추가
하는 대신 InserAfter 함수를 사용하여 같은 리스트를 생성할 수 있다 [예제 9-6]의 프로
그램을 살펴보자.

[예제 9-6]
```
1. CList<int, int> iList;
2. POSITION pos;
3.
```

```
 4.  pos = iList.GetHeadPosition();
 5.  iList.InsertAfter(pos, 3);
 6.  iList.InsertAfter(pos, 2);
 7.  iList.InsertAfter(pos, 5);
 8.  iList.InsertAfter(pos, 2);
 9.  iList.InsertAfter(pos, 1);
```

[예제 9-7]의 프로그램에서 보듯이 리스트에서 특정 값을 찾기 위해서는 리스트 클래스의 멤버 함수인 Find(val) 함수를 이용할 수 있다. Find 함수는 리스트의 첫 노드부터 탐색을 시작하여 val과 같은 노드를 찾아 리스트를 탐색한다. 같은 값을 만나면 해당 노드의 POSITION 값을 반환한다. [예제 9-7]은 3-2-5-2-1 리스트에서 5 값을 갖는 노드 앞에 9를 삽입하는 예를 보여준다. 해당 위치에 있는 노드를 찾은 후, 그 앞에 값을 삽입하는 멤버 함수로 InsertBefore(pos, 9)를 사용하여 9를 5 앞에 삽입한다. 결과는 3-2-9-5-2-1이 될 것이다.

>> [예제 9-7]

```
 1.  CList<int, int> iList;
 2.  POSITION pos;
 3.
 4.  pos = iList.GetHeadPosition();
 5.  iList.InsertAfter(pos, 3);
 6.  iList.InsertAfter(pos, 2);
 7.  iList.InsertAfter(pos, 5);
 8.  iList.InsertAfter(pos, 2);
 9.  iList.InsertAfter(pos, 1);
10.  pos = iList.Find(5);
11.
12.  pos = iList.InsertBefore(pos, 9);
13.  pos = iList.GetHeadPosition();
14.
15.  while (pos)
16.     cout << iList.GetNext(pos);
17.  cout << endl;
```

■ 실행결과

해당 위치에 있는 값을 대체하여 리스트를 변경하려면 SetAt 멤버 함수를 사용해야 한다. SetAt 멤버 함수는 그전에 있는 값을 삭제하고 그 위치에 새로운 값을 추가할 때 사용한다. 3-2-5-2-1 노드에서 5 노드를 삭제하고 그 자리를 9 값을 갖는 노드로 대체하려면 위의 코드 12번 줄의

```
12:    pos = iList.InsertBefore(pos, 9);
```

를

```
12:    iList.SetAt(pos, 9)
```

로 대체하면 된다.

■ 실행결과

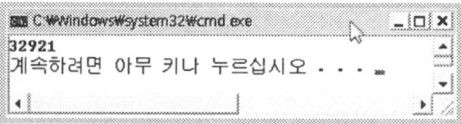

InsertAfter나 InsertBefore 모두 POSITION값을 반환하지만, SetAt은 반환 값이 없다. 구문형태로 이 함수들을 표현하면 다음과 같다. 단, 정수형 값을 갖는 리스트로 가정하여 추가할 값을 int로 가정하였다.

```
POSITION InsertAfter(POSITION position, int newElement);
POSITION InsertBefore(POSITION position, int newElement);
void SetAt(POSITION pos, int newElement);
```

그 밖의 멤버 함수들은 〈표 9-4〉에 기술한 바와 같다.

〈표 9-4〉 CList 클래스의 멤버함수

멤버 함수	설명
RemoveHead()	Head 포인터가 가리키는 노드를 삭제한다. 리스트의 첫 번째 노드가 삭제된다. RemoveHead는 해당 노드를 삭제함과 동시에 그 노드의 값을 반환한다.
RemoveTail()	Tail 포인터가 가리키는 노드를 삭제한다. 리스트의 마지막 노드가 삭제된다. RemoveHead와 마찬가지로 해당 노드가 삭제됨과 동시에 그 노드의 값을 반환한다.
RemoveAt(pos)	특정 위치에 있는 노드를 삭제하려 할 때 RemoveAt 함수를 사용한다. 해당 위치 값인 pos를 인수로 함수에 보내야 한다.
RemoveAll()	리스트에 있는 모든 노드를 삭제하려 할 때 RemoveAll 함수를 사용한다. 반환되는 값은 없다.
GetCount()	리스트에 값이 추가되거나 또는 삭제될 때 리스트의 크기는 계속 변한다. 특정 시점에서 리스트에 있는 노드의 수를 알아내려면 GetCount() 함수를 사용하면 된다. 노드 수를 나타내는 정수 값이 함수의 결과 값으로 반환된다.
GetSize()	GetCount()와 같은 기능을 하는 멤버 함수이다. 리스트에 있는 노드의 개수를 반환한다.

9.3.3 스트링 리스트

지금까지 리스트를 설명하는데 사용한 예는 템플릿을 이용하여 정수형 값을 갖는 노드를 모아 리스트로 만든 정수형 리스트였다. 만일 스트링 값을 갖는 노드들로 이루어진 리스트를 만들려면 어떻게 할 것인가? 2가지 방법이 있다. 먼저 이미 정의한 비 템플릿 클래스를 이용하는 방법이다. 스트링 리스트는 자주 사용하는 리스트의 형태이므로 MFC에는 직접 CStringList라는 별도의 클래스를 정의하였다. 이 CStringList 클래스는 위에서 설명한 정수형 값의 리스트와 달리 템플릿을 사용하지 않은 형태이다.

두 번째 방법으로, 템플릿을 이용하여 스트링 리스트를 구성하려면 다음과 같이 CList를 이용한 선언으로 스트링 리스트를 생성할 수 있다:

```
CList<CString, CString&> strList;
```

여기서 〈CString, CString&〉의 첫 번째 파라미터는 리스트의 노드에 저장되는 값의 타입을 지정하는 것이다. 따라서 리스트 노드에는 스트링 타입의 값이 저장될 수 있다. 두 번째 파라미터는 리스트 클래스에서 정의된 멤버함수에서 사용되는 자료의 타입을 지정하는 것이다. 스트링 참조 형으로 지정되어 있으므로 AddTail과 같은 멤버 함수를 호출할 때 인수로 전달되는 값의 타입이 참조 형으로 넘겨져야 한다.

예로,

```
strList.AddTail(CString("서울"));
```

[예제 9-8]의 프로그램은 도시 이름을 모아 리스트로 구성한 예제이다. 객체 생성과 노드의 추가는 이전 예제와 동일한 것을 확인할 수 있을 것이다. 단 int 대신 CString을 사용한다는 점과 CList〈CString, CString&〉에서 두 번째 파라미터는 참조형으로 지정하는 것이 다르다.

>> [예제 9-8]

```
1.  CList<CString, CString&> strList;
2.  POSITION pos;
3.
4.  strList.AddTail(CString("서울"));
5.  strList.AddTail(CString("인천"));
6.  strList.AddTail(CString("안양"));
7.  strList.AddTail(CString("수원"));
8.  strList.AddTail(CString("평택"));
9.
10. pos = strList.GetHeadPosition();
11. while (pos)
12.     cout << strList.GetNext(pos) << ' ';
13. cout << endl;
```

■ 실행결과

비 템플릿 클래스로 스트링 객체를 생성하려면 위의 코드에서 1번 줄의 코드를 아래와 같이 변경하면 된다. 연습으로 같은 출력이 나오도록 프로그램을 수정해 본다.

```
1:    CStringList strList;
```

9.4 맵 클래스

맵 클래스는 프로그래밍에서 자주 사용되는 데이터 관리를 용이하게 해주는 클래스이다. 데이터를 저장하고 이를 검색할 때 그 데이터의 위치를 기억하여, 필요할 때 그것을 쉽게 검출해 낼 수 있다면 얼마나 편리할까? 엑셀 프로그램에서는 데이터를 저장할 때 특정 항목을 검색 목적으로 사용한다. 예로 일련번호를 사용하거나, 학생번호와 같은 일련의 식별번호를 사용하여 자료나 정보를 관리하게 된다. 이들은 데이터를 유일하게 식별하여 접근할 수 있기 때문에 이를 키(key)라고 부른다. 데이터베이스 응용에서는 자료의 저장 및 검색이 용이하도록 다양한 기능을 제공해 주고 있다. 데이터베이스에 저장된 데이터는 키를 통해 손쉽게 접근할 수 있다. 이런 목적을 손쉽게 달성하기 위해 MFC는 맵 클래스를 제공하고 있다.

기본 맵 클래스의 구조는 데이터 값과 그 데이터 값을 유일하게 식별할 수 있는 키 값의 쌍으로 구성되어 있다. 이것은 [그림 9-7]에서 보듯이 키를 통해 값에 접근할 수 있는 구조이다. 배열 클래스나 리스트 클래스 구조와 달리 맵 클래스 데이터 구조는 키를 통해 데이터를 단번에 접근할 수 있는 장점이 있다. 이를 위해서는 내부적으로 키를 분석하여 데이터에 연결하는 과정이 있어야 가능하다. 다행히 이런 과정이 내부에 이미 작성되어 있어 사용자 입장에서는 이런 내부 과정에 상관없이 편리하게 사용할 수 있다.

[그림 9-7]에는 5개의 원소로 이뤄진 맵 클래스 객체가 있다. 각 원소는 2개의 값의 쌍으로 구성되어 있음을 보여주는데, 첫 번째 값은 키 값을 나타내고 있으며 두 번째 값은 데이터 값을 나타내고 있다. 이들이 공간상에 퍼져 있는 상태로 그려져 있는데, 이는 특정 값이 배열 클래스 객체처럼 일련의 공간에 연속적으로 배정되지 않고 공간에 퍼져서 배정되어 있음을 보여준다. 데이터가 메모리에 산재되어 있는 것처럼 그림이 구성되어 있

으나, 내부적으로 키 값을 분석하면 메모리상의 특정 위치가 산출되므로 단일 스텝으로 데이터를 접근할 수 있다.

[예제 9-9]는 [그림 9-7]을 맵 클래스를 이용하여 코드로 표현한 것이다. 먼저 맵 클래스 선언을 살펴보자. 02번 줄에 CMap 클래스 객체가 정의되어 있는데 aMap 클래스 객체는 2개의 값을 갖는 노드로 구성되어 있음을 보여준다.

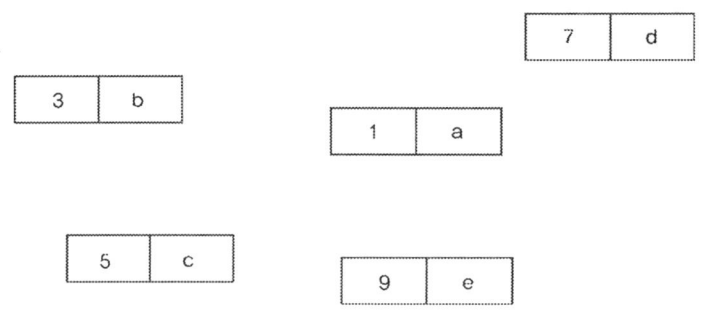

[그림 9-7] 맵 클래스 구조

CMap는 4개의 파라미터에 의해 결정되는 템플릿 클래스이다. 첫 번째 파라미터는 키를 나타내는 타입이다. 두 번째 파라미터는 키를 인수로 사용할 때 이를 참조할수 있는 데이터 타입이고, 세 번째 파라미터는 값의 타입을 지정하는 것이다. 마지막으로 네 번째 파라미터는 데이터 값을 인수로 사용할 때 사용되는 데이터 타입(참조형)이다. 정수형 키 값과 문자형 데이터 값의 쌍으로 맵이 형성된다고 말할 수 있다.

≫ [예제 9-9]

```
1.  char ch;
2.  CMap<int, int, char, char> aMap;
3.
4.  aMap[3] = 'b'
5.  aMap[5] = 'c'
6.  aMap[1] = 'a'
7.  aMap[9] = 'e'
8.  aMap[7] = 'd'
9.
10. if (aMap.Lookup(5, ch))
11.     cout << ch << endl;
```

■ 실행결과

04번에서 08번 줄에 이르기까지의 코드는 키와 그에 해당하는 데이터 값을 쌍으로 맵에 저장하는 부분이다. 대괄호 연산자를 통해 키값을 지정하도록 하였다. 10번 줄은 맵 구조에서 키 값을 제공하여 그 키 값에 해당하는 데이터 값을 반환하는 Lookup 멤버함수를 보여준다. 만일 해당 키가 맵에 존재하면 키에 해당하는 데이터 값은 ch에 배정된다.

만일 키 값이 존재하지 않는 경우, Lookup 함수는 false를 반환한다. 예로 aMap.Lookup (6,ch)는 false를 반환하므로 아무 것도 화면에 출력되지 않는다.

좀 더 복잡한 구조에 대해 맵을 사용해보자. 키 값은 정수 값을 그대로 사용하고 키에 해당하는 데이터 값은 CString 값을 취한다고 가정하자. 각 정수 값을 한글 서수 값으로 변환하는 응용이라고 가정하면 [그림 9-8]과 같이 표현할 수 있고 이에 해당하는 맵 관리 프로그램은 [예제 9-10]에 작성하였다.

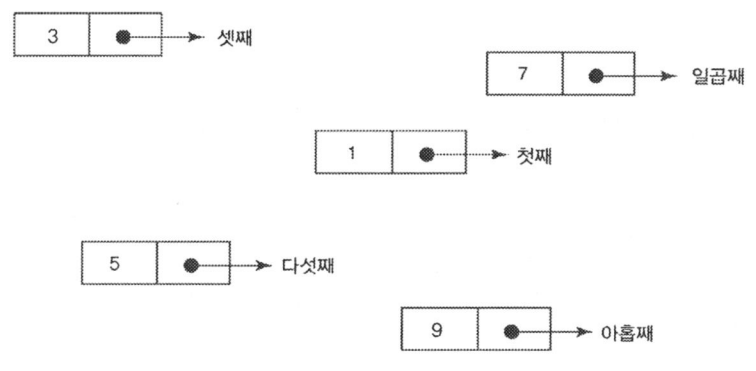

[그림 9-8] 서수를 나타내는 맵 구조

>> [예제 9-10]

```
1.  CString str;
2.  CMap<int, int, CString, CString&> aMap;
3.
4.  aMap[3] = CString("셋째");
```

```
 5.    aMap[5] = CString("다섯째");
 6.    aMap[1] = CString("첫째");
 7.    aMap[9] = CString("아홉째");
 8.    aMap[7] = CString("일곱째");
 9.
10.  if (aMap.Lookup(7, str))
11.      cout << str << endl;
```

02번 줄을 보자.

```
CMap<int, int, CString, CString&> aMap;
```

키 값은 정수 값이고 데이터 값은 CString 값을 연결하는 맵 구조를 갖게 된다.

■ 실행결과

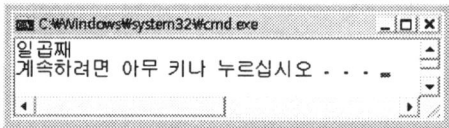

[예제 9-11]에서 보는 것과 같이 위의 예제를 좀 더 변경시켜 보자. 먼저 키 값을 정수 값에서 CString 값으로 변환시켜서 사용할 수 있다. 이를 위해서는 다음과 같이 02번 줄을 수정해야 한다.

```
02:    CMap<LPCTSTR, LPCTSTR, CString, CString&> aMap;
```

LPCTSTR은 일반 문자열을 키 값으로 사용할 때 쓰이는 포인터 타입이다. 04번~08번 줄까지 키 값이 문자열로 정의되어 있음을 알 수 있다. 실행 결과는 위의 예제의 경우와 같다.

[예제 9-11]

```
1.  CString str;
2.  CMap<LPCTSTR, LPCTSTR, CString, CString&> aMap;
```

```
 3.
 4.  aMap["3"] = CString("셋째");
 5.  aMap["5"] = CString("다섯째");
 6.  aMap["1"] = CString("첫째");
 7.  aMap["9"] = CString("아홉째");
 8.  aMap["7"] = CString("일곱째");
 9.
10.  if (aMap.Lookup("7", str))
11.    cout << str << endl;
```

이 예제 프로그램은 비 템플릿 클래스로 정의되어 있는 클래스를 활용할 수 있다. 다음
클래스는 스트링과 스트링을 매핑시키는 클래스이다.

CMapStringToString

이 클래스는 스트링을 키 값으로 취하고 해당되는 데이터 값도 스트링 값을 사용할 때
객체를 생성할 수 있다. [예제 9-12]의 02번 줄을 살펴보면 CMatStringToString 클래스를
사용하여 aMap 객체를 생성하였다. 04번 줄에서 08번 줄까지 맵을 형성하는 코드는 이
전 예제와 동일함을 알 수 있다.

>> [예제 9-12]

```
 1.  CString str;
 2.  CMapStringToString aMap;
 3.
 4.  aMap["3"] = CString("셋째");
 5.  aMap["5"] = CString("다섯째");
 6.  aMap["1"] = CString("첫째");
 7.  aMap["9"] = CString("아홉째");
 8.  aMap["7"] = CString("일곱째");
 9.
10.  if (aMap.Lookup("7", str))
11.    cout << str << endl;
```

프로그램 개발 과정은 문제 분석을 시작으로 알고리즘 설계와 프로그램 구현의 단계로 이어진다. 이러한 과정을 거치면서 단번에 프로그램을 완성하기는 현실적으로 매우 어렵다. 대신, 피드백 단계가 개발 과정 전반에 걸쳐 항상 요구된다. 일련의 개발 과정은 어느 시점에서든지 문제가 발생하면 현재의 단계와 앞선 과정을 수정해야 하고, 이를 위해 앞선 과정의 일부로 회귀하여 수정 후 그 다음 단계들도 그에 대응하여 수정해야 한다. 특히, 알고리즘을 코드화하여 프로그램으로 구현할 때는 세부적으로 여러 가지 문제점이 지속적으로 발생한다. 이를 발견하면 코드를 수정해야 하는 것은 당연하다. 이러한 일련의 수정 과정이 반복되는데 이를 좀 더 편리하고 용이하게 도와주는 방법들이 개발 툴 내에 포함되는 경우가 많다. 비주얼 C++ 스튜디오에서도 프로그램 구현 과정에서 자주 사용되는 디버깅 툴을 제공하여 개발자가 보다 쉽고 빠르게 프로그램을 개발할 수 있는 환경을 제공해 준다. 이 장에서는 프로그램을 작성한 후 변수 값을 확인해 보고 프로그램 코드의 각 부분이 제대로 역할을 수행하고 있는지 추적할 수 있는 방법에 대해 설명하기로 한다.

10.1 샘플 프로그램

프로그램 코드를 추적하고 디버깅하기 위해 샘플 프로그램을 하나 작성한다. 3개의 정수형 수를 입력으로 받아 저장한 후 이들의 평균값과 최댓값을 구한 후 이들을 화면에 출력하는 프로그램이다. 이 프로그램은 3개의 단위 프로그램으로 구성된다. main 함수는 3개의 데이터를 입력받아 평균과 최댓값을 구하는데, 평균과 최댓값을 구하는 과정은 각각 함수로 작성된다. 프로그램은 [예제 10-1]에서 보는 바와 같다. 각 줄에 해당되는 코드에 대한 설명이 아래에 기술된다.

- 01번: 데이터의 수를 나타내는 상수이다.

- 04~05번: 함수 프로토타입 선언으로 20번 줄 이하에서 작성된 코드를 전방에서 선언해주는 전방 선언문이다.

- 07~18번: main 함수로 3개의 데이터를 변수에 입력하고 평균과 최댓값을 구하는 함수를 호출한다.

- 08번: 3개의 데이터 값을 읽어 들일 변수를 선언한다.

- 09번: avg는 평균값을 저장하기 위한 변수이다.

- 11~12번: 3개의 변수에 값을 읽어 들이는 코드이다.

- 14번: 평균값을 구하는 함수를 호출하고 평균값을 avg에 배정한다.

- 15번: 계산된 평균값을 화면에 출력한다.

- 20~28번: 평균값을 계산하는 함수, computeAverage()의 정의이다.

- 21번: 먼저 3수의 합을 저장할 변수를 지정한다: sum. 이 변수 값은 0으로 초기화하는 것이 매우 중요하다. 초기화가 없다면 랜덤한 값으로 시작하여, 잘못된 합을 산출할 가능성이 있다.

≫ [예제 10-1] 샘플 프로그램

```
1.  const int MAX = 3 ;
2.
3.  // 함수 전방 선언
4.  double computeAverage(int a,int b,int c,int nMax);
5.  int getMax( int a, int b, int c, int nMax ) ;
6.
7.  int main() {
8.    int a, b, c ;
9.    double avg;
10.
11.   cout<<"수를 3개 입력하고 엔터를 치세요: "<< endl;
12.   cin >> a >> b >> c;
13.   // 평균 구하는 함수 호출
14.   avg = computeAverage(a, b, c, MAX);
15.   cout << "평균: " << avg << endl ;
16.   cout << "최댓값: "<< getMax(a, b, c, MAX)<<endl;
17.   return 0 ;
18. }
19.
```

```
20.   double computeAverage(int n1,int n2,int n3,int nMax){
21.      double sum = 0.0;
22.
23.      sum += n1;
24.      sum += n2;
25.      sum += n3;
26.      sum /= nMax;
27.      return sum;
28.   } // computeAverage 함수의 끝
29.
30.   int getMax( int n1, int n2, int n3, int nMax){
31.      int nMaxValue = n1 ;
32.
33.      if (n2 > nMaxValue)
34.          nMaxValue = n2;
35.      else if (n3 > nMaxValue)
36.          nMaxValue = n3;
37.      return nMaxValue;
38.   } // gtMax 함수의 끝
```

- 23~25번: 3개의 데이터를 더해 나간다.

- 26번: 합을 데이터의 수로 나누면 평균이 된다.

- 27번: 평균값을 반환하여 결과를 main 함수에 보낸다.

- 30~38번: 3개의 정수 중에서 가장 큰 값을 구하는 함수 정의이다.

- 31번: 먼저 첫 번째 수를 현재까지 확인된 최댓값으로 가정하여 이를 nMaxValue에 저 장한다.

- 33~36번: 나머지 2개의 수에 대해 지금까지의 최댓값인 nMaxValue와 비교하여 큰 값 을 갱신해 나간다.

- 37번: 계산된 최댓값을 main 함수에 반환한다.

이 프로그램을 수행하는 과정은 다음과 같다. 먼저 프로그램을 실행한 직후 나타나는 화 면은 다음과 같다:

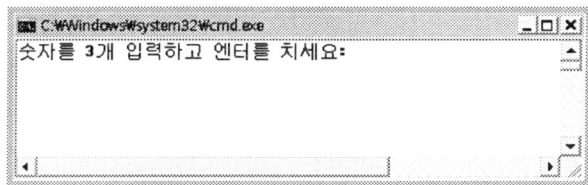

3개의 데이터를 입력해보자. 2 3 4를 입력한다.

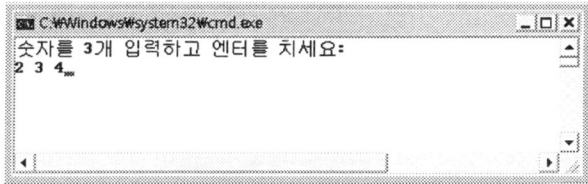

입력을 마치고 엔터키를 치면 결과를 화면에 보여주게 된다:

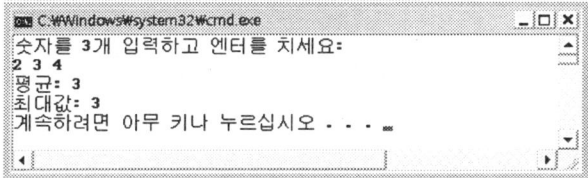

2, 3, 4의 평균은 당연히 3이 된다. 반면 최댓값은 4가 되어야 올바른 결과일 것이다. 그러나 위의 화면에는 3이란 잘못된 결과가 출력되었다. 이와 같이 잘못된 결과가 산출된 이유를 찾고 이를 수정하여 올바른 프로그램으로 완성하는 과정을 살펴보기로 한다.

먼저 오류를 수정하기 전에 평균을 어떻게 구하는지 그 과정을 추적하는 방법에 대하여 실닝하고 그 후에 오류를 수정하는 과정을 설명한다.

10.2 프로그램 추적 방법

프로그램의 코드를 상세하게 추적하여 프로그램 실행과정을 자세히 살펴볼 수 있는 방법이 있다. 일단 프로그램이 컴파일 과정에서 어떤 구문 에러도 발생하지 않았고 링크에 있어서도 어떠한 오류도 없다고 가정한다. 즉, 이곳에서는 구문 에러는 다루지 않고 프로그램의 논리적 오류를 찾는 방법에 대해 논의한다.

프로그램을 실행하여 결과 화면을 보려면 [그림 10-1]에서 보는 바와 같이 메뉴에서 '디버그' >> '디버깅하지 않고 시작(H)' 항목을 클릭하여 결과를 확인할 수 있다. 단축키를 통해 동일한 결과를 볼 수 있는데 이 경우는 'Ctrl + F5'이다.

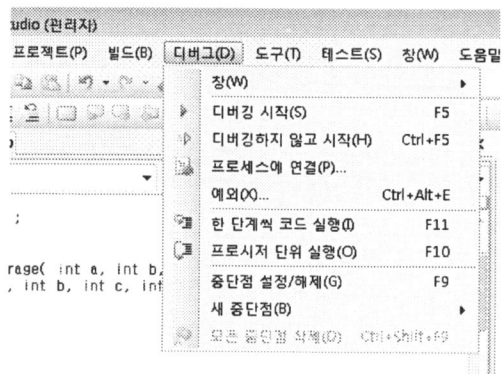

[그림 10-1] 디버그 메뉴

만일 프로그램 실행 과정을 세밀하게 관찰하고자 할 때는 '디버그' >> '디버깅 시작(S)' 메뉴 항목을 선택해야 한다. 이 메뉴 항목의 단축키는 [그림 10-1]에서 보듯이 F5 키를 누르면 같은 결과를 볼 수 있다. 현재 컴파일 링크가 성공적으로 완성된 상태에서 F5키를 눌러 디버깅을 시작하면 일단 프로그램이 디버깅 모드로 실행된다. 이때 아래의 화면이 나타나는데 여기에 3개의 수를 입력하고 나면 순식간에 화면이 없어지면서 원래의 상태로 돌아와 디버깅이 어떻게 되었는지 확인할 방법이 없다.

디버깅이 올바로 진행되기 위해서는 '디버그' 메뉴의 하위 메뉴에서 우리가 필요로 하는 몇 개의 메뉴 항목을 살펴볼 필요가 있다. [그림 10-2]에는 자주 사용하는 메뉴 항목이 표시되어 있으며 〈표 10-1〉에는 그에 대한 설명이 기술되어 있다.

메뉴 항목에서 '중단점 설정/해제' 메뉴 항목은 디버깅 모드에 있을 때 프로그램 실행이 중단되는 지점에 중단점을 설정하거나 해지하는데 사용한다. 중단점을 설정하지 않고 프로그램을 디버그 모드로 실행시켜 어떤 오류가 발생하지 않는다면 결과 화면 없이 디버그가 종료될 수 있다. 만일 특정 위치에 설정된 중단점을 해제하여 실행을 멈추지 않게 하려면 이 메뉴 항목을 다시 선택하여 중단점을 해제할 수 있다.

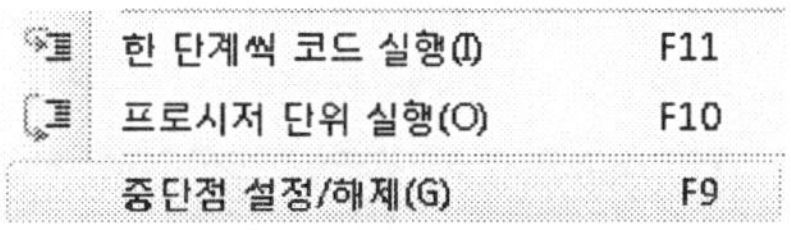

🕮	한 단계씩 코드 실행(I)	F11
🕮	프로시저 단위 실행(O)	F10
	중단점 설정/해제(G)	F9

[그림 10-2] 자주 사용하는 메뉴

〈표 10-1〉 메뉴 항목

메뉴 항목 및 키	설명
한 단계씩 코드 실행(I)　F11	현재의 위치에서 프로그램 코드를 한 줄 씩 실행해 나간다.
프로시저 단위 실행(O)　F10	프로시저 단위로 실행이 진행된다.
중단점 설정/해제(G)　　F9	프로그램의 실행이 멈추는 곳에 중단점을 설정해서 그 주위에서 일어나는 과정과 값을 조사한다.

디버깅 모드에서 코드를 한 단계씩 추적해 나갈 때 필요한 메뉴 항목은 '한 단계씩 코드 실행' 이다. 이 메뉴 항목은 프로그램 코드를 한 줄씩 실행시키면서 그 내부의 과정을 추적하거나 변수의 내용을 파악하고자 할 때 필요한 메뉴 항목이다.

'한 단계씩 코드 실행'과 유사한 것으로 '프로시저 단위 실행' 메뉴 항목이 있다. 이 메뉴 항목도 코드의 단계별 실행을 추적할 때 사용한다. 단, '한 단계씩 코드 실행'과 다른 점은 개발자가 정의한 함수나 내부에서 정의된 내부 프로시저 단위로 디버그가 진행된다는 점이다. 따라서 개발자 레벨에서의 함수 단위로 프로그램을 추적할 경우에는 '프로시저 단위 실행'이 유효할 것이다.

[예제 10-1]을 활용하여 프로그램을 추적해 보자. 먼저 중단점을 하나 설정하여 프로그램 실행을 중단시키려면 그 위치로 커서를 옮겨 놓은 후 메뉴에서 '중단점 설정/해제' 항목을 선택하거나 F9 키를 누르면 된다.

[그림 10-3]에서 보는 바와 같이

```
cout << "수를 3개 입력하고 엔터를 치세요: " << endl;
```

줄에 클릭하여 이 줄이 선택된 상태에서 '디버그' >> '중단점 설정/해제'를 선택한다. 그
러면 해당 줄 좌측에 자주색 공이 화면에 보일 것이다. 이는 중단점을 나타내는 것으로
디버그 모드로 실행되면 프로그램 실행이 이 지점에서 멈추게 된다. [그림 10-4]는 디버
깅이 실행되기 이전의 화면을 캡처한 것이다.

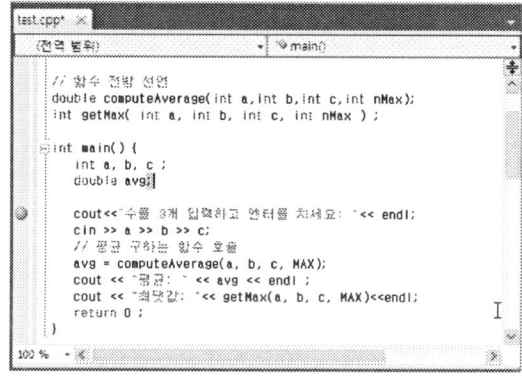

[그림 10-3] 중단점 표시

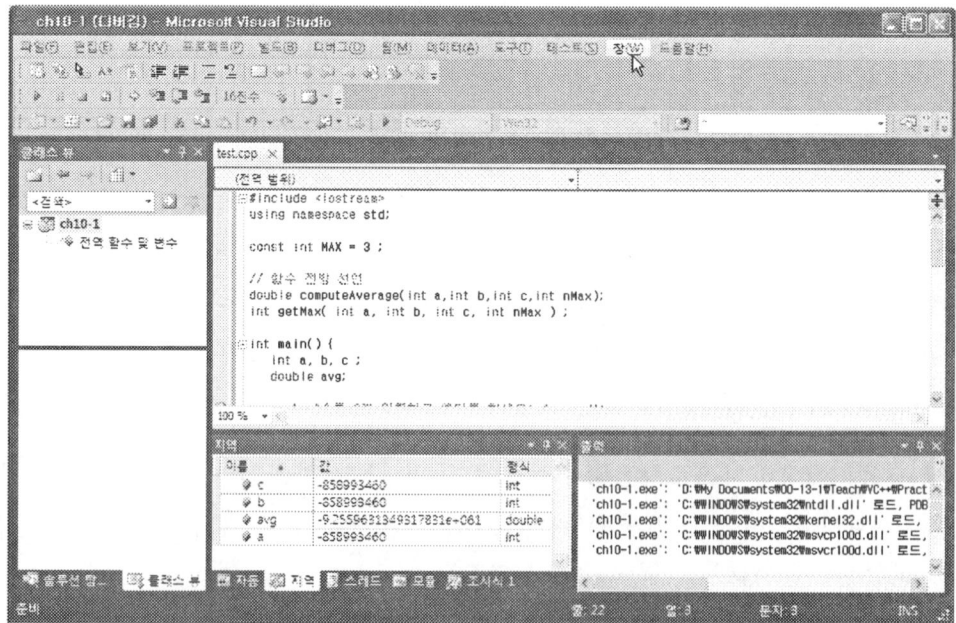

[그림 10-4] 디버깅 시작 전 화면

이 시점에서 [그림 10-5]에서 보듯이 프로그램을 디버깅 모드로 실행해 보자. 디버그 메뉴의 '디버깅 시작' 항목을 선택하면 디버깅 모드로 실행이 시작되고 중단점 위치에서 실행이 멈춘다.

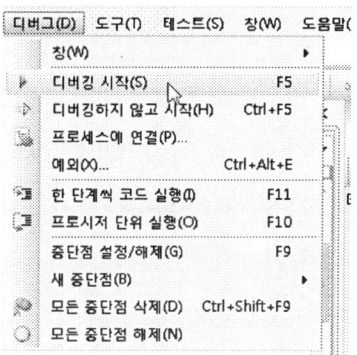

[그림 10-5] 디버깅 시작

프로그램이 디버깅 모드로 실행되고 중단점 위치에서 멈추었을 때 화면은 [그림 10-6]과 같다.

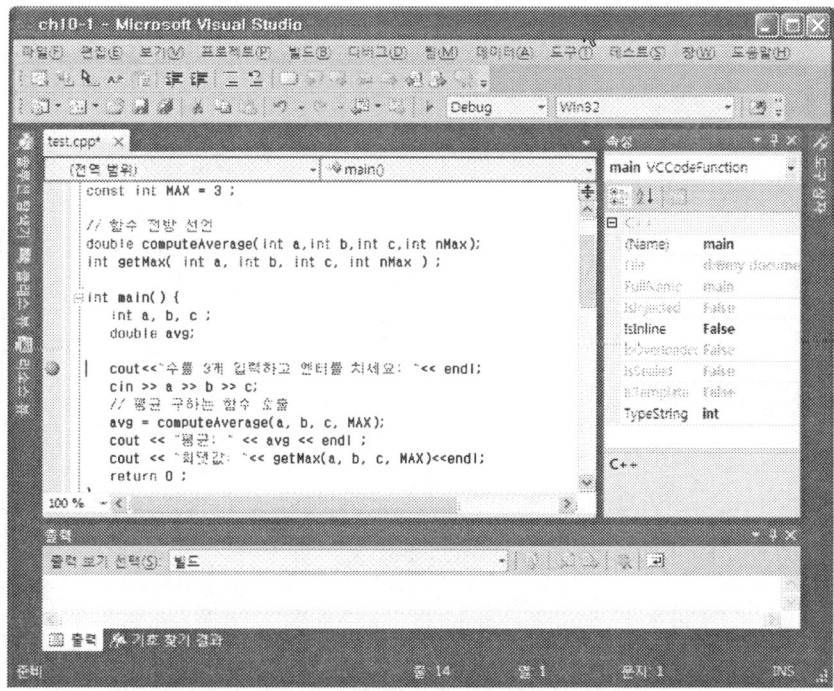

[그림 10-6] 디버깅 시작 후 화면

이 화면에서 우리는 중단점을 나타내는 자주색 공 안에 화살표가 표기되어 있음을 볼 수 있다. 이것은 이 위치에서 실행이 멈추었다는 것을 나타낸다. 그리고 눈여겨봐야 할 것이 여러 가지 있다.

창의 하단에 있는 2개의 부분 창을 눈여겨 볼 필요가 있다. '자동'이라는 창에는 4개의 변수가 나열되어 있음을 확인할 수 있다. 이것은 현재 사용되는 변수에 대한 상세한 내역을 쉽게 확인할 수 있는 영역이다. 변수명 옆에는 값이 표기되어 있으며 형식이 그 옆에 기술되어 있다. 현재 변수에는 특정 값이 배정되어 있지 않으므로 랜덤한 값들이 들어 있다. '자동' 창에는 현재 활성화되어 있는 변수들만 나열되어 그 내용을 보여준다. 지역 변수 전체의 내용을 확인하려면 '자동' 창 하단에 '지역'이란 탭을 사용하면 된다. 이것을 클릭하면 지역 변수에 대한 내용을 확인할 수 있다.

우측에 있는 호출 스택은 프로시저 또는 개발자가 정의한 함수들의 호출 순서를 보여 주는 창이다. 이 창에는 내부에서 사용되는 내부 프로시저나 함수들도 나타나므로 선별해서 호출된 함수를 살펴볼 필요가 있다. 이에 대해서는 함수가 호출되어 실행될 때 좀 더 자세히 알아보기로 한다.

이 시점에서 메뉴의 '디버그' 〉〉 '프로시저 단위 실행'을 선택하여 중단점 위치에 있는 코드를 실행해 보자. 중단점 위치에 있는 cout 문장이 실행될 것이다. 즉 화면에 도스창이 나타나

수를 3개 입력하고 엔터를 치세요:

문장이 나타난 상태에서 멈추게 된다. 다시 '디버그' 〉〉 '프로시저 단위 실행'을 선택하면 다음 문장, 즉,

```
'cin >> a >> b >> c;'
```

가 실행될 것이다. 여기서 2 3 4를 입력하고 엔터키를 쳐보자. 화면은 아직 정지 상태로 남아 있고 실행 줄을 나타내는 노란색 화살표가

```
avg = computeAverage(a,b,c, MAX);
```

줄에 위치하게 된다. [그림 10-7]을 살펴보면 몇 가지 중요한 변화를 파악할 수 있다. 창의 좌측 하단에 있는 '자동' 탭의 내용을 살펴보자. 먼저 a, b, c 변수의 값이 입력한 2, 3, 4 값으로 배정되어 있음을 확인할 수 있다.

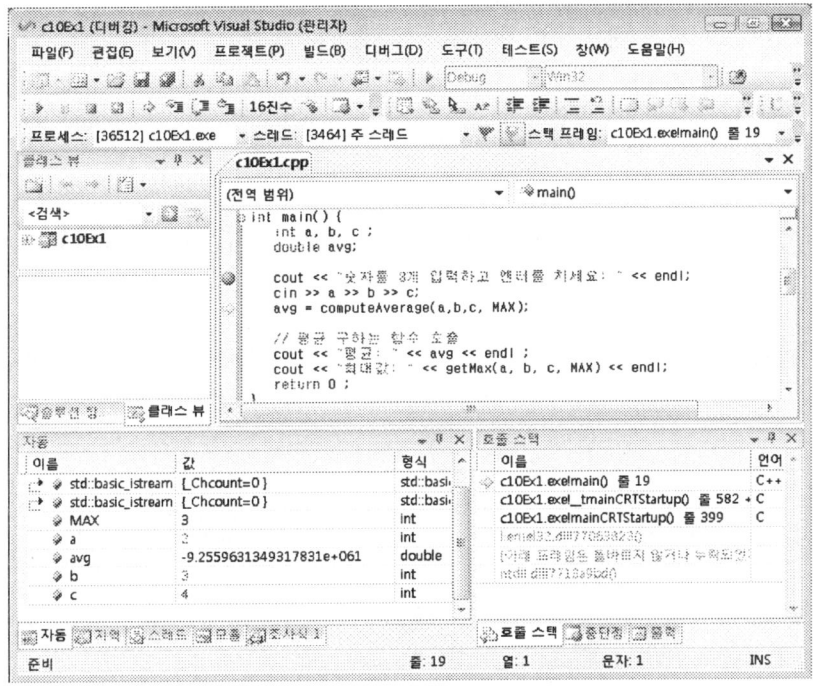

[그림 10-7] computeAverage 함수 실행 직전 화면

이 시점에서 2개의 서브메뉴 항목의 차이점을 확인할 수 있다. 현재의 위치는 a, b, c 값을 입력 받은 후, computeAverage 함수를 호출할 시점에 와 있다. 이때 '디버그' 메뉴 아래에 있는 메뉴 항목 중 '한 단계씩 코드 실행'을 누르면 computeAverage() 함수의 첫 번째 문장으로 위치가 이동한다. 만일, '프로시저 단위 실행'을 누르면 'avg = computeAverage()' 줄 밑에 있는 'cout << "평균: " << avg << endl;' 문장으로 실행 위치가 변경된다. 이 메뉴 항목을 선택하면 프로시저 단위로 실행되기 때문에 이런 결과가 나타나는 것이다.

computeAverage 함수의 코드를 추적하기 위해 '한 단계씩 코드 실행'을 선택하여 누르면 computeAverage 함수로 이동한다. [그림 10-8]에서 보듯이 파라미터가 넘겨져 n1, n2, n3 으로 값이 넘어온 것을 확인할 수 있다. 그리고 아직 sum 변수가 정의되지 않은 상태이므로 '자동' 창에는 나타나 있지 않다. '호출 스택' 창에는 맨 윗줄에 다음과 같은

내용이 기술되어 있다:

```
c10Ex1.exe!computeAverage(int n1=2, int n2=3, int n3=4, int nMax=3) 줄 27
```

그 밑에는 다음과 같은 내용이 이어진다.

```
c10Ex1.exe!main() 줄 19 + 0x13 바이트
```

이 2 줄은 main 함수에서 호출이 발생했음을 나타내고 computeAverage 함수가 현재의 함수임을 의미하는 것이다.

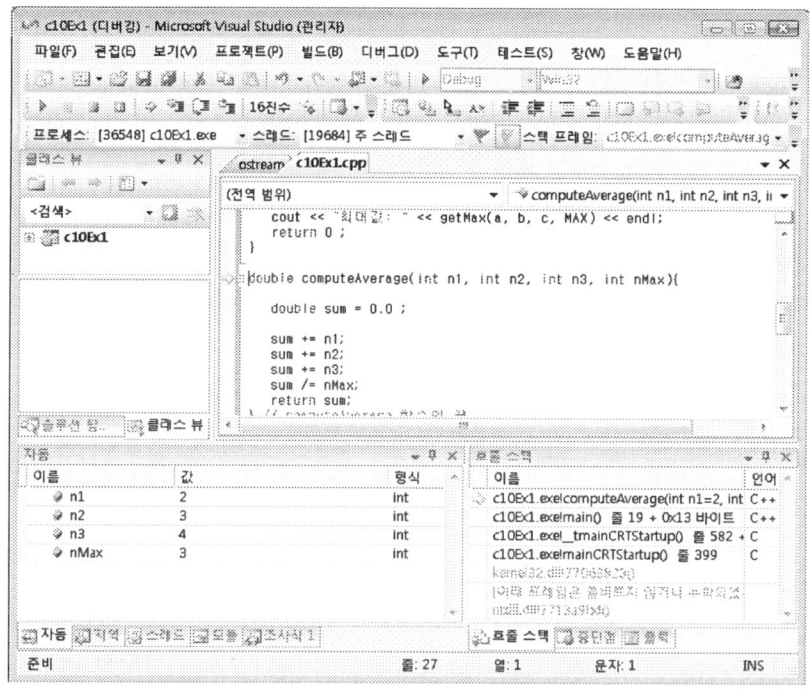

[그림 10-8] computeAverage 함수 실행 시작

여기서 '한 단계씩 코드 실행' 메뉴를 연속해서 누르면서 sum 변수의 값의 변화를 추적해 보자. sum은 0.0으로 초기화 된 후 3개의 변수 값이 연속해서 더해진다. 단 sum은 double 타입의 변수로 2+3+4 = 9.0으로 값이 결정될 것이다. 다음 줄, 'sum /= nMax'를 실행하고 나면 sum 값은 3.0으로 결정될 것이다. 'return sum' 문장에 현재의 실행 위치

가 정해져 있을 때 '디버그' 메뉴를 눌러보자. [그림 10-9]와 같이 문맥에 따라 메뉴가 재구성된 것을 알 수 있다. 여러 가지 메뉴 항목이 추가된 것을 볼 수 있는데, 그 중 '프로시저 나가기' 항목은 현재의 프로시저의 실행을 완료한 후 호출한 위치로 돌아가라는 의미이다. 이렇게 선택하면 호출한 위치로 나가 avg에 값을 배정하므로 avg는 3이란 값으로 배정된다.

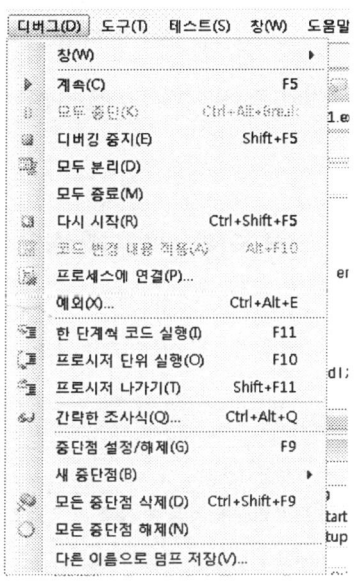

[그림 10-9] 디버깅 후 메뉴항목

'계속' 메뉴 항목을 선택하면 디버깅 모드 상태에서 실행이 지속된다. 다음 중단점이 있을 경우 실행은 중단점에서 중지될 것이다. 중단점이 없을 경우 프로그램은 디버깅 모드로 종료 지점까지 실행이 계속된다. 더 이상의 디버깅이 불필요하거나 더 이상 디버깅이 불가능할 경우, '디버깅 중지' 항목을 선택할 수 있다. 디버깅을 새롭게 시작할 필요가 있을 때는 '다시 시작' 메뉴 항목을 선택하여 디버깅을 새롭게 시작할 수 있다.

'모두 종료' 메뉴는 디버깅을 종료하는 목적으로 사용된다. '간략한 조사식' 메뉴는 함수 내에서 접근 가능한 변수들을 이용하여 필요한 계산을 가능하게 하는 목적으로 사용된다. 함수내의 지역 변수나 전역 변수를 이용하여 조사식을 구성할 수 있다. 조사식에 대한 결과는 자동으로 계산되어 화면에 표시된다. 조사식은 '자동' 창 내에 탭으로 존재하고 있다.

'새 중단점'은 새롭게 중단점을 설정할 때 사용된다. '중단점 설정/해제' 메뉴와 달리 특정 함수에 이르거나 특정 데이터가 위치한 메모리 위치에 도달 할 때 중단하는 중단점이다.

모든 중단점은 한 번에 삭제될 수도 있고 해제될 수도 있다. '모든 중단점 삭제' 메뉴와 '모든 중단점 해제' 메뉴를 이용하면 된다. 단, 삭제는 모든 중단점을 영구히 삭제하는 경우에 사용되며 해제는 일시적으로 해제하여 중단점의 역할을 잠시 해제시키는데 사용된다. 모든 중단점을 삭제하는 경우와 달리 '모든 중단점 해제'는 추후에 모든 중단점을 동시에 복원시킬 수 있다. '모든 중단점 삭제'는 복원이 불가능하므로 필요한 위치에 새롭게 중단점을 추가해야 한다. 이와 같은 디버깅 메뉴 항목에 대한 설명이 〈표 10-2〉에 요약되어 있다.

〈표 10-2〉 디버깅 메뉴항목

메뉴 항목	설명
계속	현재 위치에서 디버깅 모드로 실행이 계속된다. 다음 중단점을 만날 때까지 실행이 중단된다.
디버깅 중지	디버깅을 중단시킨다.
모두 종료	디버깅을 모두 종료 시킨다.
다시 시작	현재의 디버깅 프로세스를 종료 시킨 후 새로운 디버깅을 시작한다.
프로시저 나가기	현재 위치에서 해당 함수의 끝까지 디버깅 모드로 실행을 완료한 후 그 함수를 호출한 위치로 되돌아 간다.
간략한 조사식	함수내에서 필요한 계산을 수행한다. 조사식은 함수내의 지역 변수나 전역 변수를 이용하여 구성할 수 있다. 조사식에 대한 결과는 자동으로 계산되어 화면에 표시된다.
새 중단점	새롭게 중단점을 추가할 때 사용된다.
모든 중단점 삭제	모든 중단점을 영구히 삭제할 경우에 사용된다.
모든 중단점 해제	모든 중단점을 일시적으로 해제하는 경우에 사용된다. 만일 추후에 다시 모든 중단점을 복원할 수 있다.

10.3 프로그램 디버깅

10.2절에서는 프로그램을 추적하는 방법에 대해 자세히 살펴보았다. 이 절에서는 프로그램의 오류를 디버깅 과정을 통해 알아보고 오류를 수정하는 과정에 대해 자세히 배울 것이다. [예제 10-1]의 프로그램이 실행된 후 결과를 보면 평균은 올바른 결과를 산출하여 화면에 출력하였다. 그러나 최댓값을 구하는 부분에서는 오류가 감지되었다. 2, 3, 4 를 입력할 때 최댓값은 당연히 4일 것이다. 프로그램을 살펴보더라도 이상이 없어 보일 수도 있지만 분명 결과를 통해 프로그램에는 오류가 있다는 것이 명백하다. 그 오류를 디버깅을 통해서 살펴보기로 하자.

getMax 함수에서 올바른 결과를 산출하지 못하였으므로 getMax 부분을 집중적으로 조사해야 할 것이다. getMax 함수 시작점에 '중단점 설정/해제'를 설정할 수 있을 것이다. 계속 디버깅이 진행 중이었다면 '새 중단점' 메뉴를 이용하여 중단점을 getMax 함수 시작점에 설정할 수 있다.

3개의 수 중 최댓값을 구하는 getMax 함수는 첫 번째 수를 최댓값으로 설정한 후 두 번째, 세 번째 수를 계속 비교해 나가면서 최댓값을 찾아 가는 방법이다. getMax 함수를 [예제 10-2]에 제시하였다.

[예제 10-2]

```
1.  int getMax( int n1, int n2, int n3, int nMax){
2.      int nMaxValue = n1 ;
3.
4.      if (n2 > nMaxValue)
5.          nMaxValue - n2;
6.      else if (n3 > nMaxValue)
7.          nMaxValue = n3;
8.      return nMaxValue;
9.  } // gtMax 함수의 끝
```

01번 줄에서는 3개의 데이터 값을 n1, n2, n3에 배정받아서 getMax로 넘긴다. nMax 파라미터에는 3이란 값이 넘어오는 것을 알 수 있다. 지역 변수로 nMaxValue 변수 값은 n1 값, 즉, 2 로 초기화 되었다.

4번 줄에서는 두 번째 수가 현재의 최댓값보다 크면 그 값을 최댓값 변수로 활용되는
nMaxValue에 배정한다. 그렇지 않은 경우에는 6번 줄에서 보듯이 n3가 현재의 최댓값
을 포함하고 있는 nMaxValue 보다 크면 n3를 최댓값으로 저장한다는 방식으로 코드가
구성되어 있다. 프로그램 오류가 어디서 발생하였는지 확인하기 위해 프로그램을 디버
깅해보자.

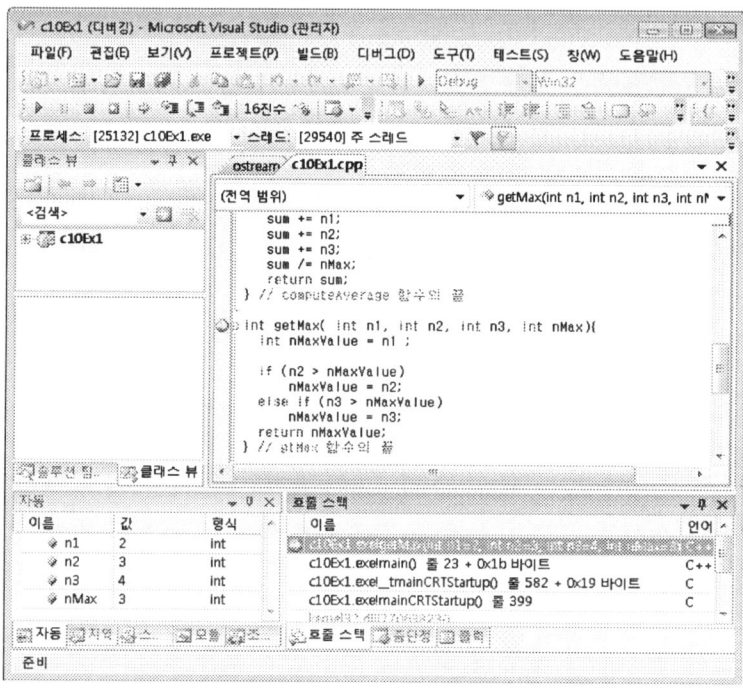

[그림 10-10] getMax 디버깅 시작 화면

[그림 10-10]을 보면 getMax 함수 헤더에 중단점이 표기되어 있고 디버깅 모드의 실행이
헤더에 멈춰져 있는 것을 확인할 수 있다. '자동' 창을 보면 4개의 파라미터 값이 정상적
으로 저장되어 있음을 확인할 수 있다. '디버그' 〉〉 '한 단계씩 코드 실행' 메뉴를 두 번 연
속해서 실행하면 if 문장의 줄로 실행 위치가 이동된다. 현재 위치를 나타내는 화면이 [그
림 10-11]에 제시되어 있다. 현재의 nMaxValue는 n1 값, 2로 배정되어 있다. n2는 3이므
로 nMaxValue 보다 크므로 해당 조건을 만족하여 if 문장 밑에 코드 'nMaxValue = n2'
가 실행된다. 즉 nMaxValue는 3이 되어 현재까지는 이상없이 잘 수행되고 있음을 확인
할 수 있다.

'디버그' >> '한 단계씩 코드 실행'을 실행하면 현재의 위치를 나타내는 화살표는 어디로 이동해 갈까? 원래의 의도로는 그 다음 줄인 'else if (n3 > nMaxValue)'로 이동하여 n3 값을 비교하여 n3이 최대인지 체크해야 할 것이었다. 그러나 실제로는 그것을 지나쳐서 'return nMaxValue' 문장으로 이동해온 것을 확인할 수 있다. 이때, nMaxValue 값을 '자동' 창에서 확인해 보라. 값은 3으로 고정되어 있음을 확인할 수 있다. 과연 무엇이 문제인가?

```
c10Ex1.cpp                                         ▼ ✕
(전역 범위)                    ▼  🔧 getMax(int n1, int n2, int n3, int nM ▼
        sum += n1;
        sum += n2;
        sum += n3;
        sum /= nMax;
        return sum;
    } // computeAverage 함수의 끝

 ⊙ int getMax( int n1, int n2, int n3, int nMax){
        int nMaxValue = n1 ;

        if (n2 > nMaxValue)
            nMaxValue = n2;
        else if (n3 > nMaxValue)
            nMaxValue = n3;
        return nMaxValue;
    } // gtMax 함수의 끝
```

[그림 10-11] 디버깅 위치

문제는 첫 번째 조건인 (n2 > nMaxValue)가 만족되면 두 번째 조건인 (n3 > nMaxValue)는 만족될 수 없다는 것이다. 그런데 우리는 n3에 대해서도 반드시 최댓값 여부를 확인해야 하므로 이 경우에는 if 문장을 독립적으로 두 번 기술해야 오류가 수정될 것이다. 수정된 코드는 [예제 10-3]과 같다.

>> [예제 10-3] 수정된 코드

```
1.  int getMax( int n1, int n2, int n3, int nMax){
2.      int nMaxValue = n1 ;
3.
4.      if (n2 > nMaxValue)
5.          nMaxValue = n2;
6.      if (n3 > nMaxValue)
7.          nMaxValue = n3;
8.      return nMaxValue;
9.  } // gtMax 함수의 끝
```

6번 줄에서 'else'를 제거하면 문제가 쉽게 해결한다. 이렇게 수정한 후 다시 디버깅을 시작하여 if 문의 조건을 체크하는지 확인해 보기 바란다. 실행 결과는 올바른 결과를 제공할 것이다.

10.4 단축키를 이용한 디버깅

지금까지 디버깅을 실행하는 과정에서 메뉴를 눌러 해당 항목을 선택하는 메뉴 이용법에 대해 설명하였다. 그러나 디버깅 실행 과정에서 단축키를 이용하면 좀 더 빠르게 디버깅을 수행할 수 있다. 〈표 10-3〉은 디버깅 시작 시점에서 사용할 수 있는 메뉴들의 단축키를 보여준다.

〈표 10-3〉 디버깅 단축키

디버깅 기능	단축키
디버깅 시작	F5
디버깅하지 않고 시작	Ctrl + F5
한 단계씩 코드 실행	F11
프로시저 단위 실행	F10
중단점 설정/해제	F9
모든 중단점 삭제	Ctrl + Shift + F9

〈표 10-4〉는 디버깅이 진행 중일 때 사용할 수 있는 메뉴 항목에 대한 단축키 리스트이다.

〈표 10-4〉 디버깅 진행 중 단축키

디버깅 기능	단축키
계속	F5
디버깅 중지	Shift + F5
다시 시작	Ctrl + Shift + F5
프로시저 나가기	Shift + F11
간략한 조사식	Ctrl + Alt + Q

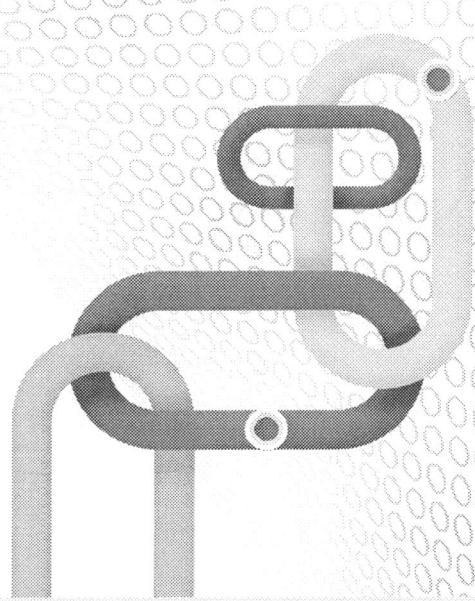

CHAPTER 11

연산자 오버로딩

11.1 연산자 오버로딩의 의미

11.1.1 개념

연산자 오버로딩(operator overloading)은 클래스들 간의 연산이 가능하도록 연산자들의 실행을 다시 정의해 주는 것이다. 연산자가 오버로딩되면 연산자가 갖는 본래의 의미는 없어지고 사용자가 정의한 새로운 의미를 갖는 연산자가 된다. 동일한 함수에 대해서 다른 실행이 가능하도록 한다는 측면에서 함수 오버로딩과 유사하다고 할 수 있다. 그러므로 연산자 오버로딩을 위해서는 연산자 함수를 선언하고 정의해야 한다. 연산자 오버로딩 함수는 클래스 멤버 함수의 형태와 프렌드 연산자 오버로딩 함수의 형태가 있다.

클래스 멤버로서의 연산자 오버로딩 함수를 사용하기 위해서는 클래스 내에서 아래와 같이 형식을 선언해야 한다.

```
반환데이터형 operator#(매개변수);
```

위에 사용한 # 부분에 오버로딩하려는 연산자를 쓰면 된다. 그리고 매개변수의 종류와 개수는 연산자의 종류에 따라서 달라진다. 이렇게 선언된 연산자 오버로딩 함수는 아래와 같은 형식으로 그 실행 내용을 정의한다.

```
반환데이터형 클래스이름::operator#(매개변수) {
// 실행내용 작성
}
```

대부분의 연산자는 오버로딩이 가능하지만, . *, ::, ?, # 등은 연산자 오버로딩을 정의해서 사용할 수 없다. 그리고 '=' 연산자 이외의 오버로딩 가능한 연산자 함수는 파생 클래스에 상속되어 파생클래스에서 사용할 수 있다. 또한 파생클래스는 기본 클래스에서 오버로딩 작성된 연산자를 포함하여 자신에 관련된 연산자도 오버로딩이 가능하다.

연산자 오버로딩에서 주의해야 할 사항이 있다. 그것은 연산자의 우선순위는 변경될 수 없으며, 연산자를 취하는 피연산자의 수도 변경될 수 없다는 것이다. 또한 연산자 함수는 디폴트 인수를 가질 수 없다.

11.2 이항 연산자의 오버로딩

사칙 연산자인 덧셈, 뺄셈, 곱셈, 나눗셈에 대한 연산자 오버로딩은 피 연산자 두 개를 연산한 후에 그 결과 값을 반환하게 된다. 멤버 연산자 함수를 사용한 사칙 연산 오버로딩에서 연산자 함수를 호출하는 객체가 왼쪽의 피 연산자이고 함수의 매개변수로 전달받은 객체는 오른쪽 피 연산자가 된다. 그리고 계산된 결과 값은 함수의 반환 값을 통해 전달된다.

11.2.1 덧셈 연산자 오버로딩

클래스 A의 객체 a1, a2, a3 가 있을 때 덧셈 연산자 오버로딩이란 a3 = a1 + a2와 같은 실행이 가능하도록 오버로딩하는 것이다.

다음은 클래스 객체에 대한 덧셈이 실행되도록 덧셈 연산자를 오버로딩하여 작성한 예제 프로그램이다.

>> [예제 11-1] ch11_2_1.cpp

```
1.  #include <iostream>
2.  using namespace std;
3.  class sample {
4.      int mx, my;
5.  public:
6.      sample() {
7.          mx = 0;
8.          my = 0;
9.      }
10.     sample(int x, int y) {
11.         mx = x;
12.         my = y;
13.     }
14.
15.     sample operator+(sample mc);
16.
17.     int getX() {  return mx;  }
```

```
18.       int getY() {   return my;   }
19.   };
20.
21.   sample sample::operator +(sample mc) {
22.       sample ob;
23.       ob.mx = mx + mc.mx;
24.       ob.my = my + mc.my;
25.       return ob;
26.   }
27.
28.   int main() {
29.       sample mc1(10, 20), mc2(30, 40), mc3, mc4;
30.
31.       mc3 = mc1 + mc2;
32.       cout << "mc1 + mc2 ==> x : " << mc3.getX()
33.            << "   y : " << mc3.getY() << endl;
34.
35.       mc4 = mc1 + mc2 + mc3;
36.       cout << "mc1 + mc2 + mc3 ==> x : "
37.            << mc4.getX() << "   y : "
38.            << mc4.getY() << endl;
39.
40.       return 0;
41.   }
```

■ 실행결과

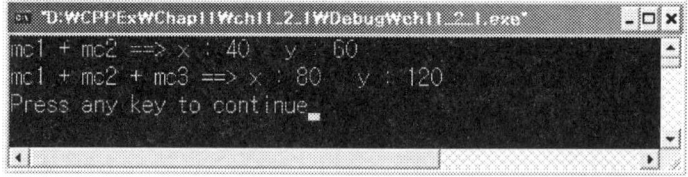

15번 줄은 덧셈 연산자(+)가 클래스의 객체에 대한 연산으로 실행될 수 있도록 하기 위해 연산자에 대한 오버로딩 함수를 선언한 것이다. 이 함수의 자세한 실행 내용에 대한 정의는 23번 ~ 26번 줄에 기술되었다. 여기서 매개변수로 전달받은 객체 mc의 멤버 변수들과 덧셈 연산자를 호출한 객체의 멤버 변수들을 더한 후에 그 결과 값을 저장한 객체를 반환하고 있다. 이렇게 하면 두 객체의 덧셈이 실행되고 더한 결과 값을 얻게 된다.

```
mc3 = mc1 + mc2;
```

위에서 mc1은 덧셈 연산자 함수인 operator +를 호출하고 mc2는 호출된 함수의 매개변수로 전달된다. 호출된 덧셈 연산자 함수를 실행하고 반환된 객체는 mc3에 전달된다. 이렇게 함으로써 객체사이의 덧셈을 실행할 수 있게 된다.

```
mc4 = mc1 + mc2 + mc3;
```

위는 객체를 3개 이상 더하는 식이다. 이것을 실행하면 mc1, mc2, mc3 객체의 멤버변수들을 더하고 그 결과 값이 객체 mc4에 치환된다. 사칙연산에서 나머지 연산자들인 뺄셈, 곱셈, 나눗셈들도 덧셈과 동일한 형식을 사용해서 오버로딩하고 사용하면 된다.

덧셈 연산자 오버로딩에서는 클래스와 상수간의 연산도 가능하다. 이를 위해서는 덧셈 연산자 함수의 매개변수를 클래스의 멤버와 같은 데이터 형으로 선언하면 된다. 아래 예제를 통해 확인해 보자.

>> [예제 11-2] ch11_2_2.cpp

```
1.  class sample {
2.      int mx, my;
3.  public:
4.      sample() {
5.          mx = 0;
6.          my = 0;
7.      }
8.      sample(int x, int y) {
9.          mx = x;
10.         my = y;
11.     }
12.     sample operator+(int c);
13.
14.     int getX() {  return mx;  }
```

```
15.      int getY() {  return my;  }
16. };
17.
18. sample sample::operator +(int c) {
19.      sample ob;
20.      ob.mx = mx + c;
21.      ob.my = my + c;
22.      return ob;
23. }
24.
25. int main() {
26.      sample mc1(10, 20), mc2(30, 40), mc3, mc4;
27.
28.      mc3 = mc1 + 5;
29.      cout << "mc1 + 5 ==> x : " << mc3.getX()
30.          << "   y : " << mc3.getY() << endl;
31.
32.      mc4 = mc2 + 10 + 5;
33.      cout << "mc2 + 10 + 5 ==> x : " << mc4.getX()
34.          << "   y : " << mc4.getY() << endl;
35.      return 0;
36. }
```

■ 실행결과

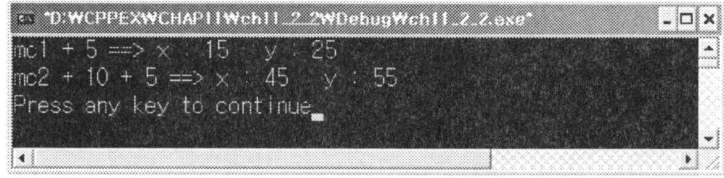

12번 줄에서 연산자 오버로딩 함수를 선언할 때 매개변수로 정수형 변수를 사용한 것을
볼 수 있다. 그리고 이러한 형식의 덧셈 연산자는

```
mc3 = mc1 + 5;
```

위와 같이 사용하면 mc1에 있는 멤버와 5를 더한 값을 객체 mc3의 멤버에 할당하는 실행으로 정의할 수 있다.

```
mc4 = mc2 + 10 + 5
```

위와 같이 사용하면 mc2에 있는 멤버변수와 5, 10이 더해져서 mc4의 멤버 변수에 할당하는 실행이 된다.

11.3 단항 연산자의 오버로딩

부호를 나타내는 +, -와 증감연산자 ++, -- 등의 단항 연산자에 대한 오버로딩 함수의 경우에는 함수를 호출하는 객체가 바로 하나의 피연산자가 된다.

11.3.1 증감 연산자 오버로딩

증가(++), 감소(--) 연산자는 피 연산자의 왼쪽에 사용하는 전위 증가와 오른쪽에 사용하는 후위 증가의 형태 모두에 사용할 수 있고 그 위치에 따라서 실행 내용이 다르다는 것을 주의해서 오버로딩 함수를 작성해야 한다. 그리고 증감연산자의 오버로딩에서 함수를 호출한 객체의 멤버 변수 값만을 증가 시키는 경우에는 함수값의 반환이 불필요하므로 void를 반환 값으로 사용한다. 그러나 증가된 멤버 변수 값을 객체에 대입하려면, 즉 a = ++b와 같은 실행이 가능하도록 하려면 증가시킨 객체를 반환할 수 있도록 반환형을 클래스로 설정해야 한다.

11.3.2 전위 증가 연산자

[예제 11-3]은 반환 데이터는 없고 전위 증가 연산자에 대한 예제 프로그램이다.

>> [예제 11-3] ch11_3_1.cpp

```cpp
1.  #include <iostream>
2.  using namespace std;
3.  class sample {
4.      int mx, my;
5.  public:
6.      sample() {
7.          mx = 0;   my = 0;
8.      }
9.      sample(int x, int y) {
10.         mx = x;   my = y;
11.     }
12.     void operator++();
13.     int getX() {  return mx;  }
14.     int getY() {  return my;  }
15. };
16. void sample::operator ++() {
17.     ++mx;   ++my;
18. }
19. int main() {
20.     sample sm1(10, 20);
21.     ++sm1;
22.     cout << "sm1++ ==>  x : " << sm1.getX()
23.         << "   y : " << sm1.getY() << endl;
24.     return 0;
25. }
```

■ 실행결과

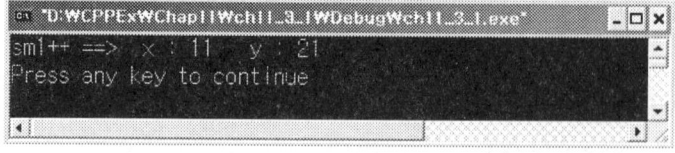

12번 줄은 증가연산자 ++에 대한 오버로딩 함수이다. 이것은 이 증가 연산자 함수를 호출한 객체의 멤버 변수 값을 증가시키고 실행을 완료한다. 16번 ~ 18번 줄에 증가연산자의 실행에 대해 정의하고 있다. 이 함수는 증가 연산자의 사용에서 연산자가 피연산자의 전위에 놓여 실행되도록 오버로딩된 것이다. 22번 줄에서 오버로딩된 증가 연산자를 사용하고 있다. 이렇게 하면 객체 sm1의 멤버변수 x와 y의 값이 1씩 증가하여 출력된다.

이 예제에서 작성된 증가연산자 오버로딩 함수는 다음과 같은 형식으로는 사용할 수 없다.

```
Sample sm1(10, 20), sm2;
sm2 = ++sm1;
```

여기서 오버로딩된 증가 연산자 함수는 반환 값을 가지고 있지 않기 때문에 증가연산자 함수를 호출한 sm1의 결과 값을 sm2에 대입하는 것은 실행될 수 없게 된다. 이 문제를 해결하기 위해서는 증가 연산자 오버로딩 함수 작성 시에 증가된 객체를 반환하도록 클래스의 반환형을 추가하여 작성하면 된다.

[예제 11-4]는 증가된 값을 객체에 반환하는 증가 연산자에 대한 예제이다.

≫》 [예제 11-4] ch11_3_2.cpp

```
1.  #include <iostream>
2.  using namespace std;
3.  class sample {
4.      int mx, my;
5.  public:
6.      sample() {
7.          mx = 0;
8.          my = 0;
9.      }
10.     sample(int x, int y) {
11.         mx = x;
12.         my = y;
13.     }
14.     sample operator++();
15.
16.     int getX() {  return mx;  }
17.     int getY() {  return my;  }
18. };
19. sample sample::operator ++() {
20.     ++mx;
```

```
21.        ++my;
22.        return *this;
23. }
24. int main() {
25.        sample sm1(10, 20), sm2;
26.
27.        sm2 = ++sm1;
28.        cout << "sm1 ⟹ x : " << sm1.getX()
29.            << " y : " << sm1.getY() << endl;
30.
31.        cout << "sm2 ⟹ x : " << sm1.getX()
32.            << " y : " << sm1.getY() << endl;
33.
34.        return 0;
35. }
```

■ 실행결과

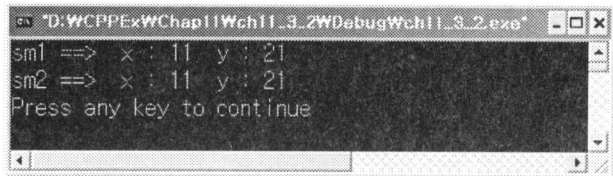

14번 줄을 보면 증가 연산자 오버로딩 함수의 반환형으로 클래스 sample을 사용하고 있다. 그리고 19번 ~ 23번 줄을 보면 객체의 멤버변수 값을 증가시키고 *this를 반환하고 있다. 이것은 연산자를 호출한 객체 자신을 반환하는 것이다. 이렇게 함으로써 27번 줄에서 sm1의 멤버 값이 증가되고 나서 객체 sm2에 객체 sm1의 증가된 값을 대입하는 실행을 하게 된다. 그러므로 실행결과를 보면 sm2의 멤버변수도 sm1의 멤버 변수와 같은 값을 가지고 있는 것을 볼 수 있다.

11.3.3 후위 증가 연산자

증가 연산자를 후위 증가 연산자로 사용할 때에는 오버로딩 함수의 매개변수로 0이라는 int 값이 전달되므로 int 변수를 매개변수로 사용해서 작성하면 된다.

[예제 11-5]는 후위 증가 연산자에 대한 예제 프로그램이다. 이 예제는 후위 증가 연산을 실행한 후에 객체 대입을 할 수 있도록 작성한 것이다.

>> [예제 11-5] ch11_3_3.cpp

```cpp
1.  #include <iostream>
2.  using namespace std;
3.  class sample {
4.      int mx, my;
5.  public:
6.      sample() {
7.          mx = 0;   my = 0;
8.      }
9.      sample(int x, int y) {
10.         mx = x;   my = y;
11.     }
12.     int getX() {  return mx;  }
13.     int getY() {  return my;  }
14.     sample operator++(int a);
15. };
16. sample sample::operator ++(int a) {
17.     mx++;
18.     my++;
19.     return *this;
20. }
21. int main() {
22.     sample sm1(10, 20), sm2;
23.
24.     sm2 = sm1++;
25.
26.     cout << "sm1 => x : " << sm1.getX()
27.         << " y : " << sm1.getY() << endl;
28.
29.     cout << "sm2 => x : " << sm2.getX()
30.         << " y : " << sm2.getY() << endl;
31.     return 0;
32. }
```

■ 실행결과

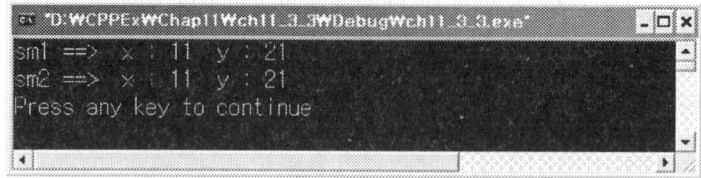

14번 줄에서는 증가연산자 오버로딩 함수 선언에서 매개변수로 정수형 변수를 사용하고 있다. 이렇게 함으로써 후위 증가 연산이 실행될 수 있는 것이다. 그리고 클래스 sample 을 반환하게 함으로써 24번 줄과 같이 sm1 객체를 증가시킨 후 객체 sm2에 대입하는 것 이 가능하게 되어서 실행결과를 보면 sm1과 sm2의 멤버변수 값이 같은 것을 볼 수 있다.

11.4 관계와 논리 연산자의 오버로딩

관계연산자와 논리연산자가 객체에 대해 본래의 의미대로 실행되도록 연산자 오버로딩 함수를 작성한다면, 그 실행 결과는 참 또는 거짓의 값을 갖게 된다. 그러므로 오버로딩 함수의 반환 값은 참, 거짓 값을 나타낼 수 있는 정수형을 사용하게 된다. 그리고 관계 연산자와 논리 연산자 오버로딩 함수는 함수를 호출한 객체와 매개변수로 전달된 객체 사이의 관계나 논리 연산을 수행하게 된다.

[예제 11-6]은 !=와 && 연산자 오버로딩 함수에 대한 예제이다.

>> [예제 11-6] ch11_4_1.cpp

```
1.  #include <iostream>
2.  using namespace std;
3.  class sample {
4.      int mx, my;
5.  public:
6.      sample() {
7.          mx = 0;
8.          my = 0;
```

```
9.        }
10.       sample(int x, int y) {
11.            mx = x;
12.            my = y;
13.       }
14.       int getX() {  return mx;  }
15.       int getY() {  return my;  }
16.       int operator!=(sample sm);
17.       int operator&&(sample sm);
18.  };
19.  int sample::operator !=(sample sm) {
20.       if((sm.mx != mx) || (sm.my != my))
21.            return 1;
22.       else
23.            return 0;
24.  }
25.  int sample::operator &&(sample sm) {
26.       if ((sm.mx && mx) && (sm.my && my) )
27.            return 1;
28.       else
29.            return 0;
30.  }
31.  int main() {
32.       sample sm1(10, 0), sm2(10, 0);
33.
34.       if(sm1 != sm2)
35.            cout << "sm1과 sm2는 다르다 \n";
36.       else
37.            cout << "sm1과 sm2는 같다 \n";
38.
39.       if(sm1 && sm2)
40.            cout << "sm1 && sm2는 TRUE 이다 \n";
41.       else
42.            cout << "sm1 && sm2는 FALSE 이다 \n";
43.       return 0;
44.  }
```

■ 실행결과

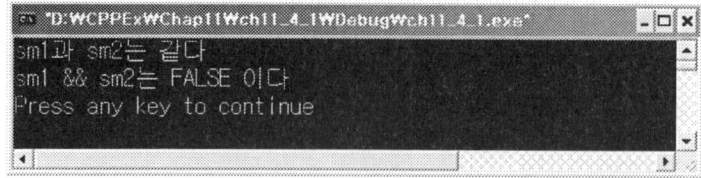

16번 줄에서는 관계 연산자 !=의 오버로딩을 선언하고 17번 줄에서는 연산자 && 의 오
버로딩을 선언했다. 각 연산자 함수에 대한 정의는 19번~24번 줄과 25번~ 30번 줄에
기술되었다. 먼저 관계 연산자 != 는 호출한 객체의 멤버 변수와 매개변수로 전달 받은
객체의 멤버 변수를 비교하여 같은 가를 확인하고 그 결과 값을 정수 데이터 형으로 반
환하고 있다. 그리고 논리연산자 &&는 객체의 멤버변수 들에 대한 && 연산을 실행하고
그 결과를 역시 정수형 데이터로 반환하고 있다.

11.5 대입 연산자의 오버로딩

대입 연산자는 클래스의 치환에 대한 연산을 오버로딩하는 것이다. 이것은 [예제 11-7]을
통해서 살펴보도록 한다.

>> [예제 11-7] ch11_5_1.cpp

```
1.  #include <iostream>
2.  using namespace std;
3.  class sample {
4.      int mx, my;
5.  public:
6.      sample() {
7.          mx = 0;   my = 0;
8.      }
9.      sample(int x, int y) {
10.         mx = x;   my = y;
11.     }
12.     int getX() {  return mx;  }
```

```
13.      int getY() {  return my;  }
14.      sample operator=(sample sm);
15. };
16. sample sample::operator =(sample sm) {
17.        mx = sm.mx;
18.        my = sm.my;
19.        return *this;
20. }
21. int main() {
22.      sample sm1, sm2(10, 20), sm3;
23.
24.      cout << "sm2 = sm1 ==> \n";
25.      sm1 = sm2;
26.      cout << "sm1 ==> x : " << sm1.getX()
27.            << "   y : " << sm1.getY() << endl;
28.      cout << "sm2 ==> x : " << sm2.getX()
29.            << "   y : " << sm2.getY() << endl;
30.
31.      cout << "\n sm3 = sm2 = sm1 ==> \n";
32.      sm3 = sm2 = sm1;
33.
34.      cout << "sm1 ==> x : " << sm1.getX()
35.            << "   y : " << sm1.getY() << endl;
36.      cout << "sm2 ==> x : " << sm2.getX()
37.            << "   y : " << sm2.getY() << endl;
38.      cout << "sm3 ==> x : " << sm3.getX()
39.            << "   y : " << sm3.getY() << endl;
40.      return 0;
41. }
```

■ 실행결과

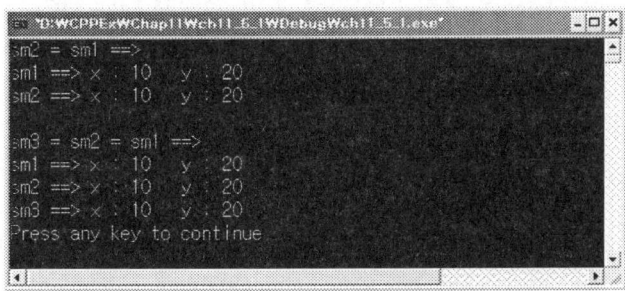

16번 줄은 대입연산자(=)에 대한 오버로딩 함수를 선언하고, 16번~20번 줄은 그 실행 내용에 대해서 정의하고 있다. sm1 = sm2에서 대입 연산자 함수를 호출하는 것은 sm1 이고 sm2는 이 함수의 매개변수로 전달된다. 그래서 sm1의 각 멤버 변수에 sm2의 각 멤버 변수 값이 할당된다. 그리고 함수의 마지막에서 대입 연산자 함수를 호출한 객체 *this를 반환하고 있다. 이렇게 하면 32번 줄과 같은 실행이 가능해 진다.

[예제 11-7]에서 대입연산자 오버로딩 함수의 형태를 아래와 같이 바꾸고 예제를 다시 실행해 보자.

```
void operator=(sample sm) {
    mx = sm.mx;
    my = sm.my;
}
```

32번 줄의 sm3 = sm2 = sm1; 에서 오류가 발생한다. 이러한 형식이 실행 가능하도록 하려면 대입연산자 오버로딩 함수의 반환형을 [예제 11-7]에서 작성한 것처럼 클래스로 사용해야 한다. 그렇지 않으면 16번 줄에서처럼 객체의 대입이 한번만 가능하게 된다.

11.6 프렌드 연산자 함수의 사용

프렌드 연산자 함수는 클래스의 멤버 함수를 사용하는 것이 아니라 클래스의 프렌드 함수를 사용하여 연산자 오버로딩을 작성하는 것이다. 이 형태의 연산자 오버로딩은 연산자를 호출하는 객체가 있는 것이 아니므로 함수의 매개변수는 연산에 필요한 피연산자의 개수만큼 있어야 한다. 또한 증감 연산자의 경우 매개변수로 전달받은 객체 자신이 증가해야 하는 것이므로 참조 매개변수를 사용해야 한다.

11.6.1 이항 연산자의 오버로딩

이항 연산자를 프렌드 함수 형태로 오버로딩하는 경우에 프렌드 함수는 어떤 클래스의 멤버함수가 아니므로 객체를 통해 연산자를 호출하지 않는다. 이것은 연산에 필요한 피연산자 하나를 객체를 통해서 전달받지 못한다는 의미이다. 그러므로 피연산자를 매개변수를 통해서 전달해야 한다. 덧셈 연산자를 프렌드 함수를 통해서 오버로딩 할 경우에는 덧셈 연산에 필요한 객체 두 개를 매개변수를 통해 전달하고 그 결과 값을 저장하여 반환하게 된다. 그러므로 반환 값도 클래스 형을 사용해야 한다.

[예제 11-8]은 덧셈 연산자를 프렌드 함수로 오버로딩하여 작성한 예제 프로그램이다.

>> [예제 11-8] ch11_6_1.cpp

```
10.  #include <iostream.h>
11.  class sample {
12.      int mx, my;
13.  public:
14.      sample() {
15.              mx = 0;   my = 0;
16.      }
17.      sample(int x, int y) {
18.              mx = x;   my = y;
19.      }
20.      int getX() {  return mx;  }
21.      int getY() {  return my;  }
22.      friend sample operator+(sample sm1, sample sm2);
23.  };
24.  sample operator+(sample sm1, sample sm2) {
25.      sample sm;
26.      sm.mx = sm1.mx + sm2.mx;
27.      sm.my = sm1.my + sm2.my;
28.      return sm;
29.  }
30.  int main() {
31.      sample sm, sm1(10, 20), sm2(30, 40);
32.
33.      sm = sm1 + sm2;
```

```
34.      cout << "sm ==>  x : " << sm.getX()
35.           << "   y : " << sm.getY() << endl;
36.      return 0;
37. }
```

13번 줄에서는 덧셈 이항연산자 +에 대해서 연산자 오버로딩 함수를 선언하고 있는데, 클래스의 멤버 함수가 아닌 프렌드 함수로 선언되어 있다. 15번~20번 줄의 덧셈 연산자에 대한 정의 내용을 보면 매개변수로 전달 받은 객체의 멤버변수들을 더한 후에 새로운 객체에 대입하고 그 객체를 반환하고 있다. 이것은 멤버함수가 아니므로 + 연산자를 어느 한 객체가 호출하여 사용하지 않는다. 24번 줄에서 덧셈 연산자가 실행되는 방식은 덧셈 연산자 함수가 호출되고 덧셈을 중심으로 양쪽의 객체가 각각의 매개변수로 전달되어 두 객체에 대한 연산을 실행하고 있다. 이렇게 계산된 결과가 객체 sm에 반환된다.

■ 실행결과

11.6.2 단항 연산자의 오버로딩

단항 연산자 중에서 증감 연산자를 프렌드 함수로 오버로딩하는 경우에는 증감시키려는 객체를 매개변수로 전달받게 된다. 그리고 전달받은 객체는 다른 객체의 값을 변경시키는 것이 아니라 자기 자신에 대한 증감을 수행하고 그 결과를 가져와야 하는 것이므로 참조형을 사용해야 한다. 또한 증감 결과를 다른 객체에 치환하기 위해서는 반환형을 클래스로 작성해야 한다. 증감연산자는 전위 증감과 후위 증감에 따라 실행 결과에 차이가 있다. 전위 증감의 경우에는 매개변수로 증감을 실행하려는 객체를 전달받는 것으로 실행할 수 있다. 그러나 후위 증감의 경우에는 전위 증감과 구별하기 위해서 정수형 매개변수를 추가하여 사용하게 된다.

[예제 11-9]는 증가 연산자를 프렌드 함수로 오버로딩하여 작성한 예제 프로그램이다.

>> [예제 11-9] ch11_6_2.cpp

```cpp
1.  #include <iostream.h>
2.  class sample {
3.      int mx, my;
4.  public:
5.      sample() {
6.          mx = 0;   my = 0;
7.      }
8.      sample(int x, int y) {
9.          mx = x;   my = y;
10.     }
11.     int getX() {  return mx;  }
12.     int getY() {  return my;  }
13.     friend sample operator++(sample &sm);
14.     friend sample operator++(sample &sm, int n);
15. };
16. sample operator++(sample &sm) {
17.     ++sm.mx;   ++sm.my;
18.     return sm;
19. }
20. sample operator++(sample &sm, int n) {
21.     sm.mx++;   sm.my++;
22.     return sm;
23. }
24. int main() {
25.     sample sm1, sm2(10, 20), sm3(30, 40);
26.     sm1 = ++sm2;
27.     cout << "선위 증가 연산자 사용 sm1 ==> x : "
28.         << sm1.getX() << "   y : "
29.         << sm1.getY() << endl;
30.
31.     sm1 = sm3++;
32.     cout << "후위 증가 연산자 사용 sm1 ==> x : "
33.         << sm1.getX() << "   y : "
34.         << sm1.getY() << endl;
35.     return 0;
36. }
```

■ 실행결과

```
"D:\CPPEx\Chap11\ch11_6_2\Debug\ch11_6_2.exe"                    _ □ ×
전위 증가 연산자 사용  sm1 ==> x : 11   y : 21
후위 증가 연산자 사용  sm1 ==> x : 31   y : 41
Press any key to continue
```

이 예제는 증가 연산자 함수를 전위와 후위의 두 형태로 오버로딩하여 선언하고 정의하였다. 그리고 오버로딩 연산자 함수의 실행 결과 값을 반환하도록 작성함으로써 27번 줄이나 32번 줄과 같이 객체의 멤버변수를 증가시키고 자기 자신을 다른 객체에 대입하는 실행이 가능하도록 하였다.

11.7 입출력 연산자의 오버로딩

지금까지 입출력 작업을 위해 사용했던 헤더파일 〈iostream〉에는 istream과 ostream 클래스가 구현되어 있으며 cout과 cin이라는 객체도 선언되어 있다. 그동안 cout과 cin을 사용한 입출력에서는 문자열이나 변수를 하나씩 지정해서 실행했어야 하였다. 여기서는 클래스의 객체를 직접 cin과 cout에 사용할 수 있도록 입출력 연산자를 오버로딩 해보자.

11.7.1 출력 연산자의 오버로딩

먼저, cout의 오버로딩은 아래와 같은 기본 형식을 갖는다.

```
ostream &operator << (ostream &stream, class_name ob) {
    // 내용 작성
    return stream;
}
```

위의 형식에서 매개변수로 전달받은 클래스의 객체 ob의 각 멤버들에 대한 내용을 cout을 사용해서 출력하도록 내용을 작성하면 된다. 실제 사용에서는 ob1과 ob2가 객체라고 할 때, cout << ob1 << ob2; 와 같이 작성하면 된다. 또한 출력 연산자는 어느 한 클래스의 멤버로서 작성되지 않고 friend 함수로 오버로딩 된다. 위와 같이 객체 ob1을 직접 사용하여 출력하려면 객체 ob1의 클래스에서 출력 연산자가 friend 함수로 선언되어 있어야 한다.

[예제 11-10]은 출력 연산자의 오버로딩을 사용한 예제 프로그램이다.

>> [예제 11-10] ch11_7_1.cpp

```
1.  class sample {
2.      int mx, my;
3.  public:
4.      sample() {
5.          mx = 0;    my = 0;
6.      }
7.      sample(int x, int y) {
8.      mx = x;    my = y;
9.      }
10.     friend ostream &operator<<(ostream &stream, sample sm);
11. };
12. ostream &operator<<(ostream &stream, sample sm) {
13.     cout << "mx : " << sm.mx << endl;
14.     cout << "my : " << sm.my << endl;
15.     return stream;
16. }
17. int main() {
18.     sample sm1(10, 20);
19.     cout << sm1;
20.     return 0;
21. }
```

■ 실행결과

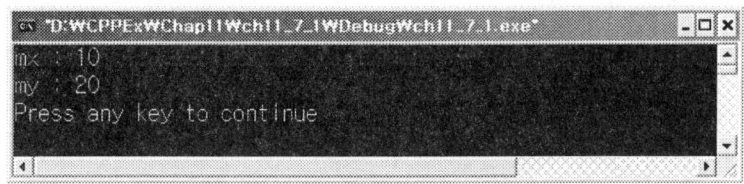

10번 줄에서 출력 연산자 <<를 프렌드 함수로 오버로딩 하였다. 그리고 12번~16번 줄에서는 오버로딩된 출력 연산자의 실행 내용을 정의하고 있다. 여기서는 매개변수로 전달받은 객체 sm의 멤버변수들 값을 출력하도록 작성하였다. 이렇게 출력연산자를 오버로딩하면 19번 줄에서처럼 객체에 직접 출력 연산자를 사용하는 것이 가능하다. 실행결과를 보면 객체 sm의 멤버변수 값들이 출력된 것을 볼 수 있다.

11.7.2 입력 연산자의 오버로딩

입력 연산자 cin을 오버로딩하는 형식은 아래와 같다.

```
istream &operator>>(istream &stream, class_name &ob) {
    // 내용 작성
    return stream;
}
```

입력 연산자도 클래스의 멤버함수가 아닌 프렌드 함수로 오버로딩하여 사용하게 된다. 이렇게 작성된 입력 연산자는 변수가 아닌 객체를 직접 입력 연산자와 함께 사용할 수 있게 된다. 객체 ob1이 있다면 cin >> ob1; 과 같이 사용하여 객체의 멤버변수들에 값을 입력받을 수 있도록 오버로딩하여 사용할 수 있게 된다.

[예제 11-11]은 입력 연산자의 오버로딩을 사용한 예제 프로그램이다.

>> [예제 11-11] ch11_7_2.cpp

```
1.  class sample {
2.      int mx, my;
3.  public:
4.      sample() {
5.      mx = 0;
6.      my = 0;
7.      }
8.      sample(int x, int y) {
9.      mx = x;
10.     my = y;
```

```
11.      }
12.      friend ostream &operator<<(ostream &stream,sample sm);
13.      friend istream &operator>>(istream &stream,sample &sm);
14.  };
15.  ostream &operator<<(ostream &stream, sample sm) {
16.      cout << "mx : " << sm.mx << endl;
17.      cout << "my : " << sm.my << endl;
18.      return stream;
19.  }
20.  istream &operator>>(istream &stream, sample &sm)  {
21.      cout << "mx값 ? ";
22.      cin >> sm.mx;
23.      cout << "my값 ? ";
24.      cin >> sm.my;
25.      return stream;
26.  }
27.  int main() {
28.      sample sm1;
29.      cin >> sm1;
30.      cout << sm1;
31.      return 0;
32.  }
```

■ 실행결과

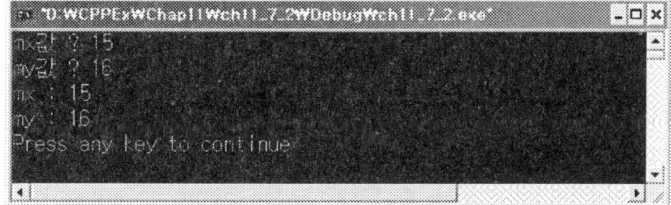

13번 줄은 입력연산자 >>를 오버로딩한 것이다. 이것은 매개변수로 전달받은 클래스 Sample의 객체 sm을 사용하여 입력하는 것을 가능하게 한다. 20번~26번 줄에는 입력 연산자 >> 의 실행 내용을 정의하고 있다. 이것은 매개변수로 전달받은 객체 sm의 멤버 들에 대한 입력을 실행하도록 작성되었다. 그러므로 29번 줄에서처럼 cin >> sm1 과 같 이 직접 객체를 사용해서 입력을 실행할 수 있게 된다.

CHAPTER **12**

재귀반복

프로그래밍에서는 for 문이나 while 문과 같은 반복을 위한 제어문이 자주 사용됨을 확인할 수 있다. 반복의 개념이 재귀적으로 적용되어 프로그램 코드의 일부가 반복되는 기법을 재귀반복(Recursion)이라 부른다. for 문에서는 일정 부분의 코드가 얼마나 반복될지 반복횟수를 지정하여 실행을 제어한다. while 문은 반복 조건을 제시하여 반복될 코드 내에서 조건을 변경하여 실행을 제어한다. 이와 달리 재귀 반복은 자기가 자신의 코드를 반복적으로 호출하는 실행이다. 많은 문제는 for 문이나 while 문과 같은 순수 반복문으로 해결될 수 있다. 그러나 특정 부류의 문제에 있어서는 재귀반복을 사용하여 프로그램이 간략해 질 수 있고 문제 해결 모형을 그대로 구현한 프로그램으로 해결이 가능하다. 일반적으로 재귀반복을 통한 문제 해결법은 그 해결 방법 내부의 과정을 이해해야하는 수고가 필요한 고급 수준의 프로그램 작성법으로 알려져 있다.

12.1 재귀반복 소개

재귀반복의 쉬운 예로 팩토리얼 계산을 자주 사용한다. 양의 정수 n 팩토리얼의 정의는 다음과 같다:

n ! = 1부터 n까지의 모든 양의 정수의 곱.   n x (n-1) x (n-2) x ... 2 x 1

예로 5!은 5 x 4 x 3 x 2 x 1 = 120 이다.

여기서 재귀반복의 핵심이 되는 알고리즘을 고려해보자. 5!을 구하기 위해 이 문제를 좀 더 분해하여 문제를 해석하면 다음과 같이 바꾸어 표현할 수 있다.

5! = 5 x 4!

5!을 분해한 문제는 5 x 4!, 즉, 팩토리얼 대상인 5와 5에서 1을 뺀 4!의 곱으로 표현하는데, 여기서 우리는 5 팩토리얼 문제를 해결하기 위해서 4!을 계산하는 과정이 필요함을 알 수 있다. 다시 말해서 5!을 구하기 위해서는 4!을 구한 후 이를 5와 곱하여 결과를 산

출할 수 있을 것이다. 이러한 형태로 문제를 계속 확장해 가면 4!은 4 x 3!로 된다. 4!을 구하기 위해 이제는 3!의 값이 필요한 것이다.

이렇게 진행해 간다면 문제가 하나 제기된다. 과연 이런 재귀반복은 언제까지 지속되어야 하는 가의 문제이다. 언젠가는 종료되어야 하는데 이를 위해서는 문제해결이 점진적으로 종료조건을 만족하도록 진행되어야 함을 알 수 있다. 실제 수학적인 n! 계산에 있어서, n x (n-1) x ... 마지막 숫자는 1로 끝남을 알 수 있다. 즉, n 이하의 모든 양의 정수 값들의 곱이 이뤄져야 하므로 n!을 구하는 과정은 1!까지만 재귀적으로 호출할 수 있다. 따라서 재귀호출의 종료는 1!에 이르게 되면 그 값이 1로 계산되어 재귀호출이 종료된다. 보통의 경우 1! 또는 0!은 모두 1로 정의되어 있으므로 이를 검사하는 종료조건을 제시하면 재귀반복은 결국 종료하게 된다.

[그림 12-1]은 5!의 계산을 재귀반복을 이용하여 구하는 과정을 단계별로 표현한 그림이다. 점선은 호출단계를 표시하고 실선은 값을 산출하여 반환하는 단계를 표현하는 선이다.

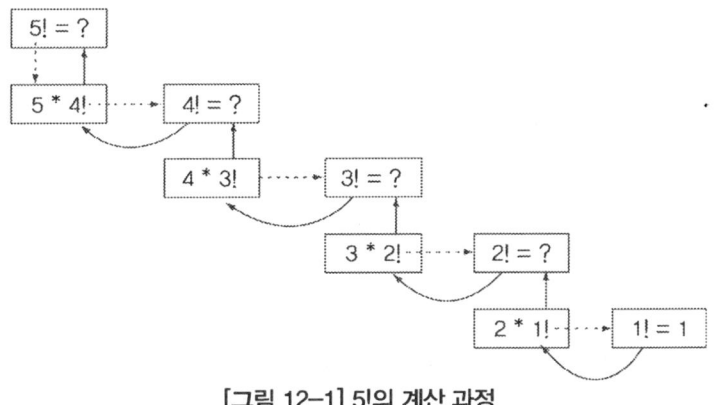

[그림 12-1] 5!의 계산 과정

5! 호출은 5 x 4!로 분해되어 4!을 호출한다. 4! 값을 구하기 위해 4!은 4 x 3!로 분해되어 3!을 다시 호출하고 같은 방식으로 1!을 호출하는 과정에 이른다. 그림의 맨 마지막 박스를 호출하는 과정을 살펴보자. 1!을 호출한 단계이며 이는 1로 정의되어 있으므로 1 을 결과 값으로 반환하게 된다. 반환하는 위치는 실선으로 표시한다. 1!의 1 값이 2 x 1!의 1! 위치에 반환되므로 최하단 왼쪽에서 2번째 박스는 2를 반환하게 된다. 이에 따라 2!=? 박스의 ? 위치에 2 값이 반환되고 이는 다시 3 x 2!의 2! 위치에 2가 반환되므로 3 x 2! = 6이 값으로 결정된다. 이는 다시 3!=?의 ? 위치에 6 값이 정해지고 4 x 3!의 3! 위치에 6이 반

환된다. 결과적으로 맨 마지막 상단 박스에 있는 5!=?의 ? 위치에는 120 값이 결정된다.

5!을 구하는 프로그램을 작성해보자. 코드는 [예제 12-1]에 기술되어 있다. 먼저 팩토리얼을 계산하는 함수를 정의한다. 이름은 factorial로 정하고 파라미터로 정수형 변수인 n을 동반한다. 아래 프로그램의 01번 줄 코드가 바로 함수 헤더를 정의한 부분이다. 팩토리얼은 정수 곱을 계산해서 반환해야 하므로 반환 타입을 int로 명시하였다. 02번과 03번 줄 코드는 종료 조건을 제시한 것이다. 이미 위에서 설명한 대로 팩토리얼이 1씩 감소하면서 재귀반복 코드를 호출하는데 이때 종료 조건으로 n 값이 1에 이르거나 또는 n 값이 0으로 주어질 때 1을 반환하도록 코드를 작성한 것이다. 만일 종료 조건에 이르지 못하였다면 앞에서 표시한 그림처럼 n x factorial(n-1)을 반환하도록 코드가 05번 줄에 작성되어 있다. 05번 줄 코드는 위 그림처럼 1이 줄어든 값을 파라미터로 포함하여 factorial을 호출한 부분을 잘 설명하고 있다.

≫ [예제 12-1] 5! 계산 프로그램

```
1.  int factorial(int n) {
2.      if (n==0 || n==1)
3.      return 1;
4.      else
5.      return n * factorial(n-1);
6.  }
7.
8.  void main()  {
9.      cout << "5! = "
10.     cout << factorial(5) << endl;
11. }
```

main 함수 10번 줄 코드에서 factorial(5)를 호출하였다. 호출된 함수는 앞의 그림에서와 같이 120 값을 반환하여 다음과 같은 결과를 출력한다.

■ 실행결과

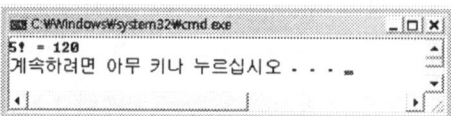

팩토리얼 계산은 for 문을 이용하여 같은 결과를 산출해 낼 수 있다. 5!을 구하는 과정을 for 문으로 작성한 코드는 [예제 12-2]와 같다.

>> [예제 12-2] for 문을 이용한 팩토리얼 계산 코드

```
1.  int factorial(int n) {
2.      int i, result;
3.      result = 1;
4.      for (i=n; i>0; i--)
5.      result = result * i;
6.      return result;
7.  }
8.
9.  void main()  {
10.     cout << "5! = ";
11.     cout << factorial(5) << endl;
12. }
```

코드를 따라 살펴보면 같은 결과를 산출해 내는 것을 확인할 수 있을 것이다. 단 주의할 점은 result에 결과 값을 저장한 후 이를 반환해야 하므로 03번 줄에서 보듯이 result를 먼저 1로 배정해야만 곱을 구할 때 정확한 값을 계산해 낼 수 있다. 05번 줄은 1 x n을 구한 후, 그 결과에 계속 (n-1) x (n-2) x .... x 2 x 1 로 값을 계산하여 result에 저장하게 된다.

for 문 대신 while 문을 사용한 팩토리얼 계산 코드가 [예제 12-3]에 기술되어 있다. for 문과 마찬가지로 result에 1을 배정한 후 result에 n을 곱한 후 계속 n 값에서 1씩 차감하면서 곱해 나가 1일 때까지 곱을 계산한다.

>> [예제 12-3] while 문을 이용한 팩토리얼 계산 코드

```
1.  int factorial(int n) {
2.      int i, result;
3.      result = 1;
4.      while (n > 0)
5.      result = result * n--;
6.      return result;
7.  }
```

```
  8.
  9.  void main()  {
 10.      cout << "5! = "
 11.      cout << factorial(5) << endl;
 12.  }
```

[예제 12-1]의 프로그램에서 보듯이 재귀함수는 3가지 중요한 특징을 갖는다.

첫째, 재귀함수는 반드시 종료 조건을 가지고 있어야 한다. 점진적으로 종료 조건에 수렴해 가다가 종료시에는 재귀함수의 결과 값이 호출한 곳으로 반환된다. 반환된 값은 다시 호출한 재귀함수에서 처리되어 값을 산출하고 재귀함수의 값으로 반환하게 된다. 호출이 재귀적으로 이루어진 것 같이 호출에 대한 복귀도 재귀적으로 이루어짐을 확인할 수 있다. 팩토리얼 예제에서 재귀함수가 다시 호출되지 않고 값을 반환하는 종료 조건은 n 값이 0 또는 1일 때이다.

둘째, 함수 호출은 함수의 복제를 호출한다. 함수는 프로그램에서 오직 하나만 존재 한다. 코드가 하나만 존재한다는 의미이다. 자기 자신을 호출하는 재귀함수 호출을 함수를 복제한 후 그것을 호출하는 것으로 본다면 재귀함수를 보다 명확히 이해할 수 있다. 내부적으로 일어나는 일을 상세히 설명하는 것은 이 교재의 범위를 벗어나므로 자세한 설명은 제한한다.

재귀함수를 비롯한 함수 호출은 내부적으로 스택을 사용한다. 함수에 관련된 상세 내용 및 정보는 스택에 저장한다. 함수가 호출될 때마다 함수에 관한 상세 내용이 스택에 저장된다. 반대로 함수의 실행이 완료되면 내부 스택에서 함수에 대한 것이 반출되어 스택의 가장 상단에는 그 함수를 호출한 함수의 내용이 남아 있게 되어 현재의 함수로 지정된다. 10장 디버깅 과정에서 호출 함수에 대한 내용을 담고 있는 하단의 창을 연상하기를 바란다.

셋째, 재귀함수 호출에 넘겨지는 파라미터는 함수 내에서 종료 조건에 이르도록 조정되어야 한다. 팩토리얼 예제에서 파라미터 값인 n은 점진적으로 감소하여 종료조건에 도달하게 된다.

12.2 랩퍼 함수

보통의 경우 팩토리얼 값을 구할 때 팩토리얼의 대상이 되는 정수 값은 양수로 한정된다. 이를 가정하여 팩토리얼 값을 계산하기 위해 팩토리얼 함수를 호출할 때 양수 값을 파라미터로 제공하게 된다. 만일 파라미터 값이 실수나 음수 값으로 제공된다면 어떻게 될까? 앞에서 언급한 가정이 위배되는 상황이다.

팩토리얼 함수 코드를 보면 파라미터는 1씩 감소하면서 재귀 호출이 이어진다. 파라미터 값이 줄어들면서 0 또는 1로 접근해야 하는데 파라미터가 음수인 경우에는 0 값에서 점점 멀어지게 된다. 따라서 무한 반복 호출이 일어나게 되어 프로그램은 종료하지 못하는 경우가 발생한다. 또 다른 경우는 파라미터 값이 소수 값을 포함한 실수의 경우이다. 예로 5.3!의 경우처럼 파라미터 값이 실수가 되면 1씩 줄어들더라도 0 또는 1에 이를 수 없다. 이 경우도 무한 반복 호출이 이루어질 것이다.

이를 해결하려면 어떤 방법이 있을까? 먼저 가장 원시적인 방법은 프로그램이 실행된 후 결과적으로 시스템이 처리할 수 없는 에러 상태에 이르러 에러 메시지를 화면에 표시하는 것을 생각할 수 있다. 이 경우는 재귀함수 호출이 계속 반복되어 내부 스택이 가득 차 더 이상 진행할 수 없는 상황에 이르는 경우가 되겠다. 이 방법은 시스템 자원이 불필요하게 사용되고 프로그램이 제대로 종료되지 못하고 중단되는 경우라 추천되지 못하는 방법이다.

다른 방법으로는 재귀함수 내에 음수가 되는 경우나 실수가 되는 경우를 조사하여, 그 상황이 감지되면 처리를 중단하는 방법이 있다. 이것은 첫 번째 경우보다는 나은 방법이다. 계산할 수 없는 상황에 이르면 중단시키기 때문에 쓸데없이 자원이 낭비되지 않을 것이다. 그러나 재귀함수가 시작된 후 중단되기 때문에 좀 더 개선할 여지가 있다. 즉 팩토리얼 계산처럼 첫 번째 재귀함수 호출에서 중단되어 종료될 수도 있지만 경우에 따라서는 재귀함수 호출이 여러 번 이루어진 후에 중단되어야 하는 경우도 있다. 따라서 이런 경우에 좀 더 개선된 방법이 요구되는데, 랩퍼함수라 불리는 함수를 활용한다.

랩퍼함수란 재귀함수를 호출하기 이전에 필요한 조건들을 사전 검사하여 문제가 없을 경우에 한해 재귀함수를 호출토록 하는 별도의 함수이다. 랩퍼함수에서 하는 일은 파라미터가 재귀함수 호출에 적당한 상태로 준비되어 있는지 여부를 판단하여 재귀함수 호출 가능 여부를 결정하는 것이다. 팩토리얼 계산 프로그램에서 파라미터 값이 음수인 경우 재귀함수 호출이 제지될 것이다.

[예제 12-4]의 factorialWrapper 함수는 사전 정지 작업을 하는 함수로 인식될 수 있다. 02번 줄에서 만일 n 값이 음수이면 재귀 함수인 factorial 함수를 호출하지 않고 오류 메시지를 출력한 후 프로그램이 종료된다. 반대로 n 값이 양의 정수이면 factorial 함수가 제대로 호출되어 팩토리얼 계산 결과를 출력할 것이다.

⟫⟫ [예제 12-4] 랩퍼함수

```
1.  void factorialWrapper(int n) {
2.      if (n<0)
3.          cerr << "n은 양의 정수 값이 되어야 합니다."
4.              << endl;
5.      else {
6.          cout << n << "! = ";
7.          cout << factorial(n) << endl;
8.  }
```

main 함수는 [예제 12-5]와 같이 변경될 것이다.

⟫⟫ [예제 12-5] main 함수

```
1.  void main()  {
2.      factorialWrapper(5);
3.  }
```

만일 main 함수 내에서 factorialWrapper(-5)를 호출하면 어떤 결과를 갖게 되는가? 다음 그림과 같은 결과를 만들어 낼 것이다. 이때, factorial 재귀함수는 전혀 실행되지 않은 점을 확인하기 바란다.

■ 실행결과

12.3 Tail 재귀함수

재귀함수의 단점으로는 함수가 재귀적으로 계속 호출됨에 따라 내부에서 운용되는 스택의 양이 계속 증가한다는 점이다. 스택의 운용과정에는 컴퓨터의 자원이 필요하여 비용이 요구된다. 스택이 차지하는 메모리와 스택 운용에 따른 부수적인 처리시간이 그 비용에 해당된다. 자세한 내용은 프로그래밍 언어론과 같은 고급 과정에서 소개될 내용이기 때문에 여기서는 스택의 운용에 따라 좀 더 개선된 방법이 요구된다는 수준에서 이해하면 충분할 것이다. 이런 내부적인 이유에 의해서 재귀함수를 다른 형태로 변형시킨 것이 tail 재귀함수이다. tail 재귀함수는 매번 호출시 값을 미리 계산해 놓는다. 호출시 값을 미리 계산하고 그 값을 유지한다면 일반 재귀함수와 달리 스택의 사용을 제거할 수 있다는 장점을 가질 수 있을 것이다. 이를 위해 값을 유지하는 파라미터를 factorial 함수에 추가한다. 중간 계산 값을 유지하면서 함수의 끝에서 재귀함수를 호출하는 형식을 Tail 재귀함수라 한다. Tail 재귀함수로 작성한 팩토리얼 계산 코드가 [예제 12-6]에 기술되어 있다.

>> [예제 12-6] Tail 재귀함수

```
1.  int factorial(int n, int result) {
2.      if (n == 0 || n == 1)
3.          return result;
4.      else
5.          return factorial(n-1, n*result);
6.  }
7.
8.  void factorialWrapper(int n) {
9.      if (n<0)
10.         cerr << "n은 양의 정수 값이 되어야 합니다."
11.             << endl;
12.     else {
13.         int result = 1;
14.         cout << n << "! = ";
15.         cout << factorial(n, result) << endl;
16.     }
17. }
18. void main() {
```

```
19.        factorialWrapper(5);
20. }
```

01번 줄의 코드를 살펴보자.

```
1:   int factorial(int n, int result) {
```

2번째 파라미터는 결과 값을 유지하는 파라미터이다. 즉, 호출시 마다 결과 값을 유지해야 하므로, 첫 번째 호출에서는 n 값을, 두 번째 호출에서는 n x (n-1) 값을 유지한다. 마지막에 이르면 n x (n-1) x .... x 2 x1 값을 갖게 되고 이를 반복적으로 반환하면 최종 결과 값을 산출하게 된다. 이 과정은 05번 줄의 코드에 잘 나타나 있다:

```
5:   return factorial(n-1, n*result);
```

이를 위해 최초에 호출하는 형태는 15번 줄에 있다:

```
15:   cout << factorial(n, result) << endl;
```

result는 초기 값으로 1을 갖는다. 1로 시작하여 매번 05번 줄에서 n 값을 곱해 현재의 계산 값을 유지하게 된다.

12.4 다른 예제

재귀함수를 이용하여 문제를 해결하는 다른 예제를 살펴보기로 한다. 많은 응용문제를 생각할 수 있으나 먼저 피보나치 수열을 살펴보고 단어나 문장을 정방향으로 읽을 때와 역방향으로 읽을 때가 서로 같은 palindrome에 대해 알아보기로 한다.

12.4.1 피보나치 수열

피보나치 수열은 앞선 2개의 수를 더해 다음 수를 결정하는 수열이다. 0번째 값은 0으로, 1번째 값은 1로 정의한다. 그리고 1보다 큰 n 번째 값은 n-1번째 값과 n-2번째 값을 더한 값으로 결정된다. 아래 수식은 피보나치 수열을 정의한 식이다.

```
Fib(n) = Fib(n-1) + Fib(n-2)
```

위 식을 보면 피보나치 수열이 재귀적으로 정의되어 있음을 확인할 수 있다. 이 수식에 의해 구해지는 피보나치 수열의 값을 나열하면 다음과 같다:

```
0, 1, 1, 2, 3, 5, 8, 13, ...
```

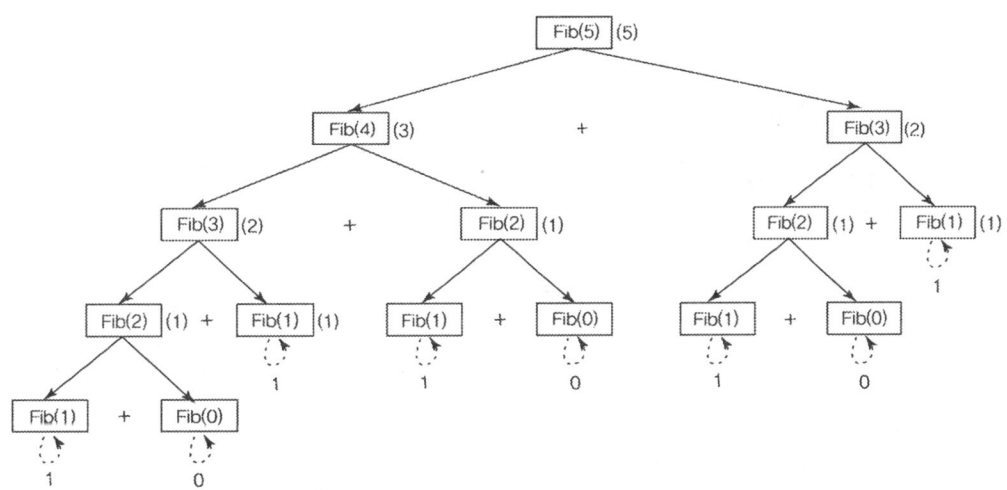

[그림 12-2] 피보나치 수열 값 계산

5번째 피보나치 수열 값은 5이고, 7번째 피보나치 수열 값은 13이 된다. 피보나치 수열은 [그림 12-2]와 같이 구해진다. 트리의 맨 마지막 노드에는 점선으로 표시한 반환 값이 표기되어 있다. 반환된 값이 합산되어 상위 노드의 계산 값이 되어 맨 상위에 있는 루트 노드에 이르면 최종 피보나치 수열 값이 된다. 5번째 피보나치 수열을 구하는 [그림 12-2]에서 중간 노드 옆에는 해당 노드의 계산 값으로 반환 되는 값을 괄호 안에 포함시켜 표기하였다.

[예제 12-7]의 프로그램에서는 n 값을 읽어 들인 후 이 값을 파라미터로 피보나치 랩퍼 함수를 호출한다. 랩퍼함수에서는 n 값을 확인하여 안전한 값인 경우 피보나치 재귀함 수(Fib)를 호출하여 n 번째 피보나치 수열 값을 구한다. 0번째 값을 0으로 1번째 값을 1 로 정의한 문장이 프로그램 코드의 02번 줄에서 05번 줄 코드에 작성되어 있다. 그 보다 큰 양의 정수가 함수 파라미터 값으로 오면 07번 줄에서 보듯이 그보다 1 작은 파라미터 와 2 작은 파라미터 값을 가진 피보나치 함수를 재귀적으로 호출하고 있다. 즉 앞서 계산 한 2개의 값을 합산하는 과정을 보여 주고 있다.

>> [예제 12-7]

```
1.  int Fib(int n) {
2.      if (n == 0)
3.          return 0;
4.      else if (n == 1)
5.          return 1;
6.      else
7.          return Fib(n-1) + Fib(n-2);
8.  }
9.  void FibWrapper(int n) {
10.     if (n<0)
11.         cerr << "n은 양의 정수 값이 되어야 합니다."
12.             << endl;
13.     else {
14.         cout << n << " 번째 피보나치 수열 값은: ";
15.         cout << Fib(n) << endl;
16.     }
17. }
18. void main()  {
19.     cout << "Enter the number: ";
20.     int n;
21.     cin >> n;
22.     FibWrapper(n);
23. }
```

실행 결과로 5번째 피보나치 수열 값을 구한 결과 화면이 아래에 나타나 있다.

■ 실행결과

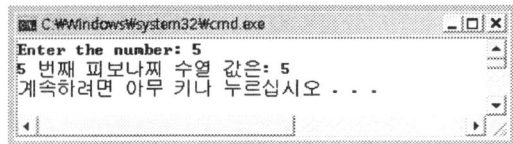

12.4.2 palindrome

단어나 문장이 주어졌을 때 문자열의 순서를 역으로 배열하였을 때 원래의 문자열과 같은 문자열을 palindrome 이라 부른다. civic, radar, level 등이 이에 해당된다. 여러 단어로 이루어진 구나 문장의 경우에도 palindrome 여부를 확인할 수 있다. 단, 한 단어 이상으로 이루어진 구나 문장의 경우에는 단어 사이에 있는 빈칸은 제외시켜 알파벳 문자만 검사되는 것이 일반적인 palindrome 판단 기준이다. 재귀함수를 이용하여 palindrome 인지 여부를 판정하는 프로그램 예제를 살펴보기로 한다.

우선 주어진 단어를 문자 배열에 저장하고 배열의 인덱스를 이용하여 검사하여 palindrome 여부를 판단해 보자. 이를 위해서는 양쪽 끝에 있는 문자를 비교하여 문자가 서로 같은 지 여부를 계속 비교해야 한다. 같으면 인덱스를 갱신하여 바로 안쪽에 있는 문자 쌍을 재귀함수를 이용하여 계속 비교해 나간다. 만일 양쪽 끝에 있는 문자가 서로 다를 경우 palindrome은 false로 판단되어 비교를 마치고 종료하게 된다.

radar는 정 방향으로 읽을 때와 역방향으로 읽을 때 같은 문자 배열이다. 즉, palindrome 이 된다. 이 과정을 살펴보면 [그림 12-3]과 같다. 이를 프로그램으로 구현한 것이 [예제 12-8]이다.

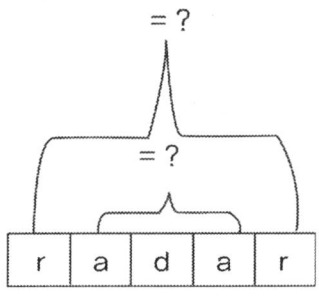

[그림 12-3] palindrom?

11번 줄 코드에서 str에 'radar'를 저장해 놓았다. 배열의 시작 인덱스는 0이다. 배열의 마지막 문자의 인덱스는 문자열의 길이에서 1을 뺀 숫자가 그것의 인덱스가 된다. 이는 12번 줄에서 0과 strlen(str)-1로 시작 인덱스와 끝 인덱스 값을 지정하였다. 이 값을 갖고 13번 줄에서 palin 함수를 호출하였다. 랩퍼함수를 포함하지 않고 대신 문자열에는 1개의 단어만을 포함하도록 가정하였다. 여러 단어로 구성된 문장의 경우에는 이 프로그램 코드가 동작하지 않을 것이다.

⟫ [예제 12-8] "radar"에 대한 palindrome 체크 프로그램

```
1.  bool palin(char* str, int st, int en) {
2.      if ((en - st) < 2)
3.          return true;
4.      else if (str[st] != str[en])
5.          return false;
6.      else
7.          return palin(str, st+1, en-1);
8.  }
9.
10. void main()  {
11.     char str[] = "radar";
12.     int start=0, end = strlen(str)-1;
13.     if (palin(str, start, end))
14.         cout << "Palindrom" << endl;
15.     else
16.         cout << "No palindrom" << endl;
17. }
```

---

palin 재귀함수는 01번 줄에서 08번 줄에 걸쳐 정의하였다. palin 함수는 3개의 파라미터를 동반한다. 이들은 문자열 배열과 2개의 인덱스(시작 인덱스와 끝 인덱스)이다. 두 인덱스는 각 인덱스에 저장되어 있는 문자를 비교하여 같은지 여부를 판단하는데 쓰인다. 02번 줄에는 종료 조건으로 끝점과 시작점 인덱스의 차이가 2보다 작을 경우 더 이상 비교할 문자가 없음을 의미한다. 이 경우에는 palindrome 단어임을 의미하는 것으로 true 값을 반환한다. 종료 지점까지 도달하지 않은 경우에는 두 인덱스에 있는 문자를 비교하여 같은지 여부를 조사한다. 같은 경우에는 재귀함수 호출이 계속되지만, 그렇지 않은

경우는 palindrome이 될 수 없으므로 false로 종료하게 된다. 계속 palindrome 여부를 비교하기 위해서는 07번 줄의 코드에서처럼 palin 함수를 호출해야 한다. 단, 시작점의 인덱스는 1씩 증가하고 끝 점 인덱스는 1씩 감소하면서 palin 함수를 호출한다.

'radar'와 'cook'에 대한 palindrome 여부를 판단한 실행결과는 다음과 같다.

■ 실행결과

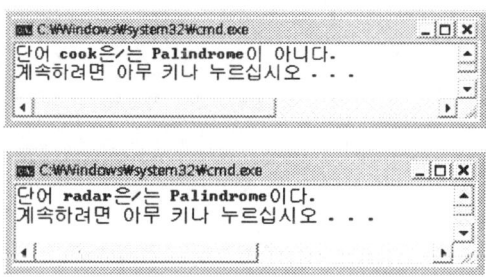

복사 생성자

13.1 객체의 생성과 대입

클래스의 객체는 생성자의 종류에 따라서 여러 형태로 생성할 수 있다. 그리고 이 객체들은 같은 클래스로부터 생성되었기 때문에 서로 대입하는 것이 가능한데 객체의 대입은 모든 멤버변수들을 비트 단위로 복사하는 것이다. 만약 객체 A에 객체 B를 대입하게 되면 객체 B의 모든 데이터 멤버들이 비트 단위로 객체 A에 복사되어 동일한 값을 갖게 되는 것이다.

[예제 13-1]은 객체를 생성하는 것과 대입하는 것에 대한 예제이다.

>> [예제 13-1] ch13_1_1.cpp

```
1.  #include <iostream>
2.  using namespace std;
3.  class sample {
4.      int mx, my;
5.  public:
6.      sample() {
7.          mx = 0;    my = 0;
8.          }
9.      sample(int x, int y) {
10.         mx = x;    my = y;
11.     }
12.         int getX() { return mx; }
13.         int getY() { return my; }
14. };
15. int main() {
16.     sample sm1(10, 20);          // 객체 생성
17.     cout << "sm1 ==> " << sm1.getX()
18.         << ", " << sm1.getY() << endl;
19.
20.     sample sm2 = sample(7, 9);  // 객체 생성
21.     cout << "sm2 ==> " << sm2.getX()
22.         << ", " << sm2.getY() << endl;
23.
24.     sample sm3 = sm1;            // 복사 생성
25.     cout << "sm3 ==> " << sm3.getX()
```

```
26.         << ", " << sm3.getY() << endl;
27.
28.     sample sm4(sm2);                // 복사 생성
29.     cout << "sm4 ==> " << sm4.getX()
30.         << ", " << sm4.getY() << endl;
31.
32.     sm1 = sm2;                      // 객체 대입
33.     cout << "sm1 ==> " << sm1.getX()
34.         << ", " << sm1.getY() << endl;
35.     eturn 0;
36. }
```

■ 실행결과

```
sm1 ==> 10, 20
sm2 ==> 7, 9
sm3 ==> 10, 20
sm4 ==> 7, 9
sm1 ==> 7, 9
Press any key to continue
```

16번 줄에서는 초기 값으로 10과 20을 갖는 객체 sm1을 생성하고 20번 줄에서는 초기 값으로 7과 9를 갖는 객체 sm2를 생성하고 있다. 이것은 클래스의 생성자가 실행되면서 각각 멤버 값을 할당하고 객체를 생성했다는 것을 의미한다.

24번 줄의 경우에는 객체 sm3을 선언하는 것과 동시에 다른 객체 sm1의 값으로 sm3을 초기화하고 있다. 이것은 객체 sm3을 위한 메모리가 할당되어 객체가 생성되면서 각 멤버변수의 값은 객체 sm3의 값이 멤버 별로 복사된다. 이때 객체의 생성과 동시에 복사가 실행되기 때문에 객체 생성시에 일반 생성자가 실행되지 않고 복사 생성자라는 생성자가 실행된다. 28번 줄의 경우도 24번 줄과 같은 방식으로 복사 생성자가 실행된다.

32번 줄의 경우는 객체 sm1에 객체 sm2를 대입하는 객체의 대입 연산이 실행되고 있다. 이것은 [그림 13-1]에서와 같이 sm1에 sm2의 내용이 멤버 단위로 복사되어 처리된다.

객체의 대입이 실행되면 멤버 변수 단위로 객체의 내용이 복사된다. 그런데 이렇게 멤버 단위로 복사가 실행되었을 때 문제가 발생할 수 있다. 이 문제는 클래스의 멤버변수 중

에 메모리를 할당받고 그 메모리가 클래스의 소멸자에서 해제되는 경우에 발생한다.

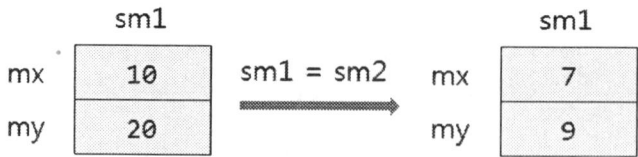

[그림 13-1] sm1 = sm2 실행 결과

[예제 13-2]의 프로그램은 문자열을 다루는 클래스로서 프로그램 실행 시에 문제를 발생시킨다.

>> [예제 13-2] ch13_1_2.cpp

```
1.  #include <iostream>
2.  using namespace std;
3.  class String {
4.     char *ps;
5.     int len;
6.  public:
7.     String() { }
8.     String(char *sz);
9.     ~String();
10. void showString();
11. };
12. String::String(char *sz) {
13.    len = strlen(sz);
14.    ps = new char[len+1];
15.    strcpy(ps, sz);
16. }
17. String::~String() {
18.    delete [] ps;
19. }
20. void String::showString() {
21.    cout << ps << endl;
22. }
23. int main() {
24.    String s1("C++ Programming");  // 객체 생성
```

```
25.      String s2 = s1;                    // 복사 생성
26.      String s3 = s2;
27.      s1.showString();
28.      s2.showString();
29.      return 0;
30.  }
```

■ 실행결과

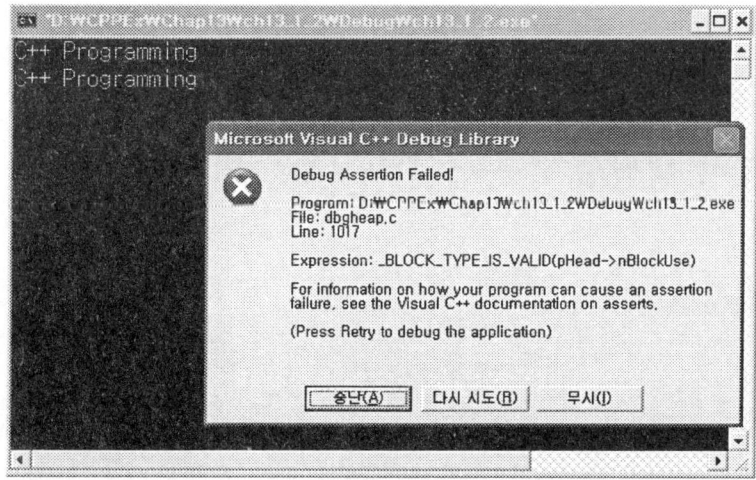

실행결과를 보면 오류 메시지가 나타나는 것을 볼 수 있다. 이것은 메모리를 해제하는 과정에서 문제가 발생한 것이다. 예제의 25 줄에서

s2 = s1;

이 실행되면 객체 s1의 멤버 변수 값이 그대로 객체 s2에 복사된다. 그러므로 s1의 멤버 변수 ps에 저장된 주소 값과 s2의 멤버변수 ps에 저장된 주소 값은 동일하게 된다. 즉 두 개의 포인터 변수가 문자열 "C++ Programming"의 시작 주소 값을 갖게 된다. 그리고 26 번 줄에서 객체 대입이 실행되면 객체 s3의 멤버변수 ps도 문자열 "C++ Programming" 의 시작 주소 값을 갖게 된다. 이렇게 되면 하나의 문자열을 서로 다른 세 개의 포인터 변수가 가리키는 상황이 된다. 문제는 프로그램이 실행을 종료할 때 발생하게 된다. 먼

저 객체 s1에서 소멸자가 호출되어 문자열 "C++ Programming"을 저장한 곳의 메모리를 해제한다. 그리고 객체 s2에서 소멸자가 호출되어 이미 메모리가 해제된 문자열 "C++ Programming"을 저장한 곳의 메모리를 또 다시 해제하려 한다. 마지막으로 객체 s3의 소멸자에서도 "C++ Programming"이 저장되어 있던 메모리를 해제하려 한다. 같은 곳의 메모리를 3번 해제하는 일이 발생한 것이다.

그러므로 실행결과에서 보는 것처럼 오류 메시지가 나타나게 되는 것이다. 이러한 소멸자를 통한 메모리 해제의 문제를 해결하기 위해서는 복사 생성자를 사용하면 된다.

13.2 복사 생성자

13.2.1 복사 생성자

복사 생성자(copy constructor)는 중복된 생성자의 일종이다. 대부분의 객체 생성에서는 일반 생성자가 실행되지만 객체가 생성되고 복사가 실행되는 특별한 경우에는 복사 생성자가 실행된다. 복사 생성자가 실행되는 경우는 첫째, 객체가 다른 객체의 값으로 초기화 되면서 생성될 때이다 그리고 둘째, 객체가 함수의 매개변수로 사용되면서 값에 의한 전달을 실행할 때이고 셋째, 객체가 함수의 반환 값으로 사용될 때이다. 이러한 세가지 경우에는 모두 객체가 생성되면서 다른 객체의 값을 비트 단위로 복사한다. 즉, 생성과 복사가 동시에 일어나게 된다.

이러한 특별한 경우를 위한 생성자로 복사 생성자가 사용되는 것이다. 그런데 복사 생성자는 객체를 초기화할 때만 사용되는 것이고 객체의 대입은 초기화가 아니므로 이 경우에는 복사 생성자가 실행되지 않는다.

복사 생성자의 형식은 다음과 같다

```
classname(const classname &ob) {
     // 생성자 내용 작성
}
```

다음과 같은 클래스가 있을 때 복사 생성자를 생각해 보자.

```
class myclass {
    int mx;
public:
    myclass() {}
    myclass(int x) { mx = x; }
};
int main() {
    myclass ob1(2);
    myclass ob2 = ob1;
}
```

위의 예제에서 ob1(2) 객체 생성에는 myclass(int x)가 실행될 것이다. 그런데

```
myclass ob2 = ob1;
```

에서는 앞에서 언급한 것처럼 복사 생성자가 실행되어야 한다. 복사 생성자는 아래와 같이 선언할 수 있다.

```
myclass(const myclass &ob);
```

이 복사 생성자의 내용을 어떻게 정의해야 할 것인가를 생각해 보자.

우선,

```
myclass ob2 = ob1
```

에서 ob2라는 객체가 생성되고 ob1의 멤버 값을 그대로 복사하게 된다. 즉 myclass 복사 생성자를 호출하는 것은 ob2가 되고 ob1은 복사 생성자의 참조 매개변수로 전달되기 때문에 복사 생성자의 정의에는 ob2의 멤버 변수에 ob1의 멤버변수 값을 대입하는 내용을 아래와 같이 작성하면 된다.

```
myclass(const myclass &ob) {
    mx = ob.mx;
}
```

[예제 13-3]은 복사 생성자가 사용되는 예제 프로그램이다.

》 [예제 13-3] ch13_2_1.cpp

```
1.  #include <iostream>
2.  using namespace std;
3.  class sample {
4.     int mx, my;
5.  public:
6.     sample() { mx = 0;  my = 0;
7.        cout << "기본 생성자 \n";
8.     }
9.     sample(int x, int y);
10.    sample(const sample &ob);  // 복사 생성자 선언
11.    ~sample();
12.    int getX() { return mx; }
13.    int getY() { return my; }
14. };
15. sample::sample(int x, int y) {
16.    mx = x;
17.    my = y;
18.    cout << "생성자 \n";
19. }
20. sample::sample(const sample &ob) {
21.    mx = ob.mx;
22.    my = ob.my;
23.    cout << "복사 생성자 \n";
24. }
25. sample::~sample() {
26.    cout << "소멸자 \n";
27. }
28.
29. int main() {
30.    sample sm1(10, 20);
```

```
31.     cout << "sm1 ==> " << sm1.getX()
32.         << ", " << sm1.getY() << endl;
33.
34.     sample sm2 = sm1;
35.     cout << "sm2 ==> " << sm2.getX()
36.         << ", " << sm2.getY() << endl;
37.
38.     sample sm3(sm1);
39.     cout << "sm3 ==> " << sm1.getX()
40.         << ", " << sm3.getY() << endl;
41.
42.     return 0;
43. }
```

■ 실행결과

10번 줄에서는 복사 생성자를 선언하고 20번 줄에서는 복사 생성자의 내용을 정의하고 있다. 매개변수로 선날 받은 객체의 값을 복사 생성사를 호출한 객체의 멤버 변수에 대입함으로써 객체의 복사가 실행되고 있는 것이다.

객체를 사용하는 30번 줄에서는 일반 객체 생성자가 실행되었고 34번 줄과 38번 줄에서는 복사 생성자가 실행되어 원본 객체의 멤버 값을 복사하고 있다. 이와 같이 객체를 다른 객체로 초기화 할 때 복사 생성자가 실행된다.

20번 줄에서 보듯이 복사 생성자의 매개변수로는 const 예약어를 사용하고 있다. 이것은 원본 객체의 값을 복사 생성자 내에서 변경시키지 않으려는 의도인데, 반드시 const를 사용해야 하는 것은 아니다. 그러나 일반적으로 복사 생성자 내에서 원본 객체의 값을 변경하는 일은 거의 없기 때문에 대부분 const 예약어를 사용하고 있다.

복사 생성자는 객체의 참조에 의한 전달 방식을 사용하고 있다. 그렇다면 참조를 사용하지 않고 객체의 값을 그대로 전달하는 방식이나 참조 객체와 또 다른 매개변수를 사용하는 경우에는 복사 생성자라 할 수 있을까? 다음에서 확인해 보자.

우선, 다음은 객체의 값에 의한 전달 방식으로 작성했을 경우이다.

```
sample(sample ob) {
    mx = ob.mx;
    my = ob.my;
}
```

결론은 오류이다. 이것은 복사 생성자가 아니다. 이것은 sample 객체 ob를 함수의 전달 인자로 받은 것이며, 앞에서 설명했듯이 함수의 매개변수로 객체가 사용되는 경우에 복사 생성자가 호출된다고 했기 때문에 복사 생성자를 호출하려 할 것이다. 그러므로 정상 실행되지 않을 것이다.

다음으로, 참조에 의해 전달하는 것 이외에 추가적인 매개변수를 사용하는 경우는 어떨까?

```
sample(sample &ob, int x) {
    mx = ob.mx + x;
    my = ob.my + y;
}
```

이것 또한 복사 생성자가 아니다. 왜냐하면 생성자의 매개변수로 sample 객체를 참조로 전달받고 있지만 매개변수 하나를 더 전달받고 있기 때문에 다른 객체로 초기화하여 생성되는 객체의 경우는 이 생성자로는 실행될 수 없기 때문이다. 위와 같은 형식은 단순히 생성자의 또 다른 형태일 뿐이다.

그러므로 복사 생성자는 위의 두 경우에서와 같이 혼동하지 말고 작성해야 한다.

13.2.2 복사 생성자를 통한 문제 해결

앞의 [예제 13-2]에서 우리는 복사 생성의 경우에 오류 메시지가 발생하는 것을 보았다. 이러한 오류의 원인은 같은 메모리를 여러 개의 객체가 가리키고 있기 때문에 메모리를 해제할 때 모두 같은 메모리를 해제하려 하기 때문이다. 그러면 객체가 복사 될 때마다 메모리 주소만 전달 받는 것이 아니라 메모리의 내용 모두를 복사해 놓는다면 메모리 해제의 문제를 해결할 수 있을 것이다. 이때 사용되는 것이 복사 생성자이다.

[예제 13-2]의 프로그램에 메모리의 주소와 메모리의 내용을 모두 복사하는 복사 생성자를 추가해서 작성해 보자.

■ 복사 생성자 선언

```
String(const String &str);
```

■ 복사 생성자 정의

```
String::String(const String &str) {
    len = str.len;
    ps = new char[len+1];
    strcpy(ps, str.ps);
}
```

■ 실행결과

복사 생성자를 추가한 후에 실행하면 위의 실행결과에서 보는 것처럼 오류 메시지 없이 정상 실행 된 것을 알 수 있다.

새로이 작성된 복사 생성자의 정의에서는 매개변수 객체 str이 갖는 문자열의 값을 그대로 복사하기 위해서 매개변수로 전달받은 문자열 길이 값인 len을 복사하고 문자열 포인터 ps에 문자열을 복사하기 위해서 길이 len+1 만큼의 메모리 할당을 받은 후에 문자열을 복사하고 있다.

이렇게 해서 복사 객체가 생성될 때 단순히 메모리의 주소 값만이 아닌 메모리의 내용까지 모두 복사되어 메모리 오류와 같은 문제를 해결할 수 있게 된다.

13.3 함수로의 객체 전달

함수의 매개변수로 객체를 사용하는 경우에는 일반적인 변수와 마찬가지로 객체의 값에 의한 전달방식과 객체의 참조에 의한 방식이 있다. 객체의 참조에 의한 방식은 포인터 객체를 사용하는 방식과 참조 객체를 사용하는 방식이 있는데, 참조 객체의 사용 방식에 대해서는 14장에서 설명할 것이다.

먼저, 객체의 값에 의한 전달 방식은 객체가 함수의 매개변수로 전달되면서 객체의 복사본이 만들어지는 방식으로 실행된다. 다음의 간단한 클래스를 통해서 자세히 살펴본다.

```cpp
class A {
public:
    int mx, my;
};
void FA(A aa) {
    aa.mx = 10;
    aa.my = 20;
}
int main() {
    A ab;
    FA(ab);
    cout << ab.mx << endl;
    cout << ab.my << endl;
    return 0;
}
```

이 예제에서 함수 FA는 클래스 A의 객체 aa를 매개변수로 사용하고 있다. 함수를 호출할 때는 클래스 A의 객체 ab를 사용하고 있다. 이러한 경우에 함수 FA가 호출되면서 객체 ab의 사본이 만들어고 함수 정의 부분의 객체 매개변수 aa의 멤버변수에 객체 ab의 멤버 변수 값이 비트 단위로 복사된다. 그러므로 객체를 매개변수로 사용하는 경우에도 객체를 생성하고 객체의 값을 전달 받는 객체 복사가 동시에 실행된다.

[예제 13-4]는 매개변수로 전달받은 객체 멤버 변수의 값을 n제곱하고 그 값을 반환하는 함수의 예이다.

>>> [예제 13-4] ch13_3_1.cpp

```cpp
1.  #include <iostream>
2.  using namespace std;
3.  class sample {
4.      int mx;
5.  public:
6.      sample(int x) {
7.          mx = x;
8.      }
9.      ~sample() {}
10.     int getX() {
11.         return mx;
12.     }
13. };
14. int power_n(sample sm, int n) {
15.     int rst = 1;
16.     for (int i=0; i<n; i++) {
17.         rst = rst * sm.getX();
18.     }
19.     return rst;
20. }
21. int main() {
22.     int result;
23.     sample sm1(5);
24.     result = power_n(sm1, 5);
25.     cout << "객체 sm1 멤버 값  " << sm1.getX()
26.         << "의 5 제곱 : " << result << endl;
```

```
27.    return 0;
28. }
```

■ 실행결과

14번 줄은 객체를 매개변수로 갖고 그 객체의 멤버 변수 값을 n 제곱하는 함수이다. 이 함수의 객체 매개변수 sm은 23번 줄의 객체 sm1의 값이 복사되어서 객체 sm1의 멤버 변수 값 5를 5제곱하는 내용이 실행된다.

이제, 객체의 포인터를 함수의 매개변수로 사용하는 경우를 생각해 보자. [예제 13-5]는 위의 sample 클래스에 멤버 변수 값을 할당할 수 있는 멤버 함수를 추가하고 sample 객체 두 개가 서로 멤버 변수 값을 교환하는 함수를 작성하고 사용한 예이다.

⟫ [예제 13-5] ch13_3_2.cpp

```
1. #include <iostream>
2. using namespace std;
3. class sample {
4.    int mx;
5. public:
6.    sample(int x) {
7.       mx = x;
8.    }
9.    ~sample() {}
10.    int getX() {
11.       return mx;
12.    }
13.    void setX(int x) {
14.       mx = x;
15.    }
16. };
```

```
17.   void swap(sample *sm1, sample *sm2) {
18.      int tmp;
19.      tmp = sm1->getX();
20.      sm1->setX(sm2->getX());
21.      sm2->setX(tmp);
22.   }
23.   int main() {
24.      sample s1(10), s2(20);
25.
26.      cout << "교환 전 ==> ";
27.      cout << "s1 : " << s1.getX() << "    s2 : "
28.           << s2.getX() << endl;
29.      swap(&s1, &s2);
30.
31.      cout << "교환 후 ==> ";
32.      cout << "s1 : " << s1.getX() << "    s2 : "
33.           << s2.getX() << endl;
34.      return 0;
35.   }
```

■ 실행결과

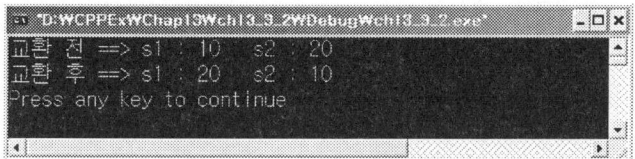

17번 줄에서는 swap 함수가 두 객체를 포인터 객체로 사용하여 각 객체의 주소값을 전달받는다. 여기서 포인터 객체의 멤버 변수를 사용할 때는 . 연산자가 아니라 -> 연산자를 사용하고 있음에 유의하자. 29번 줄에서는 swap 함수를 호출하고 있는데, 호출시에 매개변수로 사용된 객체는 주소값이 전달되어야 하므로 객체 이름 앞에 &연산자를 사용하고 있는 것을 볼 수 있다. 이렇게 하여 객체의 주소가 전달되므로 객체의 멤버 변수 값이 서로 교환된 결과가 함수를 호출한 곳까지 전달된다.

[예제 13-4]에서는 함수의 매개변수를 객체의 값에 의한 전달 방식으로 사용했기 때문에 복사 생성자가 실행되었다. 그런데 이 예제에서는 복사 생성자가 정의되지 않았다. 지금

은 디폴트 복사 생성자라는 것이 실행된 것이다. 생성자를 정의하지 않았을 때 디폴트 생성자가 자동으로 생성되었던 것처럼 디폴트 복사 생성자도 자동으로 내부에서 생성되어 실행되는 것이다. 만약 명시적으로 복사 생성자를 정의한다면 디폴트 복사 생성자는 생성되지 않게 된다.

[예제 13-5]는 어떨까? 이 예제는 함수의 매개변수로 포인터 객체를 사용하고 있다. 이 경우에는 포인터 객체에 객체의 주소를 전달하는 방식이므로 객체를 생성하거나 멤버 변수 값을 대입하거나 하는 작업이 실행되지 않는다. 즉, 생성자 자체가 실행되지 않는 것이다. 그러므로 복사 생성자는 필요하지 않게 된다.

[예제 13-4]에 다음과 같이 복사 생성자를 추가하고 실행해 보자.

■ **복사 생성자 선언**

```
sample(sample &s);
```

■ **복사 생성자 정의**

```
sample::sample(sample &s) {
        mx = s.mx;
        cout << "복사 생성자 \n";
}
```

■ **실행결과**

실행결과를 보면 "복사생성자"라는 내용이 출력되어 있다. 이것을 보면 명시적으로 작성된 복사생성자를 사용하고 있음을 알 수 있다.

[예제 13-6]은 복사 생성자를 반드시 명시해야 하는가를 잘 나타내주는 예제로서 배열을 저장하는 클래스이다. 이때 생성자를 통해서 저장할 문자열을 전달받게 된다.

[예제 13-6] ch13_3_3.cpp

```cpp
1.  #include <iostream>
2.  using namespace std;
3.  class String {
4.     char *ps;
5.     int len;
6.  public:
7.     String() { }
8.     String(char *sz);
9.     String(String &str);
10.    ~String();
11.    void showString(){
12.       cout << ps << endl;
13.    }
14. };
15. String::String(char *sz) {
16.    len = strlen(sz);
17.    ps = new char[len+1];
18.    strcpy(ps, sz);
19.    cout << "생성자 \n";
20. }
21. String::String(String &str) {
22.    len = str.len;
23.    ps = new char[len+1];
24.    strcpy(ps, str.ps);
25.    cout << "복사 생성자 \n";
26. }
27. String::~String() {
28.    delete [] ps;
29. }
30. void Print(String str) {
31.    cout << "문자열 : " ;
32.    str.showString();
33. }
34. int main() {
35.    String s1("C++ Programming");
36.    Print(s1);
37.    return 0;
38. }
```

■ 실행결과

이 예제에서는 showString 함수에서 매개변수로 String 객체 str을 사용하고 있다. showString 함수의 매개변수로 String 객체가 전달될 때 복사 생성자가 실행되고 있다.

13.4 함수에서의 객체 반환

함수의 반환 값으로 객체를 사용하는 경우를 생각해 보자. 객체가 함수에서 반환될 때 반환 값을 저장하기 위한 임시 객체가 자동으로 생성되고 그 값을 반환한 후에 임시 객체는 자동으로 소멸된다.

[예제 13-7]은 객체를 반환하는 함수에 대한 예제이다.

>> [예제 13-7] ch13_4_1.cpp

```
1.  #include <iostream>
2.  using namespace std;
3.  class sample {
4.     int mx;
5.  public:
6.     sample() {}
7.     sample(int x) {
8.        mx = x;
9.        cout << "생성자 \n";
10.    }
11.    sample(sample &s);
12.    sample() {}
13.    int getX() {
14.       return mx;
15.    }
```

```
16.  };
17.  sample::sample(sample &s) {
18.      mx = s.mx;
19.      cout << "복사 생성자 \n";
20.  }
21.  sample getSample(int n) {
22.      sample smp(n);
23.      return smp;
24.  }
25.  sample cmpSample(sample s1, sample s2) {
26.      if (s1.getX() > s2.getX())
27.          return s1;
28.      else
29.          return s2;
30.  }
31.  int main() {
32.      sample sm1, sm2, sm3;
33.
34.      sm1 = getSample(10);
35.      cout << "sm1 ==> " << sm1.getX() << endl;
36.
37.      sm2 = getSample(20);
38.      cout << "sm1 ==> " << sm2.getX() << endl;
39.
40.      sm3 = cmpSample(sm1, sm2);
41.      cout << "큰 값 : " << sm3.getX() << endl;
42.      return 0;
43.  }
```

■ 실행결과

21번 줄의 getSample 함수는 전달받은 매개변수 값을 멤버변수의 초기 값으로 사용해서 객체를 생성한 후에 그 객체를 반환하고 있다. 여기서 객체를 반환할 복사 생성자가 실행되고 있다. 그리고 25번 줄의 cmpSample 함수는 매개변수로 객체 두 개를 전달받아서 두 객체의 멤버 변수 중 큰 값을 갖는 객체를 반환하고 있다. 이 함수에서는 매개변수인 두 객체를 전달할 때 복사 생성자가 실행되고 멤버 변수의 값이 큰 객체를 반환할 때도 복사 생성자가 실행되고 있다.

이상과 같이 객체를 반환하거나 값에 의한 전달 방식의 매개변수로 객체를 사용할 때 복사 생성자가 실행되는 것을 알 수 있다. [예제 13-6]의 프로그램에 다음의 두 가지 함수를 추가한 후에 실행 결과를 확인해 보자

[예제 13-8]은 길이를 지정해 주는 문자열 클래스에 관련된 예제 프로그램이다.

》 [예제 13-8] ch13_4_2.cpp

```cpp
1.  #include <iostrem>
2.  using namespace std;
3.  class String {
4.      int len;
5.      char *ps;
6.  public:
7.      String() {}
8.      String(int n) {
9.          ps = new char[n+1];
10.         len = n;
11.     }
12.     ~String() {          delete [] ps; }
13.     void setString(char *sz) {
14.         strcpy(ps, sz);
15.     }
16.     int getLen() {  return len; }
17.     void Show() {
18.     cout << ps << endl;
19.     }
20. };
21. String getString(int n) {
22.     String str(n);
```

```
23.      return str;
24.  }
25.  String cmpString(String str1, String str2) {
26.      if(str1.getLen() > str2.getLen())
27.          return str1;
28.      else    return str2;
29.  }
30.  int main() {
31.      String s1 = getString(10);
32.      s1.setString("Test");
33.
34.      String s2 = getString(20);
35.      s2.setString("Test String");
36.
37.      String s3 = cmpString(s1, s2);
38.
39.      s3.Show();
40.      return 0;
41.  }
```

■ 실행결과

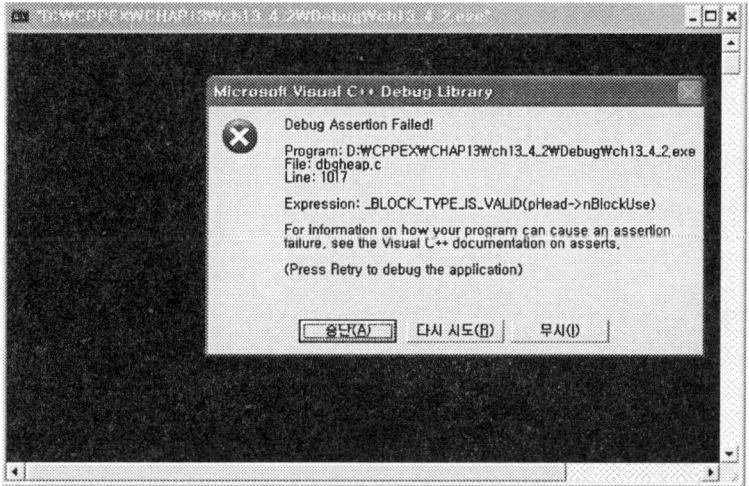

이 클래스는 저장될 문자열의 길이를 생성자를 통해서 지정하는 방식을 사용하고 있다. 21번 줄에서 기술된 함수는 매개변수로 전달받은 크기만큼의 메모리를 할당 받은 객체를 생성하여 반환하고 있다. 그리고 25번 줄의 함수는 매개변수로 전달 받은 두 객체에서 길이를 나타내는 멤버 변수의 값을 비교하여 길이가 큰 객체를 반환하고 있다. 이 프로그램 실행 결과를 보면 위와 같이 오류메시지가 나타날 것이다.

이제 다음과 같은 복사 생성자를 추가한 후에 다시 실행해 보자.

```cpp
String(String &str) {
    len = str.len;
    ps = new char[len+1];
    strcpy(ps, str.ps);
}
```

■ 실행결과

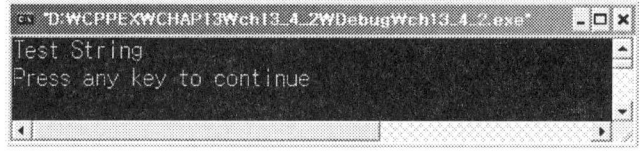

이제, 정상 실행되는 것을 볼 수 있다. 객체가 함수의 매개변수로 사용되거나 함수의 반환 값으로 사용되는 경우에 대부분은 디폴트 복사 생성자를 사용하여도 큰 문제는 발생하지 않는다. 그러나 클래스 내부에서 메모리를 할당받고 소멸자에서 그 메모리를 해제하는 경우에는 반드시 복사 생성자를 통해서 메모리를 안정적으로 재 할당함으로써 여러 번 호출되는 소멸자에 의해서 한 곳의 메모리를 반복적으로 해제하려는 실행을 미리 방지해야 한다.

객체와 참조

14.1 참조의 이해

14.1.1 개념

C++는 참조(reference)라는 특성을 갖는다. 이것은 메모리를 차지하는 것이 아니라 변수의 다른 이름으로 사용되는 것이므로 홀로 존재 할 수 없으며 참조를 선언하기 위해서는 변수 이름 앞에 연산자 &를 붙이면 된다. 이러한 참조의 사용에는 세 가지 종류가 있다. 첫 번째는 일반 변수의 또 다른 이름으로 선언되어 사용되는 것이고 두 번째는 함수의 매개변수로 사용되는 것이다. 그리고 마지막은 함수의 반환형으로 참조 변수를 사용하는 것이다.

먼저, 첫 번째 종류의 사용 방법은 변수 선언처럼 참조 변수를 선언하여 사용하면 된다. 그런데 이렇게 선언된 참조 변수는 어떤 변수의 참조인가를 밝혀야 하기 때문에 선언과 동시에 참조하려는 변수로 초기화하여야 한다. 예를 들어, 아래와 같이 선언한다면,

```
int  x;
int &y = x;
```

'int &y = x'는 참조 변수 y를 선언한 것이고 이 참조변수 y는 변수 x의 다른 이름이 된다. 그러므로 y의 값을 변경하는 것은 곧 x값을 변경하는 것이 된다.

[예제 14-1]은 참조 변수의 사용에 대한 예제 프로그램이다.

》》 [예제 14-1] ch14_1_1.cpp

```
1.  #include <iostream>
2.  using namespace std;
3.  int main() {
4.      int x, y;
5.      int &z = x;
6.
7.      x = 10;
8.      y = 15;
9.      z = 20;
```

```
10.    cout << "x : " << x << "    y : " << y
11.         << "    z : " << z << endl;
12.
13.    x = 30;
14.    cout << "x : " << x << "    y : " << y
15.         << "    z : " << z << endl;
16.
17.    return 0;
18. }
```

■ 실행결과

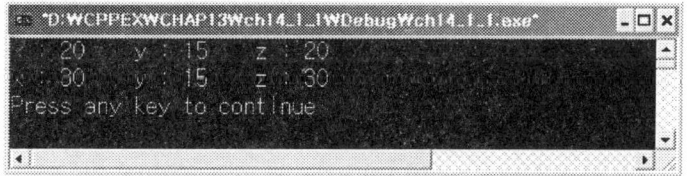

위의 실행결과에서 첫 번째 행을 보면 x와 z의 값이 같은 20을 출력하는 것을 볼 수 있다. 이것은 05번 줄에서 변수 z를 x에 대한 참조 변수로 선언했기 때문에, z는 x의 또 다른 이름 즉, x와 동일한 변수라고 할 수 있다. 그러므로 09번 줄에서 z에 20을 대입한 것은 x에 20을 대입한 것과 같은 결과를 나타내게 되는 것이다. 실행결과의 두 번째 행을 보면 x에 30을 대입했으므로 x의 다른 이름인 z의 값도 30으로 출력된 것이다.

참조 변수를 참조하는 것이 가능하다. 다시 말해서 위의 참조 변수 z를 참조하는 ref 참조 변수를 선언할 수 있다.

```
int &ref = z;
```

이럴 경우에 ref는 변수 x의 또 다른 이름이 되는 것이기 때문에, x에 30을 대입하면, z와 ref는 30의 값을 출력하게 된다. 그리고 z에 20을 대입해도 x와 ref는 20을 출력하게 된다.

이러한 참조 변수의 사용에서 주의해야 할 사항이 있는데, 그것은 참조 변수의 선언에서 수식이나 값을 참조하도록 선언하는 것은 불가능하다는 것이다.

즉, 아래의 예제에서

```
int x = 3, y = 5;
int &z = x + y;
int &ref = 7;
```

참조변수 z는 수식 x+y를 참조하도록 초기화 되었고 ref는 7을 참조하도록 초기화 되었다. 그런데 x+y나 7을 참조하는 것은 불가능하다. 그 이유는 참조변수 z와 ref가 참조할 공간이 없기 때문이다. 또한 참조의 배열을 만들 수 없고 참조의 주소를 얻을 수도 없다.

14.2 참조의 전달

함수의 매개변수는 값을 전달하는 방법이 있고 주소를 전달하는 방법이 있다. 그런데 함수 내부에서 매개변수의 값을 변경시키고 함수를 호출한 곳에서 변경시킨 값을 반영할 수 있도록 하기 위해서는 변수의 주소를 전달하는 방법을 사용한다. [예제 14-2]에서는 포인터 변수를 매개변수로 사용하였다.

>> [예제 14-2] ch14_2_1.cpp

```
1.  void change(int *x, int *y) {
2.      int tmp;
3.      tmp = *x;
4.      *x = *y;
5.      *y = tmp;
6.  }
7.  int main() {
8.      int a=5, b=2;
9.
10.     cout << "교환전 ==> a : " << a
11.         << "   b : " << b << endl;
12.
13.     change(&a, &b);
```

```
14.      cout << "교환후 ⇒ a : " << a
15.          << "   b : " << b << endl;
16.    return 0;
17. }
```

■ 실행결과

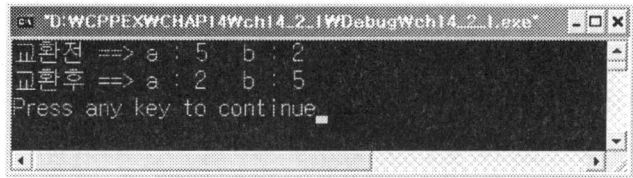

이 예제에서 change 함수는 포인터 변수를 매개변수로 사용하여 두 수의 교환을 실행하고 있다. 그러므로 변수의 주소 값을 함수로 전달하게 된다. 이와 동일한 실행을 위해서 매개변수를 참조 변수로 사용할 수 있다.

[예제 14-3]은 참조 변수를 사용한 예제 프로그램이다.

≫ [예제 14-3] ch14_2_2.cpp

```
1.  void change(int &x, int &y) {
2.     int tmp;
3.     tmp = x;
4.     x = y;
5.     y = tmp;
6.  }
7   int main() {
8.     int a=5, b=2;
9.     cout << "교환전 ⇒ a : " << a
10.         << "   b : " << b << endl;
11.
12.    change(a, b);
13.    cout << "교환후 ⇒ a : " << a
14.        << "   b : " << b << endl;
15.    return 0;
16. }
```

■ 실행결과

```
"D:WCPPEXWCHAP14Wch14_2_2WDebugWch14_2_2.exe"        _ □ ×
교환전 ==> a : 5  b : 2
교환후 ==> a : 2  b : 5
Press any key to continue
```

이 예제에서 함수의 매개변수 x와 y 앞에 &를 붙여서 참조 매개변수로 선언되었다. 이것은 포인터가 아니므로 매개변수를 사용할 때 *를 붙일 필요가 없게 된다. 그 이유는 x와 y는 참조 변수이고 참조 변수는 변수 앞에 *나 &와 같은 연산자 없이 사용하기 때문이다. 또한 main 함수에서 호출하는 change(a, b)도 매개변수 앞에 어떠한 연산자도 사용하지 않는다. 그것은 함수의 매개변수가 참조로 선언되었기 때문이다. 이렇게 참조 매개변수로 선언되면 자동으로 매개변수의 주소값을 전달한다. 그러므로 매개변수 앞에 &를 써서 수동으로 매개변수의 주소를 전달할 필요가 없는 것이다.

이것은 다음과 같이 선언하는 것과 같은 것이다.

```
int &x=a;    int &y=b;
```

즉, 변수 x는 a의 주소값을 선언과 동시에 전달받은 것이고 변수 y는 선언과 동시에 b의 주소 값을 전달받게 된다. 이렇게 함으로써 변수 x는 변수 a의 다른 이름이 되고 변수 y는 변수 b의 다른 이름이 된다. 즉, x는 a와 같은 변수이고 y는 b와 같은 변수가 된다. 이렇게 되면 a나 b에 값을 저장하는 것은 바로 x나 y에 값을 저장하는 것과 같게 되는 것이다.

이와 같이 참조 매개변수를 사용하면 포인터를 사용하는 것보다 코드가 간결해진다. 그리고 매개변수를 위한 메모리를 새로 할당하지 않아도 되므로 메모리가 적게 사용되고 매개변수에 값을 복사하는 작업도 필요하지 않기 때문에 실행 속도도 빨라진다. 그런데 참조 매개변수를 사용하는 경우에 함수 내에서 매개변수의 값을 수정하면 함수를 호출한 곳에서도 값이 변경된다. 이것은 위의 예제와 같이 함수 내에서 변경된 값을 호출한 곳에서 사용하고자 하는 경우라면 문제가 되지 않지만, 함수 호출한 곳에서의 값의 변경이 원한 것이 아니라면 매개변수를 const로 지정해서 함수 내에서 참조 매개변수의 값이 변경되지 않도록 할 수도 있다.

14.2.1 객체에 대한 함수의 참조

함수의 매개변수로 객체를 전달할 때 값을 전달하는 방식으로 사용하는 경우에는 객체의 사본이 만들어지고 사본 객체에 원본 객체를 복사하게 된다. 그리고 사본 객체가 만들어 질 때 생성자는 호출되지 않지만 함수가 복귀할 때 소멸자는 호출된다. [예제 14-4]에서는 객체를 매개변수로 전달하여 사용하고 있다. 이때 생성자와 소멸자가 호출되는 것을 확인해 본다.

>> [예제 14-4] ch14_2_3.cpp

```cpp
1.  #include <iostream>
2.  using namespace std;
3.  class sample {
4.     int mx, my;
5.  public:
6.     sample() {
7.        cout << "생성자 \n";
8.        mx = 0; my = 0;
9.     }
10.    sample(int x, int y) {
11.       cout << "생성자 \n";
12.       mx = x; my = y;
13.    }
14.    ~sample() {
15.       cout << "소멸자 \n";
16.    }
17.    void getXY(int &x, int &y) {
18.       x = mx;   y = my;
19.    }
20. };
21. void print(sample sm) {
22.    int x, y;
23.    sm.getXY(x, y);
24.    cout << "x : " << x << "   y : "
25.            << y << endl;
26. }
27. int main() {
```

```
28.      sample sm1(3, 5);
29.      print(sm1);
30.      return 0;
31. }
```

■ 실행결과

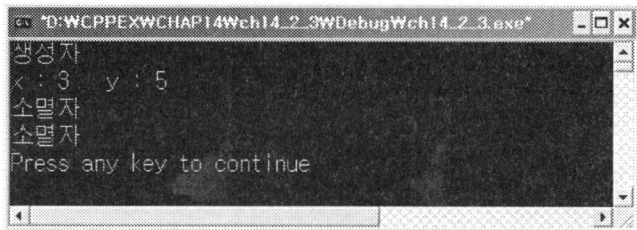

실행결과를 보면 소멸자가 두 번 실행된 것을 알 수 있다. 생성자는 객체 sm1을 생성할 때 호출된 것이고 첫 번째 소멸자는 함수 print가 종료될 때 복사본 객체 sm이 소멸되며 호출된 것이며 두 번째 소멸자는 프로그램이 끝날 때 호출된 것이다.

그러나 객체 매개변수를 참조로 사용하면 복사본이 만들어지지 않는다. 이 경우 참조 매개변수는 객체의 다른 이름이므로 복사본 객체를 생성할 필요가 없는 것이다.

[예제 14-5]는 매개변수로 전달받은 객체의 멤버 변수들을 5배하는 함수이다. 이 함수는 객체를 참조 매개변수로 사용하여 작성한 것이다.

[예제 14-5] ch14_2_4.cpp

```
1.  #include <iostream>
2.  using namespace std;
3.  class sample {
4.     int mx, my;
5.  public:
6.     sample() {
7.        cout << "생성자 \n";
8.        mx = 0;   my = 0;
9.     }
10.    sample(int x, int y) {
```

```
11.        cout << "생성자 \n";
12.        mx = x;    my = y;
13.    }
14.    ~sample() {
15.        cout << "소멸자 \n";
16.    }
17.    void getXY(int &x, int &y) {
18.        x = mx;    y = my;
19.    }
20.    void setXY(int x, int y) {
21.        mx = x;    my = y;
22.    }
23.    void print() {
24.        cout << "mx : " << mx
25.             << "    my : " << my << endl;
26.    }
27. };
28. void times(sample &sm, int n) {
29.    int x, y;
30.    sm.getXY(x, y);
31.    x = x * n;
32.    y = y * n;
33.    sm.setXY(x, y);
34. }
35. int main() {
36.    sample sm1(3, 5);
37.
38.    cout << "함수 호출 전 ⟹ ";
39.    sm1.print();
40.
41.    times(sm1, 5);
42.    cout << "함수 호출 후 ⟹ ";
43.    sm1.print();
44.    return 0;
45. }
```

■ 실행결과

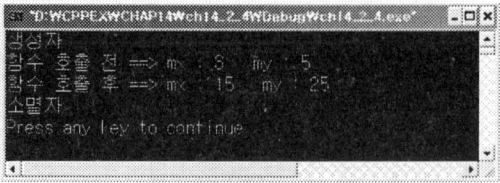

위의 실행결과를 보면 생성자와 소멸자가 한번 씩 호출된 것을 볼 수 있다. 함수 호출시에는 객체 매개변수의 복사본이 만들어지지 않기 때문에 소멸자가 호출되지 않는 것이다.

매개변수로 객체를 사용할 때 심각한 문제가 발생될 수 있다. 예를 들어 소멸자에서 동적으로 메모리를 해제하는 경우에 소멸자를 두 번 호출하게 되어 메모리 해제를 두 번 하게 되기 때문에 프로그램이 멈춰버릴 수도 있다.

[예제 14-6]은 문자열을 저장하는 클래스에 관련된 예제 프로그램이다. String 클래스는 생성자를 통해서 저장할 문자열을 전달받는다. 이 클래스의 객체를 함수의 매개변수로 전달받는 print 함수도 정의되었다.

>> [예제 14-6] ch14_2_5.cpp

```
1.  #include <iostream>
2.  using namespace std;
3.  class String {
4.      char *ps;
5.      int len;
6.  public:
7.      String(char *sz);
8.      ~String();
9.      void showString();
10. };
11. String::String(char *sz) {
12.     len = strlen(sz);
13.     ps = new char[len+1];
14.     strcpy(ps, sz);
15. }
16. String::~String() {
17.     delete [] ps;
18. }
```

```
19.  void String::showString() {
20.    cout << ps << endl;
21.  }
22.  void Print(String str1) {
23.    str1.showString();
24.  }
25.  int main() {
26.    String str("C++ Programming");
27.    Print(str);
28.    return 0;
29.  }
```

이 프로그램 실행에서 실행결과와 같은 오류 메시지가 발생하는 것은 같은 메모리를 중복해서 해제하려고 하기 때문에 발생하는 것이다.

22번 줄에서 함수 Print의 매개변수인 객체 str1은 27번 줄의 객체 str의 복사본으로 생성된다. 그러므로 객체 str의 멤버변수 ps가 가리키는 곳과 사본 객체 str1의 멤버변수 ps가 가리키는 곳은 같게 된다. 함수 Print가 실행을 종료하고 복귀할 때 사본 객체 str1의 소멸자가 실행되어 ps가 가리키는 곳의 메모리는 해제된다. 그리고 프로그램이 종료할 때 객체 str의 소멸자가 실행되어 ps가 가리키는 곳의 메모리를 또 해제하려 한다. 그런데 이 메모리는 이미 함수 복귀시에 해제되었기 때문에, 존재하지 않는 메모리를 또 해제하려 하는 경우가 되어 에러 메시지가 나타나게 된다.

■ 실행결과

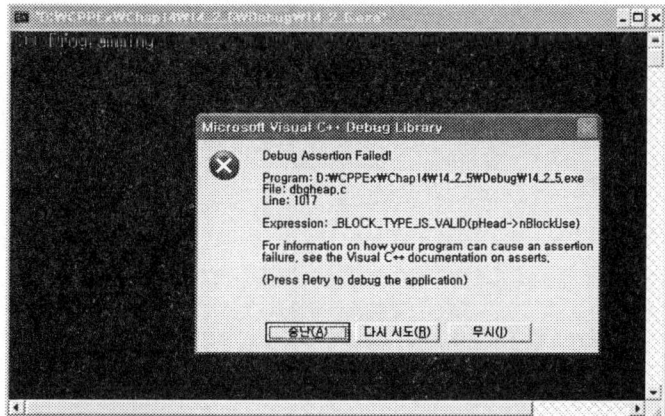

이러한 문제를 해결하기 위해서는 객체의 사본이 생성되지 않도록 객체를 참조로 사용하면 된다. 아래와 같이 Print 함수를 수정하면 된다.

```
void Print(String &str1) {
    cout << str1.getString() << endl;
}
```

14.3 참조의 반환

함수의 반환이 일어날 경우에는 반환되는 변수와 동일한 값을 갖는 임시 변수가 만들어지고 그 임시 변수가 반환되면서 함수 내의 반환 변수는 지역 변수이기 때문에 사라지게 된다. 그리고 반환된 임시 변수는 함수를 호출한 곳에서 사용되고 나서 바로 사라진다. 이러한 반환 변수를 참조 변수로 사용할 수 있다. 그러나 반환할 경우 지역 변수는 함수 종료와 함께 사라지기 때문에 참조 변수를 반환하기 위해서는 전역 변수를 사용해야 한다. 전역 변수 이외에 함수의 참조 매개변수를 반환을 위한 참조 변수로 사용하는 것도 가능하다. 참조의 반환이라 하는 것은 정수형 변수를 반환하는 함수 A가 있다고 할 때 다음과 같이 작성할 수 있다.

```
int &A() { return x; }
```

위와 같이 선언하면 함수 A는 x의 값을 반환하는 것이 아니라 변수 x 자체를 반환하게 된다.

[예제 14-7]은 전역 변수를 참조 반환하는 예제이다.

>> [예제 14-7] ch14_3_1.cpp

```
1.  #include <iostream>
2.  using namespace std;
```

```
 3.  int x;
 4.  int &f() {
 5.     x = x + 10;
 6.     return x;
 7.  }
 8.  int main() {
 9.     int y;
10.     y = f();
11.     cout << "y : " << y << endl;
12.     return 0;
13.  }
```

■ 실행결과

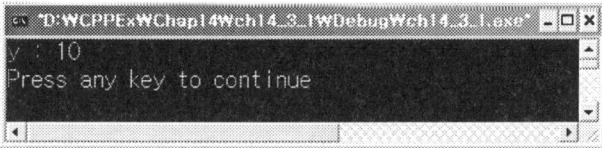

이것은 일반 변수의 반환과 동일한 실행결과를 나타낸다. 실행결과를 보았을 때 변수 x 의 값이 변수 y에 할당된 것이지만 내부에서의 실행은 참조 반환을 하지 않는 함수와 차이가 있다. 06번 줄에서 반환되는 x는 x의 값이 반환되는 것이 아니라 변수 x 자체가 반환되는 것이고 함수를 호출한 10번 줄에서는 반환된 변수 x의 값이 변수 y에 할당되어 y 값이 변하게 된다.

[예제 14-7]의 함수 호출 방식은 [예제 14-8]과 같이 사용할 수 있다.

>> [예제 14-8] ch14_3_2.cpp

```
1.  #include <iostream>
2.  using namespace std;
3.  int x;
4.  int &f() {
5.     x = x + 10;
6.     return x;
7.  }
```

```
8.   int main() {
9.      f() = 15;
10.     cout << "x : " << x << endl;
11.     return 0;
12.  }
```

■ 실행결과

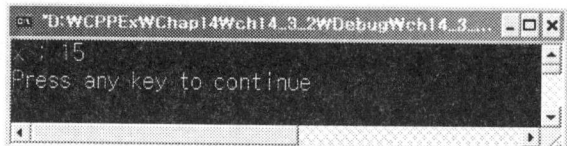

06번 줄에서 변수 x 자체를 반환하기 때문에 09번 줄의 f() = 15는 x = 15와 같은 의미이다. 그러므로 05번 줄에서 x값을 10만큼 증가시켰지만 09번 줄의 실행으로 x는 15의 값을 갖게 된다. 이 프로그램에서 참조 반환 되는 변수 x는 main에서 다시 사용되고 있다. 그러므로 x는 함수 내에서 사용되고 사라지거나 임시 변수로 생성되었다가 사라지는 지역 변수로 사용할 수 없고 전역 변수로 사용해야 한다.

그러나 함수의 매개변수의 경우에 참조 매개변수라면 새로운 변수가 생성되는 것이 아니라 함수를 호출한 곳의 변수를 직접 사용하는 것과 같기 때문에 참조 반환 변수로 사용하는 것이 가능하다.

[예제 14-9]는 위의 사용과 관련된 예제이다.

>> [예제 14-9] ch14_3_3.cpp

```
1.  #include <iostream>
2.  using namespace std;
3.  int &min(int &x, int &y) {
4.     if (x > y)
5.         return y;
6.     else
7.         return x;
8.  }
9.  int main() {
```

```
10.     int num1, num2;
11.     cin >> num1 >> num2;
12.     min(num1, num2) = -999;
13.     cout << "num1 : " << num1 << endl;
14.     cout << "num2 : " << num2 << endl;
15.     return 0;
16. }
```

■ 실행결과

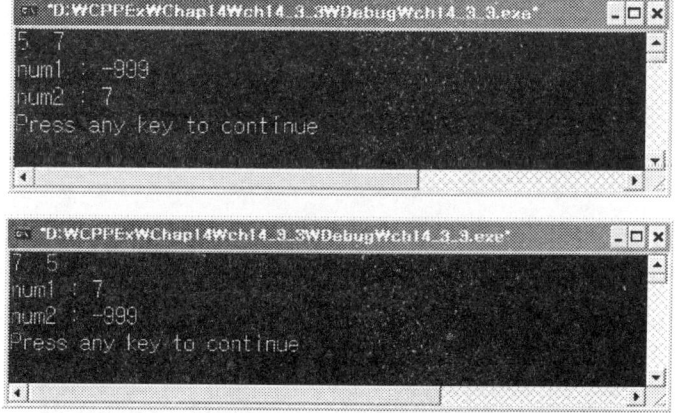

이 프로그램에서 min 함수는 입력받은 두 수의 크기를 비교하고 작은 변수를 참조 반환하는 함수이다. 12번 줄에서는 입력 받은 두 수 num1과 num2를 매개변수로 전달하면서 min함수를 호출하였다. 함수 내부에서는 두 수 중에서 값이 작은 변수를 반환하게 되고 그 변수를 전달받은 main에서는 num1이나 num2 중에서 작은 변수에 -999의 값을 할당하게 된다. 이 함수는 입력된 값에 따라서 참조 반환되는 변수가 변경된다.

첫 번째 실행결과를 보면 num1이 작은 값으로 입력되었으므로 num1이 -999가 되었고 두 번째 실행결과에서는 num2가 작은 값으로 입력되었기 때문에 num2가 -999가 된 것을 볼 수 있다.

[예제 14-10]은 참조를 반환하는 함수를 사용하여 1에서 10까지 더하는 프로그램 예제이다.

[예제 14-10] ch14_3_4.cpp

```
1.  #include <iostream>
2.  using namespace std;
3.  int &add(int &s, int &x) {
4.      s = s + x;
5.      return x;
6.  }
7.  int main() {
8.      int i, n=1, sum=0;
9.      for(i=1; i<=10; i++) {
10.         add(sum, n) = i+1;
11.     }
12.     cout << "1~0까지 더한 값 : " << sum << endl;
13.     return 0;
14. }
```

■ 실행결과

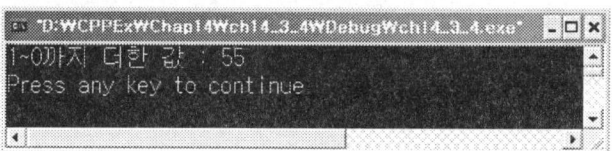

이 프로그램에서 함수 add는 매개변수 s에 매개변수 x를 더한 후 변수 x를 반환하고 있다. 10번 줄에서는 함수가 반환한 변수가 n이 되고 반환된 변수 n에 i+1값을 할당하게 된다. 이렇게 되면 변수 n은 1에서 10까지의 값을 가지고 계속 함수를 호출하게 되고 함수 내에서 매개변수 s에 그 값이 누적해서 더해진다. 그리고 이 매개변수들은 참조 매개변수들이므로 함수 내에서 변경된 값이 그대로 main에 전달되어 최종 누적값이 sum에 저장된다.

14.4 함수에 대한 참조

함수에 대한 포인터를 만들고 함수의 주소를 대입하여 함수 포인터를 통해 함수를 실행
시킬 수 있다. 그러나 함수에 대한 포인터를 만들 때 함수의 선언과 정의에서는 특별히
달라지는 형식은 없다. 다만, 함수의 포인터를 사용할 곳에서 사용하기 전에 다음과 같
은 형식으로 함수의 포인터형을 선언해야 한다.

```
반환데이터형 (*포인터 명)(매개변수 목록);
```

이렇게 함수의 포인터를 선언한 후에 이 함수의 포인터에 사용할 함수를 대입하면 된다.
이때 대입하는 함수는 선언된 함수의 포인터와 매개변수 목록이 일치해야 한다. 만약 정
수형을 반환하고 정수형 1개의 매개변수를 갖는 함수 A가 있다면, 아래와 같이 선언하고
대입하게 된다.

```
int (*pA)(int);
pA = A;
```

이와 같이 선언하고 대입하면 이제부터 pA는 함수 A의 포인터가 된다. 그러므로 함수 A
대신에 아래와 같이 함수 포인터 pA를 사용하여 함수를 호출할 수 있다.

```
cout << pA(5) << endl;
```

[예제 14-11]은 함수 포인터의 사용 예제이다.

>> [예제 14-11] ch14_4_1.cpp

```
1.  #include <iostream>
2.  using namespace std;
3.  int max(int x, int y) {
4.      if (x > y)          return x;
5.      else                return y;
```

```
 6.  }
 7.  int main() {
 8.      int (*pMax)(int, int);
 9.      pMax = max;
10.      cout << "큰값 :  " << pMax(5, 7) << endl;
11.      return 0;
12.  }
```

■ 실행결과

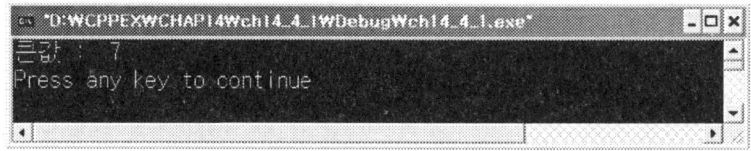

08번 줄에서는 함수 max에 대한 함수 포인터를 선언하고 있다. 함수 max의 반환형 int를 쓰고 함수 포인터의 이름은 pMax로하고 max의 매개변수 데이터 형을 순서대로 나타내었다. 그리고 09번 줄에서는 함수 포인터 pMax에 함수 add를 할당하고 있다. 이제부터 max라는 함수 이름 대신에 함수 포인터 pMax를 사용할 수 있다. 10번 줄에서 함수 max를 호출하기 위해서 함수 포인터 pMax를 사용하였다.

pMax는 함수 포인터로써 반환형이 정수형이고 두 개의 매개변수가 각각 정수형을 갖는 함수는 어느 것이든지 할당받을 수가 있고 할당받고 난 후에는 그 함수 대신에 사용가능하게 된다.

함수 포인터를 사용할 수 있는 것처럼 함수에 대한 참조를 사용할 수 있다. 즉 함수의 다른 이름이 되는 함수의 참조를 선언하여 사용할 수 있는 것이다. 참조 변수를 선언하는 것처럼 참조 함수를 선언하고 함수의 이름을 대입해서 사용하면 된다.

[예제 14-12]는 함수에 대한 참조의 사용 예제이다.

>> [예제 14-12] ch14_4_2.cpp

```
1.  #include <iostream>
2.  using namespace std;
3.  int max(int x, int y) {
4.      if (x>y) return x;
5.      else return y;
6.  }
7.  int main() {
8.      int (&pMax)(int, int) = max;
9.      cout << "pMax 사용 ==> 큰 값 : "
10.         << pMax(5, 7) << endl;
11.     cout << "max 사용 ==> 큰 값 : "
12.         << max(5, 7) << endl;
13.     return 0;
14. }
```

■ 실행결과

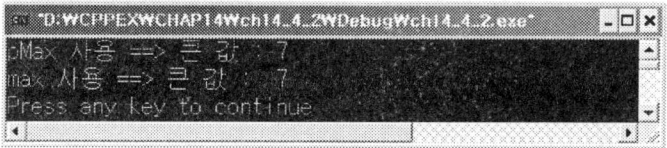

실행결과를 보면 함수의 참조 pMax를 사용하여 함수를 실행한 것과 원래 함수 max를
호출하여 함수를 실행한 결과가 같은 것을 알 수 있다. 함수의 참조변수 pMax는 함수
max의 또 다른 이름이기 때문이다.

CHAPTER **15**

템플릿

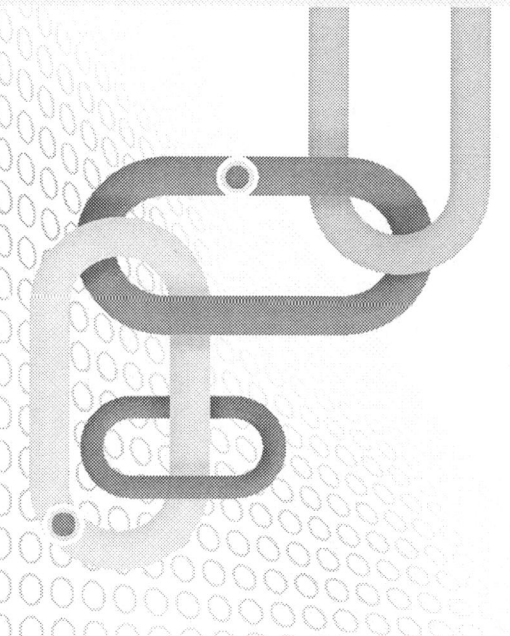

15.1 함수 템플릿

함수는 처리할 데이터를 매개변수로 전달받고 그 결과를 반환한다. 그런데 실제 함수 내에서의 논리적 처리는 동일하지만 처리할 데이터의 종류가 다른 경우에는 각 데이터형에 따른 처리 함수를 따로 작성해야 한다. 물론 함수의 중복을 이용해서 함수의 이름은 동일하게 작성할 수 있지만 각 데이터형을 위한 함수를 작성해 주어야 한다. [예제 15-1]은 두 변수의 값을 교환하는 중복 함수들을 나타낸 것이다.

>> [예제 15-1] ch15_1_1.cpp

```
1.  #include <iostream>
2.  using namespace std;
3.  void change(int &x, int &y) {
4.      int tmp;
5.      tmp = x;
6.      x = y;
7.      y = tmp;
8.  }
9.  void change(double &x, double &y){
10.     double tmp;
11.     tmp = x;
12.     x = y;
13.     y = tmp;
14. }
15. void change(char &x, char &y){
16.     char tmp;
17.     tmp = x;
18.     x = y;
19.     y = tmp;
20. }
21. int main() {
22.     int a=10, b=20;
23.     double da=10.1, db=20.1;
24.     char ca='a', cb='b';
25.
26.     change(a, b);
27.     change(da, db);
```

```
28.     change(ca, cb);
29.
30.     cout << "a : " << a << "    b : "
31.         << b << endl;
32.     cout << "da : " << a << "    db : "
33.         << db << endl;
34.     cout << "ca : " << a << "    cb : "
35.         << cb << endl;
36.     return 0;
37. }
```

■ 실행결과

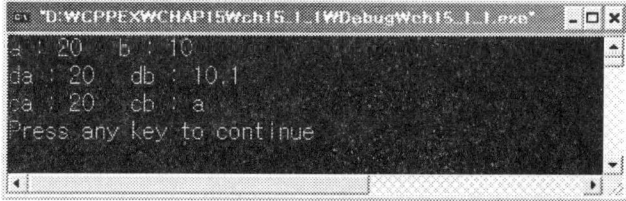

이 예제를 보면 전달받은 두 매개변수를 교환한다는 논리적인 내용은 동일하지만 매개변수의 종류가 서로 다르기 때문에 세 종류의 함수로 중복해서 작성하였다. 이렇게 논리적으로는 동일한 내용을 갖지만 데이터 형이 서로 달라서 함수를 여러 번 작성하는 대신에 하나의 함수로 작성할 수가 있는데 이것이 템플릿 함수라는 것이다.

템플릿 함수는 다양한 데이터 형에 적용될 수 있도록 함수의 틀을 만들어서 사용할 수 있도록 한다. 이렇게 함으로써 데이터 형에 독립적인 함수를 작성할 수 있게 된다. 템플릿 함수를 작성하는 기본 형식은 아래와 같다.

```
template <typename Ttype> return-type 함수명(매개변수) {
    // 실행 내용
}
```

또는

```
template <typename Ttype>
return-type 함수명(매개변수) {
    // 실행 내용
}
```

템플릿 작성 형식에서 Ttype은 함수에 의해 사용되는 데이터 형의 이름을 쓰는 곳이고 return-type는 함수의 반환 데이터형을 나타내는 곳이다. 그리고 매개변수는 함수에서 사용되는 개수만큼의 매개변수를 나타내는데, 이때 데이터 형은 Ttype으로 선언해 준다.

[예제 15-1]의 change 함수를 템플릿 형태로 변환한다면 아래와 같다.

```
template <typename T> void change(T &a, T &b) {
    // 실행 내용
}
```

[예제 15-2]는 change 함수를 템플릿으로 만들어 사용한 예제이다.

>> [예제 15-2] ch15_1_2.cpp

```
1.  #include <iostream>
2.  using namespace std;
3.
4.  template <typename T> void change(T &a, T &b) {
5.      T tmp;
6.      tmp = a;
7.      a = b;
8.      b = tmp;
9.  }
10.
11. int main() {
12.     int a=10, b=20;
13.     double da = 10.1, db=20.1;
14.     char ca='a', cb='b';
15.
16.     change(a, b);
17.     cout << "a : " << a << "   b : "
```

```
18.           << b << endl;
19.
20.    change(da, db);
21.    cout << "da : " << da << "   db : "
22.          << db << endl;
23.
24.    change(ca, cb);
25.    cout << "ca : " << ca << "   cb : "
26.           << cb << endl;
27.    return 0;
28. }
```

■ 실행결과

이 예제를 보면 change 함수를 하나 작성해서 정수형, 실수형, 문자형 데이터에 대해서 모두 적용해서 사용하고 있다. 이렇게 함으로써 함수의 중복을 사용하는 것보다는 간단한 프로그램이 된 것을 볼 수 있다.

15.1.1 두 개 이상의 데이터형을 매개변수로 사용할 때

[예제 15-2]에서 작성한 템플릿 함수는 매개변수 두 개의 데이터 형이 같은 경우에 대한 것이다. 그렇다면 매개변수의 데이터형이 서로 다른 경우에는 어떻게 작성해야 할까? 그것은 아래와 같은 형식을 사용하면 된다.

```
template <typename T1, typename T2, ...>
반환형 함수명(T1 a, T2 b, ...) {
   // 실행 내용
}
```

위의 형식에서 보듯이 필요한 개수만큼 typename과 매개변수를 추가하면 된다. 예를 들어 서로 다른 데이터 형이 세 개이면 다음과 같이 작성하면 된다.

```
template <typename T1, typename T2, typename T3>
반환형 함수명(T1 a, T2 b, T3 c) {
   // 실행 내용
}
```

[예제 15-3]은 두 수를 입력받고 연산자를 입력받아서 그에 맞게 실행하는 프로그램이다. 여기서 연산에 사용되는 데이터와 연산자 데이터가 서로 다른 데이터형을 갖게 된다. 그러므로 두 종류의 데이터 형을 사용하게 된다.

>> [예제 15-3] ch15_1_3.cpp

```
1.  #include<iostream>
2.  using namespace std;
3.  template <typename T1, typename T2>
4.  T1 calc(T1 a, T1 b, T2 c) {
5.     T1 tmp;
6.     switch(c) {
7.     case '+' : tmp = a + b;        break;
8.     case '-' : tmp = a - b;        break;
9.     case '*' : tmp = a * b;        break;
10.    case '/' : tmp = a / b;        break;
11.    default : tmp = -99999;
12.    }
13.    return tmp;
14. }
15. int main() {
16.    int x=5, y=6, rst;
17.    double dx=5.6, dy=7.8, drst;
18.    char ch;
19.    cin >> ch;
20.
21.    rst = calc(x, y, ch);
22.    cout << x << ch << y << "="
```

```
23.          << rst << endl;
24.
25.     drst = calc(dx, dy, ch);
26.     cout << dx << ch << dy << "="
27.          << drst << endl;
28.
29.     return 0;
30. }
```

■ 실행결과

03번~14번 줄은 연산을 위한 템플릿 함수를 정의하고 있다. 먼저 연산을 수행하기 위해서는 두 개의 데이터와 1개의 연산자, 이렇게 3개의 매개변수가 필요하지만 실제로 두 개는 같은 데이터 형을 가질 것이고 나머지 하나가 다른 형의 데이터를 갖게 된다. 그러므로 실제 필요한 데이터 형은 두 개이기 때문에

```
template <typename T1, typename T2>
```

와 같이 작성했다. 여기서는 두 데이터 형 중에서 T1이 계산에 필요한 수 데이터이고 T2가 연산자 데이터인 것으로 생각해서 반환형은 T1로 설정했다. 함수 calc의 매개변수는 계산에 필요한 2개의 데이터는 같은 데이터형 T1로 설정하고 연산자를 위한 매개변수의 데이터형은 T2로 설정하였다. 이와 같이 하여 main에서 보듯이 정수나 실수 값에 관계없이 사칙 연산이 수행된다.

15.1.2 비타입 템플릿 매개변수

템플릿 함수는 데이터형의 변경이 가능한 매개변수 뿐만 아니라 일부의 매개변수는 데이터 형을 지정할 수도 있다. [예제 15-3]을 보면 계산에 사용되는 데이터형은 필요에 따라 변하지만 연산자는 항상 문자형의 데이터일 것이다. 이럴 경우에는 연산자에 대한 데이터형을 템플릿 함수 선언부터 문자형으로 지정해서 작성하면 더 편리할 것이다. 이렇게 템플릿 함수에서 매개변수를 비타입 템플릿 매개변수로 사용하는 것이 가능하다.

[예제 15-4]는 연산자 데이터를 문자형으로 수정한 예제이다.

>> [예제 15-4] ch15_1_4.cpp

```cpp
1.  #include<iostream>
2.  using namespace std;
3.  template <typename T1>
4.  T1 calc(T1 a, T1 b, char c) {
5.      T1 tmp;
6.      switch(c) {
7.      case '+' : tmp = a + b;        break;
8.      case '-' : tmp = a - b;        break;
9.      case '*' : tmp = a * b;        break;
10.     case '/' : tmp = a / b;        break;
11.     default : tmp = -99999;
12.     }
13.     return tmp;
14. }
15. int main() {
16.     int x=5, y=6, rst;
17.     double dx=5.6, dy=7.8, drst;
18.     char ch;
19.     cin >> ch;
20.
21.     rst = calc(x, y, ch);
22.     cout << x << ch << y << "=" << rst << endl;
23.
24.     drst = calc(dx, dy, ch);
25.     cout << dx << ch << dy << "="
26.         << drst << endl;
```

```
27.
28.    return 0;
29. }
```

■ 실행결과

```
"D:WCPPEXWCHAP15Wch15_1_4WDebugWch15_1_4.exe"

*
5*6=30
5.6*7.8=43.68
Press any key to continue
```

03번 줄의 템플릿 함수 선언에서 템플릿형 데이터는 1개이므로 typename T1 하나만 선언하였고 연산자를 위한 매개변수는 char로 지정해서 선언하고 있다. 여기서 템플릿형으로 사용되는 함수의 매개변수는 2개이지만 두 매개변수의 데이터형이 동일하므로 템플릿 선언시에 데이터형 선언인 typename T1과 같이 하나의 템플릿 데이터형만을 선언하였다.

15.2 템플릿 클래스

함수에 대해서 템플릿을 작성할 수 있다면 클래스에 대해서도 템플릿을 작성할 수 있다. 예를 들어 배열을 처리하는 클래스가 있을 때 정수형이나 실수형 또는 문자형에 대한 배열 처리를 한다면 각각의 데이터형에 따른 클래스를 따로 작성해서 사용해야 한다. 그러나 클래스를 템플릿으로 작성하면 멤버 변수의 데이터형에 관계없이 하나의 클래스로 여러 종류의 데이터형을 처리하는 것이 가능해진다.

클래스의 템플릿 클래스 선언 형식은 아래와 같다.

```
template <typename Ttype> class 클래스이름 {
    Ttype 변수명;
public:
    반환데이터형 멤버함수(매개변수)
}
```

Ttype은 자료형을 나타내며 만약 클래스 내에서 다른 데이터형을 갖는 멤버 변수가 필요하면 아래와 같이 콤마로 분리해서 다른 자료형을 추가해서 사용하면 된다.

```
<typename Ttype1, typename Ttype2, ....>
```

템플릿 클래스에 선언된 멤버 함수는 다음과 같은 형식으로 정의한다.

```
template <typename Ttype> 반환데이터형 클래스명<Ttype>::함수이름(매개변수)
{
    // 함수내용
}
```

또는

```
template <typename Ttype>
반환데이터형 클래스명<Ttype>::함수이름(매개변수) {
    // 함수내용
}
```

이렇게 클래스를 정의하고 나면 이제 템플릿 클래스의 객체를 선언해서 사용해야 한다. 템플릿 클래스의 객체 선언 형식은 아래와 같다.

```
클래스명 <Ttype> 객체명(매개변수);
```

[예제 15-5]는 두 개의 멤버 변수를 갖는 간단한 템플릿 클래스 예제이다.

◎》 [예제 15-5] ch15_2_1.cpp

```cpp
1.  #include <iostream>
2.  using namespace std;
3.  template <typename T1> class sample{
4.      T1 mx, my;
5.  public:
6.      sample() {
7.          mx=0; my=0;
8.      }
9.      sample(T1 x, T1 y);
10.     T1 getX();
11.     T1 getY();
12.     void setXY(T1 x, T1 y);
13. };
14. template <typename T1>
15. sample<T1>::sample(T1 x, T1 y) {
16.     mx = x;    my = y;
17. }
18. template <typename T1> T1 sample<T1>::getX() {
19.     return mx;
20. }
21. template <typename T1> T1 sample<T1>::getY() {
22.     return my;
23. }
24. template <typename T1>
25. void sample<T1>::setXY(T1 x, T1 y) {
26.     mx = x;    my = y;
27. }
28. int main() {
29.     int x=10, y=20;
30.     double dx=10.5, dy=20.6;
31.
32.     sample<int> sm1;
33.     sample<double> sm2(dx, dy);
34.
35.     sm1.setXY(x, y);
36.     cout << "sm1 => " << " x : " << sm1.getX()
37.         << "  y : " << sm1.getY() << endl;
```

```
38.
39.    cout << "sm2 ==> " << " x : " << sm2.getX()
40.       << "   y : " << sm2.getY() << endl;
41.    return 0;
42. }
```

■ 실행결과

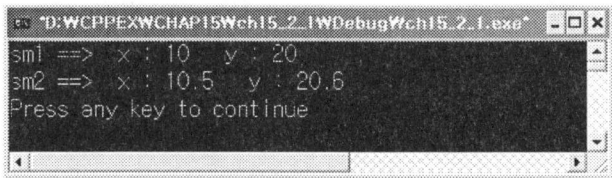

04번 줄에서는 템플릿 클래스의 멤버 변수 mx와 my가 데이터 형 T1로 선언되고 있는데 둘 다 같은 데이터 형이므로 T1을 사용해서 선언되었다. 그리고 09번~12번 줄까지는 클래스의 멤버 함수들이 선언되어 있다. 멤버 변수 값을 반환하는 멤버 함수 getX()와 getY()는 반환형 데이터로 T1을 사용하였고 멤버 변수 값을 설정하는 setXY() 함수는 매개변수로 데이터형 T1을 사용하여 선언되었다.

각 멤버 함수의 실행 내용을 정의하기 위해서는 14번~27번 줄에서와 같은 형식을 사용하여 정의하면 된다.

이렇게 작성된 템플릿 클래스의 사용에서 객체 선언은 32번이나 33번 줄에서와 같이 템플릿 객체에 적용할 데이터형을 함께 적어주면 된다. 그러면 객체 sm1의 멤버 변수들의 데이터형은 int 형이 되고 객체 sm2의 멤버 변수들의 데이터형은 double 형이 된다.

15.2.1 데이터 형이 하나 이상인 경우의 템플릿 클래스

템플릿 클래스에서 데이터 형이 하나 이상인 경우는 template 선언 시에 콤마로 분리해서 사용할 모든 데이터 형을 선언하면 된다.

[예제 15-6]은 두 개의 데이터 형을 갖는 예제 프로그램이다.

>> **[예제 15-6] ch15_2_2.cpp**

```cpp
1.  #include <iostream>
2.  using namespace std;
3.  template <typename T1, typename T2>
4.  class sample {
5.      T1 mx;
6.      T2 my;
7.  public:
8.      sample() {
9.          mx = 0;   my = 0;
10.     }
11.     sample(T1 x, T2 y) {
12.         mx = x; my = y;
13.     }
14.     T1 getX();
15.     T2 getY();
16.     void setXY(T1 x, T2 y);
17. };
18. template <typename T1, typename T2>
19. T1 sample<T1, T2>::getX() {
20.     return mx;
21. }
22. template <typename T1, typename T2>
23. T2 sample<T1, T2>::getY() {
24.     return my;
25. }
26. template <typename T1, typename T2>
27. void sample<T1, T2>::setXY(T1 x, T2 y) {
28.     mx = x;     my = y;
29. }
30. int main() {
31.     int x = 10;
32.     double y = 20.5;
33.
34.     sample<int, double> sm;
35.
36.     sm.setXY(x, y);
37.     cout << "mx : " << sm.getX()
```

```
38.                   << " my : " << sm.getY() << endl;
39.    return 0;
40. }
```

■ 실행결과

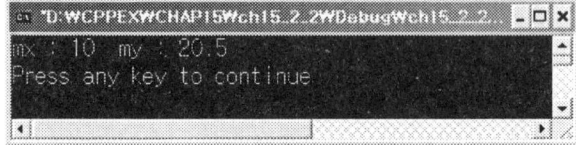

03번 줄에서는 서로 다른 데이터 형을 2개 사용하기 위해서 템플릿 클래스 선언 시에 typename을 2개 사용했다. 그리고 각각의 멤버 변수의 데이터형은 T1과 T2를 사용해서 선언하고 각 멤버 함수에서 이 데이터 형을 사용해서 함수의 내용을 정의하면 된다.

18번~21번 줄은 getX() 함수를 정의하고 있는데 이 함수는 멤버 변수 mx의 값을 반환하는 함수이다. 두 개의 멤버 변수 값을 설정하는 함수 setXY()는 매개변수로 두 개의 데이터 형 T1과 T2를 사용하였다.

34번 줄은 템플릿 클래스에 대한 객체를 선언하고 있다. 여기서 정의된 템플릿 클래스가 두 종류의 데이터 형을 사용하고 있기 때문에 객체 선언 시에 사용할 데이터형을 〈int, double〉 등과 같이 나타내 주어야 한다. 그렇게 하면 템플릿 클래스의 T1은 int형이 되고 T2는 double 데이터 형으로 결정되어 템플릿 클래스를 사용하게 된다.

15.2.2 배열 데이터형을 가진 템플릿 클래스

데이터형이 배열일 경우에는 어떻게 템플릿 클래스를 작성하는가에 대해서 예제를 통해 생각해 보자

⟫ [예제 15-7] ch15_2_3.cpp

```
1.  #include <iostream>
2.  using namespace std;
3.  template <typename T1> class sample2 {
```

```
4.      T1 arr[5];
5.  public:
6.      sample2(T1 a);
7.      void getArr(T1 *b, int &n);
8.  };
9.  template <typename T1>
10. sample2<T1>::sample2(T1 a) {
11.     for(int i=0; i<5; i++) {
12.         arr[i] = a;
13.     }
14. }
15. template <typename T1>
16. void sample2<T1>::getArr(T1 *b, int &n) {
17.     n = 5;
18.     for(int i=0; i<5; i++) {
19.         b[i] = arr[i];
20.     }
21. }
22. int main() {
23.     sample2<int> sm1(5);
24.     int ar[5], n;
25.     sm1.getArr(ar, n);
26.     cout << "ar ==> ";
27.     for(int i=0; i<n; i++) {
28.         cout << ar[i] << "   ";
29.     }
30.     cout << endl;
31.     return 0;
32. }
```

■ 실행결과

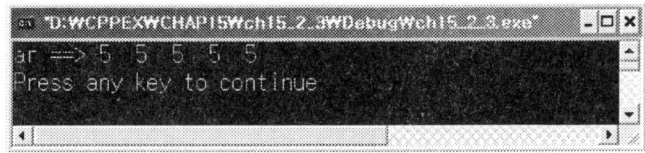

04번 줄과 같이 데이터 형을 T1로 해서 배열을 선언하면 템플릿 클래스의 데이터 형으로 배열을 사용하게 된다. 09번~14번 줄에서는 배열 멤버 변수에 매개변수로 전달 받은 값을 할당하고 있다. 15번~21번 줄은 클래스의 배열 멤버 변수 값을 반환하기 위한 함수이다. 이 함수는 매개변수에서 배열의 값을 전달받기 위해 T1 데이터형을 포인터로 사용하고 배열의 크기 값을 반환받기 위해서 정수형 데이터 n을 참조형으로 사용하고 있다. 이 함수에서 배열의 크기를 반환받기 위해 사용하고 있는 매개변수 n은 클래스의 멤버 변수와 무관하므로 템플릿의 데이터 형으로 선언하여 사용할 필요가 없다.

15.3 템플릿에서 디폴트 값 사용하기

함수의 매개변수의 값을 디폴트로 설정해 놓으면 매개변수의 값을 지정하지 않고 함수를 호출할 때 지정된 디폴트 값을 사용하게 된다. 이와 같은 방법을 템플릿 클래스의 데이터형 지정에 사용할 수 있다. 즉 템플릿 클래스의 객체를 선언할 때는 클래스의 데이터형을 지정해 주어야 한다. 그러나 클래스의 데이터형을 지정하지 않아도 디폴트로 데이터 형이 지정되어 사용될 수 있도록 디폴트 인수를 정의하여 사용할 수 있다. 사용 형식은 아래와 같이 템플릿 작성 시에 처음부터 지정해 주면 된다.

```
template <typename T1 = 데이터형> class 클래스이름
```

위와 같이 typename T1 선언시에 데이터 형을 지정해 주면 된다. 이렇게 하면 템플릿 객체 선언시에 데이터형을 지정하지 않고 <>만 나타내어도 디폴트 데이터 형이 지정된다.

[예제 15-8]은 [예제 15-7]을 디폴트 인수를 사용하여 수정한 것이다.

>> [예제 15-8] ch15_3_1.cpp

```
1.  #include <iostream>
2.  using namespace std;
3.  template <typename T1 = int> class sample2 {
```

```
4.      T1 arr[5];
5.  public:
6.      sample2(T1 a);
7.      void getArr(T1 *b, int &n);
8.  };
9.  template <typename T1>
10. sample2<T1>::sample2(T1 a){
11.    for(int i=0; i<5; i++) {
12.       arr[i] = a;
13.    }
14. }
15. template <typename T1>
16. void sample2<T1>::getArr(T1 *b, int &n) {
17.    n = 5;
18.    for(int i=0; i<5; i++) {
19.       b[i] = arr[i];
20.    }
21. }
22. int main() {
23.    sample2<> sm1(5);
24.    int ar[5], n;
25.    sm1.getArr(ar, n);
26.    cout << "ar ==> ";
27.    for(int i=0; i<n; i++) {
28.    cout << ar[i] << "  ";
29.    }
30.    cout << endl;
31.    return 0;
32. }
```

■ 실행결과

이 예제는 [예제 15-7]에서 디폴트 데이터형을 나타내기 위해서 03번 줄에서와 같이 디폴트 데이터형 int를 지정해 주었다. 23번 줄에서 객체 선언 시에 데이터형을 지정하지 않고 〈〉와 같이 나타내었다. 이렇게 하면 디폴트로 선언되었던 정수형 데이터를 사용하게 된다.

15.4 템플릿의 인스턴스화와 구체화

작성된 템플릿 함수나 템플릿 클래스를 사용하기 위해서 특정 데이터 형의 함수를 선언하거나 템플릿 클래스의 객체를 선언하여 사용할 수 있도록 만드는 것을 템플릿 인스턴스화(template instantiation)라고 한다. 일반적으로 특정 데이터형의 인스턴스를 위한 내용을 작성하지 않고 템플릿 함수를 정의하여 사용하고 있다. 이런 경우는 템플릿 함수나 템플릿 클래스를 사용할 때 자동으로 컴파일러에 의해서 인스턴스화가 실행되는 것이다. 이러한 것을 묵시적 인스턴스화라고 한다. 그러나 데이터형에 대해서는 인스턴스화를 만들어 내도록 명시적으로 선언하여 사용하는 것이 가능하다.

[예제 15-9]에서 보듯이 두 수 중에서 큰 수를 반환하는 함수의 경우에 각 데이터형에 대한 인스턴스화를 선언하지 않아도 묵시적으로 실행되지만 정수형 데이터에 대해서는 명시적으로 인스턴스화를 선언하여 사용할 수 있다.

▶▶ [예제 15-9] ch15_4_1.cpp

```
1.  #include <iostream>
2.  using namespace std;
3.  template <typename T1> T1 max(T1 a, T1 b) {
4.      if (a > b)    return a;
5.      else                    return b;
6.  }
7.  template int max(int a, int b);
8.  int main() {
9.      int x = 5, y = 6, z;
10.     z = max(x, y);
```

```
11.    cout << "큰수 : " << z << endl;
12.    return 0;
13.  }
```

■ 실행결과

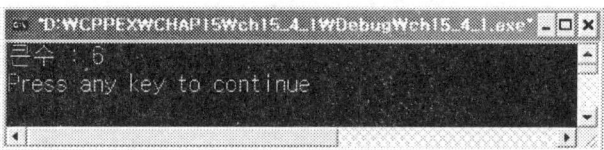

07번 줄에서 보면 정수형에 대한 max 템플릿 함수를 명시적으로 선언한 것을 볼 수 있다. 이런 경우에 다른 데이터형은 컴파일러에 의해 자동으로 인스턴스화가 실행되지만 정수형에 대해서는 07번 줄에서 선언된 것을 사용하여 인스턴스화가 실행된다.

클래스의 명시적 인스턴스화는 다음과 같이 간단히 기술할 수 있다.

```
template <typename T1> class Sample {...};
template class Sample<int>;
```

이것은 Sample이라는 템플릿 클래스가 있을 때 데이터형 int에 대한 명시적 인스턴스화를 명시하고 있는 예제이다.

이와 같이 특정 데이터형에 대한 인스턴스화를 별도로 선언할 수 있다. 그런데 인스턴스의 선언 뿐만 아니라 특정 데이터형에 대해서 실행 내용을 별도로 작성하는 것도 가능하다. 이것을 전문화(specialization)라고 한다. 이것은 함수뿐만 아니라 클래스에 대해서도 동일하게 적용될 수 있다.

예를 들어 두 수를 더하는 템플릿 함수에 주어진 데이터가 문자형인 경우에는 정수형이나 실수형 데이터처럼 더하는 연산을 수행하는 것보다는 다른 실행 내용을 정의해 주는 것이 좋을 것이다. 이러한 경우에 문자형 데이터에 대해서 템플릿의 전문화를 적용할 수 있을 것이다.

[예제 15-10]은 문자형에 대한 실행 내용만을 다르게 적용한 템플릿 함수의 예제이다.

≫ [예제 15-10] ch15_4_2.cpp

```cpp
1.  #include <iostream>
2.  using namespace std;
3.
4.  template <typename T1> T1 add(T1 n1, T1 n2) {
5.      T1 tmp;
6.      tmp = n1 + n2;
7.      return tmp;
8.  }
9.  template <> char add(char c1, char c2) {
10.     char tmp;
11.     tmp = '0';
12.     cout << "문자의 덧셈은 실행할 수 없습니다."
13.         << endl;
14.     return tmp;
15. }
16.
17. int main() {
18.     int x=10, y=20, z;
19.     double dx=10.5, dy=20.3, dz;
20.     char ch1='a', ch2='b', ch3;
21.
22.     z = add(x, y);
23.     cout << "z : " << z << endl;
24.
25.     dz = add(dx, dy);
26.     cout << "dz : " << dz << endl;
27.
28.     ch3 = add(ch1, ch2);
29.     cout << "ch3 : " << ch3 << endl;
30.
31.     return 0;
32. }
```

■ 실행결과

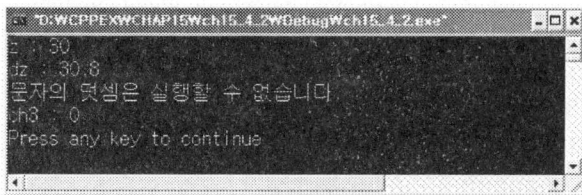

04번~08번 줄에는 하나의 데이터형을 갖고 두 개의 매개변수를 전달받아 매개변수 값을 더한 후 그 값을 반환하는 템플릿 함수가 작성되어 있다. 이 템플릿 함수는 데이터형에 관계없이 매개변수로 전달받은 두 데이터를 더한 후 그 결과를 반환할 것이다.

그런데 09번~15번 줄과 같이 char 데이터형을 위한 템플릿 함수를 별도로 작성해 주면 데이터형이 문자형일 경우에는 04번~08번 줄에서 정의한 함수가 실행되지 않고 문자 데이터를 위해 별도로 작성해 놓은 09번~15번 줄의 함수 내용이 실행된다.

실행결과를 보면 문자를 매개변수로 전달받은 함수는 09번~15번 줄에 있는 내용을 실행한 것을 볼 수 있다.

CHAPTER **16**

객체지향 프로그램 개발

1장에서 우리는 객체지향 프로그래밍에 대한 기본적인 개념을 간략하게 학습하였다. 이 장에서는 몇 가지 사례를 통해 객체지향 프로그램 개발에 대한 내용을 살펴보기로 한다. 먼저, 기본적인 개념을 사례를 통해 간략히 설명하고 프로그램을 통해 객체지향 프로그램의 설계 및 구현에 대해 자세히 알아보기로 한다.

16.1 객체지향 프로그램 설계

객체지향 프로그램은 모든 것이 객체에 대한 설계로 시작한다고 할 수 있다. 객체는 메시지를 통해 교신할 수 있는 블랙박스로 이해할 수 있다. 블랙박스는 그 자체로 완성된 구조를 가지고 있다고 할 수 있다. 이는 프로그램을 이루고 있는 모든 것이 그 안에 있다는 의미가 된다. 즉, 처리 대상이 되는 자료가 있고 그것을 처리하는 코드가 함께 있다는 뜻이다. 데이터와 코드가 분리되어야 한다는 기존의 프로그래밍 모델에서 데이터와 코드가 함께 구성되어 객체를 이루는 새로운 모델로 프로그래밍 기법이 발전한 것이다.

이렇게 객체를 하나의 단위로 묶어 설계하는 것의 가장 큰 장점은 단위 별로 개발할 수 있다는 프로그램 작성 과정의 간결함과 용이함이다. 또한 객체가 하나의 단위로 포장되어 있어 내부에 있는 데이터가 외부에 쉽게 노출되지 않아 외부로부터 의도되지 않게 수정되거나 훼손되는 것을 방지할 수 있다.

이와 같은 객체들의 모음으로 프로그램이 구성되지만 단순 모음으로는 문제를 해결할 수 없다. 즉 이들을 연결하고 상호 동작할 수 있게 하는 메시징 방법이 필요하다. 따라서 객체지향 프로그래밍이란 객체들을 정의하고 이들 사이의 상호작용을 제공함으로 프로그램을 구성하는 것으로 요약된다.

이런 장점 및 특징을 활용하기 위해서는 문제 해결의 시작 단계부터 객체지향적 개념으로 접근해야 할 필요가 있다. 예로, 자동차 운전을 객체지향 프로그램으로 설계해보자. 먼저 객체를 정의해야 한다: 자동차, 운전자, 신호등, 보행자 등으로 정의해야 할 것이다. 자동차는 속도계가 있어 속도를 유지할 수 있다. 운전자는 액셀러레이터를 밟거나 놓음으로 원하는 속도를 조정할 수 있다. 신호등은 일정시간에 변하게 되어 있어 자동차를 멈추게 하거나 지나가게 할 수 있다. 보행자는 운전자에게 횡단하고 있음을 알려줄 수 있고 운전자는 운행을 통해 보행자에게 정지 여부를 알려 줄 수 있다. 이와 같이 운행에 필요한 객체들의 모음을 통해 필요한 객체들을 정의할 수 있으며 객체들 간의 상호 작용을 도표로 표현할 수 있다. 이 과정에 대한 그림이 [그림 16-1]에 표시되어 있다.

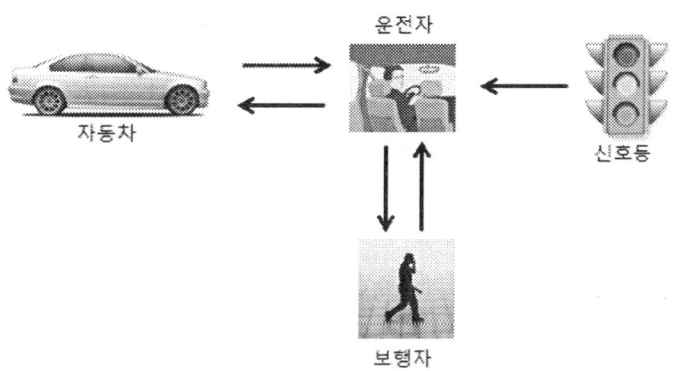

[그림 16-1] 자동차 운행 객체

[그림 16-1]은 전체적인 객체의 구성과 이들의 상호관계를 표현한 것이다. 신호등에서 신호를 변화시키면 운전자가 이를 인식한다. 이는 신호등 객체가 운행 메시지를 운전자 객체에게 보내는 효과이다. 운전자는 이 신호(메시지)를 받아 가속을 할 지, 감속을 할지, 아니면 브레이크를 밟아 정지할 지 여부를 결정한다.

이런 결정이 이루어지면 자동차의 엑셀 페달이나 브레이크 페달을 눌러 자동차 객체에게 신호(메시지)를 준다. 자동차는 이 메시지를 받아 속도를 조절하게 된다. 변화된 속도는 속도계를 통해 운전자에게 전달된다. 그 속도계의 속도를 운전자 객체는 메시지로 받아 속도를 조절하게 된다. 또한 보행자가 거리에 있을 경우 보행자 객체는 운전자에게 메시지를 전달하고 이에 따라 운전자는 대응하게 된다. 보행자 객체는 다가오는 자동차를 통해 메시지를 받을 수 있다. 운행하는 자동차가 없더라도 보행자는 신호등을 통해서 메시지를 받을 수 있고 이에 대응하여 횡단여부를 결정하고 시행하게 된다.

이제 각각의 객체들을 어떻게 정의하며, 이들이 어떻게 상호작용하는 지를 설명하면서 객체지향 프로그래밍 설계에 대하여 설명할 것이다. 객체지향 프로그래밍의 구성 요소로는 다음과 같은 것들이 있다:

① 클래스

② 객체와 메소드

③ 메시지

④ 상속

⑤ 추상화

⑥ 캡슐화

⑦ 다형성

앞선 장에서 이미 이들에 대해 설명이 되었지만 여기서 이들을 실제 사례에 비추어 다시 요약하기로 한다.

16.2 클래스, 객체, 메소드

16.2.1 클래스

앞에서 논의한 자동차 운행을 위해 사용한 객체는 실세계에서 나타나는 사례를 구체화한 것으로 볼 수 있다. 이런 실세계 객체를 정의하기 위해서는 클래스를 사용한다. 클래스는 객체에 대한 템플릿으로 볼 수 있다. 예로, 자동차는 자동차 클래스를 정의하여 표현한다. 자동차에 대한 여러 가지 속성으로 자동차 클래스를 정의할 수 있고 자동차의 특정 행위를 구현하는 몇 가지의 멤버 함수로 클래스를 정의할 수 있다.

자동차 속성으로는 자동차의 특징을 나타내는 여러 요소들을 고려할 수 있다. 속도, 기어 단수, 제작년도, 제작업체, 모델명, 색상, 가격, 변속장치 형태, 단위 연료 당 주행 거리 등을 나열할 수 있을 것이다. 이들을 자동차 클래스의 필드 또는 속성이라 부른다. 일반적으로 데이터 부분을 표현하는데 속성을 사용한다. 이 데이터 부분을 처리하고 변경시키는 부분을 메소드라 부른다. 가속시켜 속도를 증가시키는 accelerate(), 감속시키는 decelerate(), 기어 단수를 변경시키는 changeTransmissionGear(), 정지시키는 stop()

들이 자동차 클래스의 메소드에 속한다. [그림 16-2]는 자동차 클래스인 car 클래스 정의
를 보여준다.

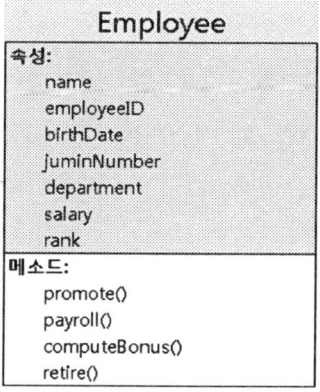

car

속성:
    speed
    engineGear
    year
    make
    model
    color
    price
    autoManual
    milage
메소드:
    accelerate()
    decelerate()
    changeTransmissionGear()
    stop()

[그림 16-2] 자동차 클래스 정의

일반 기업체에서 사용하는 고용인 객체를 기반으로 고용인 클래스를 설계해 보자. 자동
차 클래스의 경우와 마찬가지로 속성과 메소드로 구분하여 클래스를 구성한다. 고용인
에 대한 속성으로 이름, 고용인 ID, 생년월일, 주민번호, 근무 소속 과, 급여, 직급, 등을
나열 할 수 있다. 메소드에는 승진에 관계하는 promote(), 급여 계산을 통해 월별 급여를
산출하는 payroll(), 상여금 계산하는 computeBonus(), 퇴직시 처리되는 retire() 등을 나
열할 수 있다. [그림 16-3]은 고용인에 대한 클래스 정의를 보여준다.

Employee

속성:
    name
    employeeID
    birthDate
    juminNumber
    department
    salary
    rank
메소드:
    promote()
    payroll()
    computeBonus()
    retire()

[그림 16-3] 고용인 클래스 정의

16.2.2 객체와 메소드

객체는 클래스에 의해 구체적으로 정의된다. 객체에 대한 모든 것들이 자세히 나열되어 하나의 클래스를 정의하게 된다. 객체는 클래스의 개별 사례라고 부른다. 이 개별 사례를 인스턴스라 부르기도 한다. 자동차 클래스에서 본인이 소유한 자동차를 객체로 생성했을 경우에 생성된 자동차 클래스 객체 myCar를 [그림 16-4]에 나타내었다. 각 속성에 적절한 값이 배정되어 있음을 볼 수 있다. 메소드인 accelerate()는 speed 속성의 값을 증가시키는 기능을 할 것으로 예상된다.

```
              myCar
속성:
      speed       : 60
      engineGear  : 'D'
      year        : 2010
      make        : "Kia"
      model       : "K5"
      color       : "Black"
      price       : 2500
      autoManual  : 'A'
      milage      : 12
메소드:
      accelerate()
      decelerate()
      changeTransmissionGear()
      stop()
```

[그림 16-4] myCar 객체

[그림 16-5]는 고용인 객체를 하나 생성했을 경우 만들어진 hong123456 이라는 이름의 객체를 표시한 것이다. 각 속성에 표기된 값들을 통해 Hong Gil Dong 이라는 직원의 상세 정보가 수록되어 있고 이 직원의 승진에 관한 처리는 promote() 메소드에서 이루어질 수 있다. 매월 급여 계산은 payroll() 메소드에서, 상여금 계산은 computeBonus() 메소드에서, 퇴직시 처리되는 업무는 retire() 메소드에서 이루어진다고 말할 수 있다.

```
                        hong123456
            ┌─────────────────────────────────────┐
            │ 속성:                                 │
            │    name          : "Hong Gil Dong"    │
            │    employeeID     : 123456            │
            │    birthDate      : "1985-01-23"      │
            │    juminNumber   : "123456-7890123"   │
            │    department     : "Research"         │
            │    salary         : 4500              │
            │    rank           : "PM"              │
            ├─────────────────────────────────────┤
            │ 메소드:                               │
            │    promote()                         │
            │    payroll()                         │
            │    computeBonus()                    │
            │    retire()                          │
            └─────────────────────────────────────┘
```

[그림 16-5] 직원 객체

16.3 자동차 운행 시 클래스와 객체

객체와 객체 사이에 상호작용을 도와주는 것으로 메시지 전달을 이용하는 방법이 있다.
자동차 클래스 객체인 myCar의 accelerate() 메소드가 어떤 방식으로 호출되는지를 살펴
보자. 먼저 3가지 클래스가 정의되어 있다고 가정한다:

```
class TrafficLight
class Car
class Driver
```

가가은 앞에서 설명한대로 신호등 클래스, 자동차 클래스, 운전자 클래스를 정의한 것이
다. 각 클래스에 해당하는 객체 이름은 다음과 같다:

```
TrafficLight  tLight;
Car           myCar;
Driver  driverKim;
```

신호등 객체는 일반적으로 3가지 값을 갖는 것으로 가정할 수 있다. 따라서, Light 타입 을 다음과 같이 정의한다.

```
enum Light {GREEN, YELLOW, RED};
```

enum Light은 3가지 값을 가질 수 있다. tLight 객체의 초기값은 RED 이라고 가정한다. 이를 위해 생성자 함수를 통하여 초기값을 RED로 설정할 수 있다. 자동차를 정지 상태 로 초기화 한다. 클래스 TrafficLigth에 대한 정의는 [예제 16-1]에 작성되어 있다.

>> [예제 16-1] 클래스 TrafficLight

```
 1. enum Light {GREEN, YELLOW, RED} ;
 2.
 3. class TrafficL {
 4.     enum Light color;
 5. public:
 6.     TrafficLight() {
 7.         color = RED;
 8.     }
 9.     enum Light getColor() {
10.         return color;
11.     }
12.     void changeColor(enum Light col) {
13.         color = col;
14.     }
15. };
```

01번 줄은 enum 타입으로 Light를 3가지 값 중의 하나를 갖는 것으로 정의하였다. 신호 등 클래스는 3가지 값 중 하나의 color 속성을 갖는다. 생성자 함수자 06번 줄에 정의되 어 있다. 이 생성자 함수에서는 객체가 생성될 때 color 가 초기값으로 RED가 되도록 설 정하였다. 현재의 신호등 색을 알아보려면 09번 줄에서부터 11번 줄에 작성한 getColor() 함수를 이용하여 현재 색을 확인할 수 있다. 다음 메소드 changeColor()는 신 호등이 현재의 색에서 다른 색으로 변할 때 새로운 색으로 설정하는 메소드를 정의하는 것이다. 이 메소드는 새로운 색을 파라미터로 요구한다. 이 파라미터로 신호등 객체의 색이 새로이 설정된다.

자동차 클래스 Car는 속도라는 속성을 가지고 있다. 앞에서 기술한 Car에서 필요한 속성인 speed 만 남기고 나머지는 제외시킨다. 자동차 클래스 Car 대한 정의는 [예제 16-2]에 기술되어 있다.

speed 속성은 02번 줄에 정의되어 있다. 04번∼ 06번 줄에는 생성자 함수인 Car (int sp)가 정의되어 있다. 이 생성자 함수는 초기 속도를 설정하는 역할을 담당한다. 초기값으로 0을 설정할 예정이다. getSpeed 멤버 함수는 현재의 자동차 속도 값을 반환한다. 현재 속도를 확인할 때 사용하는 메소드이다. 자동차 클래스에서 중요한 역할을 하는 메소드 함수는 accelerate(int sp) 함수이다. 이 메소드는 가속해서 올려야 하는 속도를 파라미터로 넘겨준다. 현재 자동차의 속도와 새로이 가속해서 올려야 하는 속도를 비교하여 현재 속도가 낮을 경우에 한해서 속도를 새로운 속도로 변경시킨다. 만일 현재 속도가 목적하는 속도보다 높은 경우, 메시지 "Can't accelerate"를 출력하게 된다.

》》 [예제 16-2] Car 클래스

```
 1.  class Car {
 2.      int speed;
 3.  public:
 4.      Car (int sp) {
 5.          speed = sp;
 6.      }
 7.      int getSpeed() {
 8.          return speed;
 9.      }
10.      void accelerate(int sp) {
11.          if (speed < sp)
12.              speed = sp;
13.          else
14.              cout << "Can't accelerate" << endl;
15.      }
16.  };
```

이제 운전자 클래스 Driver를 정의하여 보자. [예제 16-3]에 Driver가 정의되어 있다.

```
     >> [예제 16-3]
  1.  class Driver {
  2.     char name[20];
  3.  public:
  4.     Driver (char *n) {
  5.        strcpy_s(name, n);
  6.     }
  7.     char* getName() {
  8.        return name;
  9.     }
 10.     void accelPedal(TrafficLight tLight, Car &ca, int sp)       {
 11.        if (tLight.getColor() == GREEN) {
 12.           if (ca.getSpeed() < sp)
 13.              ca.accelerate(sp);
 14.        }
 15.        else
 16.           cout << "Can't move" << endl;
 17.     }
 18.  };
```

Driver 클래스는 운전자의 이름을 속성으로 가지고 있다. 생성자 함수에서는 이 이름 속성에 운전자의 이름을 배정한다. 운전자의 이름을 확인할 때 getName() 메소드를 이용한다. 운전자는 신호등 색이 GREEN인 경우에 진행할 수 있다. 또한 현재 자동차의 속도를 확인해야 한다. 이를 위해 신호등 객체에서 getColor() 함수를 호출하여 GREEN임을 확인해야 하고 자동차 객체에서 getSpeed()를 통해 현재의 속도를 확인해야 한다. 이 조건을 모두 확인하면, 자동차 객체에게 accelerate 메시지를 보내 속도를 원하는 일정 속도로 올리게 된다. 신호등 색이 GREEN이 아닌 경우에는 자동차를 움직여서는 안 된다. 이는 메시지 "Can't Move"로 처리한다.

16.3.1 메시지 전달 및 호출

세 개의 클래스 객체를 생성하고 이들 사이에 메시지를 전달하는 상호작용을 통해 자동차 운행이 어떻게 진행되는지 살펴보자. [그림 16-6]에 초기 3단계 과정이 표시되어 있다.

신호등 객체에서 신호등 색을 GREEN으로 바꿔보자. 신호등 객체의 색은 초기 값이 RED로 되어 있어 자동차 운행이 제한되어 있다. ①번 단계는 신호등 객체의 changeLight 메소드를 통해 현재의 신호등 객체의 색을 GREEN으로 바꾼다. 이는 운전자에게 메시지 형태로 전달되는 효과를 갖는다. ②번 단계에서 운전자인 driverKim 객체는 accelPedal(60) 메소드를 호출하게 된다. 이는 자동차 객체에서 accelerate 메소드를 호출하게 된다. accelerate 메소드가 호출되기 전에, 내부적으로 자동차 객체는 운전자에게 getSpeed()를 통해 자동차 객체의 현재 속도를 제공한다(③번 단계). 아직 accelerate 메시지가 전달되지는 않았다.

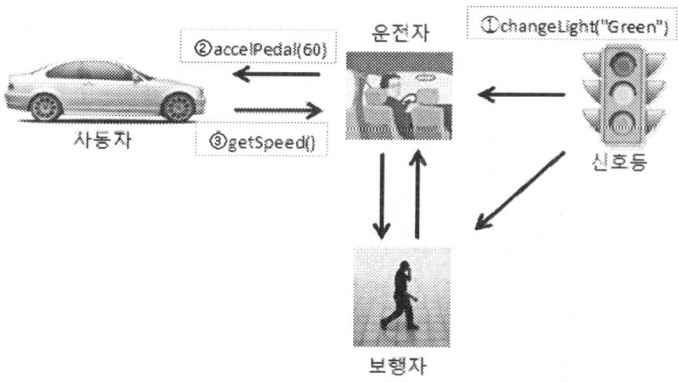

[그림 16-6] 자동차 운행 시 메시지 전달 과정 I

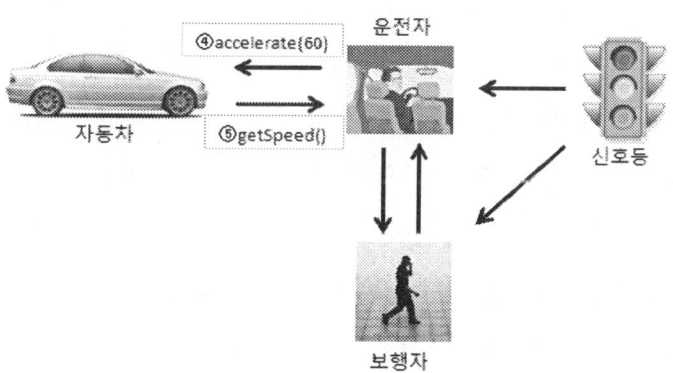

[그림 16-7] 자동차 운행 시 메시지 전달과정 II

[그림 16-7]은 이후 ④, ⑤ 단계를 보여 준다. ②, ③ 단계에서 GREEN 색 신호등이고 자동차 객체의 현재 속도가 원하는 속도보다 낮을 경우, ④번 단계에서 자동차에게

accelerate(60) 메시지를 전달한다. 자동차의 accelerate 메소드는 speed 속성을 60으로 바꾸게 된다. 이어서 ⑤번 단계에서 getSpeed()를 통해 메시지를 전달할 수 있다.

이 과정을 코드로 구성하게 되면 [예제 16-4]와 같은 코드가 작성된다.

》》 [예제 16-4]

```
1.  void main() {
2.      Driver driverKim("Kim");
3.      Car myCar(0);
4.      TrafficLight tLight;
5.
6.      tLight.changeColor(GREEN);
7.      driverKim.accelPedal(tLight, myCar, 60);
8.
9.      cout << driverKim.getName()
10.         << " is driving at " ;
11.     cout << myCar.getSpeed() << " km/hr" << endl;
12.     tLight.changeColor(RED);
13.     driverKim.brake(tLight, myCar);
14.     cout << driverKim.getName()
15.         << " is driving at " ;
16.     cout << myCar.getSpeed() << " km/hr" << endl;
17.  }
```

이 코드를 살펴보면 02번 ~ 04번 줄에 걸쳐 세 개의 객체를 생성하였다. 운전자 객체인 driverKim 객체는 "Kim"이라는 이름으로 생성될 것이며, 자동차 객체인 myCar는 초기 속도 값이 0으로 설정될 것이다. 신호등 객체인 tLight는 클래스 생성자를 통해 RED로 초기화 되어있다.

06번 줄에서 GREEN으로 신호등 색을 변경시켰으며 07번 줄에서 운전자 객체의 accelPedal 메소드를 호출하여 자동차를 운행하도록 하였다. accelPedal 메소드는 신호등 객체와 자동차 객체를 파라미터로 갖는다. 마지막 파라미터는 원하는 속도를 지정하는 목적으로 사용한다. 이 예제에서는 60 km/hr로 설정하였다. 09번, 10번 줄에서는 운전자 이름과 자동차 속도를 표시하였다. 12번 줄에는 신호등 색을 현재의 GREEN에서 RED로 변경하였다. 이렇게 변경되면 운전자 객체인 driverKim은 [예제 16-5]에서 보는

brake 메소드를 호출하여 속도를 0으로 설정하게 된다.

>> [예제 16-5] brake 메소드

```
1.  void brake(TrafficLight tLight, Car &ca) {
2.      if (tLight.getColor() == RED) {
3.          ca.stop();
4.      }
5.  }
```

brake 메소드는 자동차 객체의 stop 메소드를 호출하여 자동차의 속도를 0으로 설정한다. 결국, 자동차는 브레이크를 밟아 정지하는 효과를 갖게 된다. [예제 16-6]에서 보는 stop 메소드는 자동차 클래스 내에 정의한다.

>> [예제 16-6] stop 메소드

```
1.  void stop() {
2.      speed = 0;
3.  }
```

■ 실행결과

```
C:\Windows\system32\cmd.exe
Kim is driving at 60 km/hr
Kim is driving at 0 km/hr
계속하려면 아무 키나 누르십시오 . . . ▄
```

16.4 캡슐화, 추상화, 상속

자동차 운행 예제를 살펴보면 중요한 사실을 확인할 수 있다. 캡슐화를 통해 데이터가 보호되고 있다는 사실이다. speed 속성은 자동차의 고유한 속성으로 정의되어 있다. 운전자가 이 속성에 접근하는 것은 제한되어 있다. 따라서 이를 변경시킬 수 없는 것은 당연하다. 이를 변경시키기 위해서는 그 속성을 관장하고 있는 자동차 객체에게 요청해야 한다. 이를 접근할 수 있는 메소드로 accelerate()와 stop()이 있다.

speed 속성이 Car 클래스 내부의 private 부분에 보호되어 있기 때문에 접근이 제한될 수 있고 캡슐화의 목적을 잘 달성할 수 있게 된다. 결국 이와 같은 캡슐화를 통해 객체의 훼손을 막고 객체의 온전성(integrity)을 유지할 수 있다.

캡슐화의 또 다른 목적은 복잡한 과정을 숨기고 활용을 단순화하는 것이다. accelPedal 메소드는 운전자 클래스에서 정의되어 있으며 이것의 기능은 신호등 여부를 조사하고 현재의 자동차 속도를 점검하여 가속 여부를 결정하는 것이다. 이를 컴포넌트로 정의하였을 때, 외부의 사용자는 내부의 자세한 내용에 대해 잘 알지 못하더라도 가속 페달을 밟음으로 자동차의 속도를 변경시킬 수 있다는 사실을 근거로 자동차의 속도를 조절할 수 있다. 실제로, 자동차를 운전할 경우, 운전자는 연료 공급 과정이나 연료 소비 과정 등, 내부의 상세한 과정에 대해서는 알지 못해도 된다. 필요할 경우에 엑셀 페달을 밟고, 필요할 때 브레이크를 밟아서 자동차를 운행한다. 이처럼 객체지향 프로그래밍에서 캡슐화는 상세한 내용에 대해 알지 못하더라도 메소드 호출을 통해 필요한 역할을 수행하도록 하고 원하는 결과를 생산할 수 있게 만드는 장점이 있다.

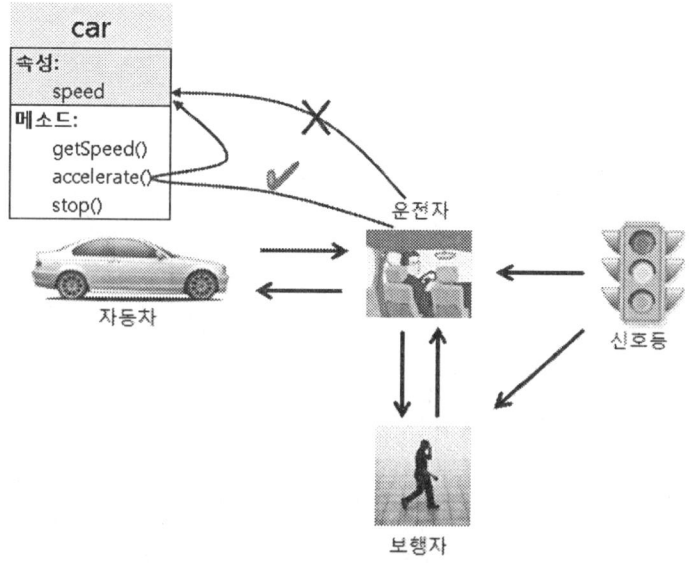

[그림 16-8] 캡슐화를 통한 보안

만일 자동차 클래스의 speed 속성을 private으로 정의하지 않고 public으로 정의한다면 캡슐화의 장점은 사라지게 된다. 이렇게 되면 운전자 객체에서 직접 speed를 접근할 수 있을 뿐만 아니라 그 외 다른 객체에서도 접근이 가능하다. 이 경우 외부에 노출된 speed는 캡슐화를 통한 보안의 장점을 상실하게 된다. 따라서 클래스를 정의할 때 중요한 정보나 데이터는 private 부분에서 정의하는 것이 일반적인 방법이다.

추상화는 불필요한 세부 사항을 제거하여 일정 수준에서 일반화시켜 개념을 단순화 시키거나 처리를 단순하게 하는 것 자체를 말한다. 특히 대규모의 프로그램을 개발할 때 이와 같은 추상화 과정은 매우 중요하게 된다. 추상화 과정은 개념의 계층을 만들어 적절한 수준의 개념에서 필요한 처리를 담당하게 하므로 상속과 밀접한 관계가 있다. 추상화 과정에서 필요한 개념은 일반화(generalizaion) 개념이다. 일반적인 개념이 상세화 과정을 거치면 계층적 개념구조가 만들어 진다. 고용인 클래스 예를 사용하여 계층적 개념구조를 살펴보자.

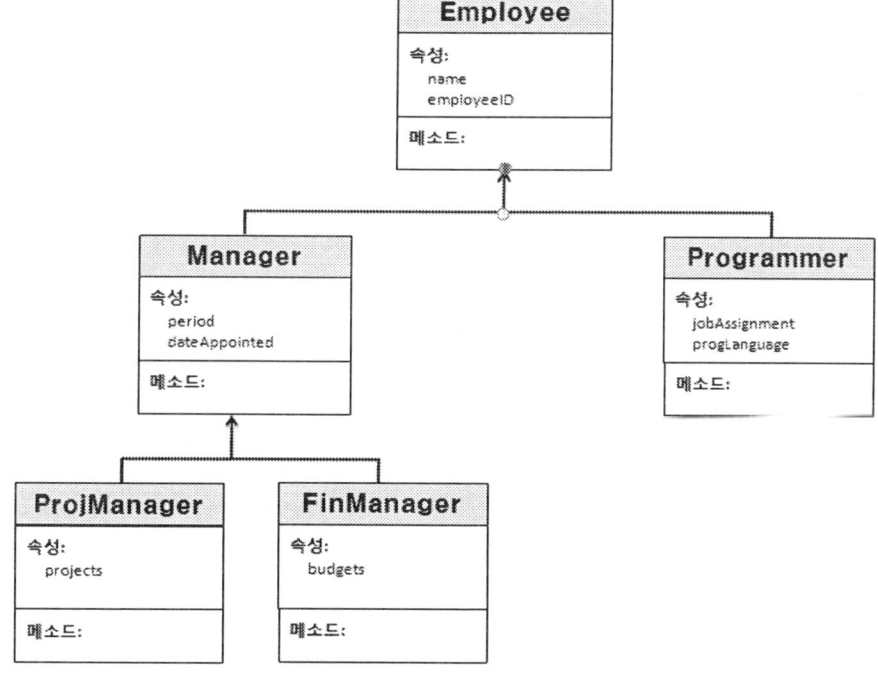

[그림 16-9] 고용인 클래스 계층구조

[그림 16-9]와 같이 Employee 계층의 객체는 고용인 이름이나 ID만을 다루는 수준의 개념 처리를 하는 반면 ProjManager 계층의 객체는 관여하고 있는 프로젝트에 관한 내용 등이 처리되어야 할 것이다. 즉 각 수준에 맞는 일정 수준의 추상화가 요구된다. 이처럼 추상화는 문제의 수준에 적합한 클래스 모델링을 통해 복잡한 문제를 단순화 할 수 있으며 필요할 때 필요한 수준의 속성이나 메소드 등을 활용할 수 있는 유연성을 제공한다.

계층 구조는 또한 상속 관계를 포함하고 있다. 즉 상위의 개념을 나타내는 상위 클래스 모델은 그 속성이나 메소드가 하위로 상속되어 재사용될 수 있으며 자기 자신에 맞는 속성이나 메소드를 추가하여 독립적인 클래스로 활용될 수도 있다. Manager 클래스는 다양한 세부 Manager로 확장될 수 있다. Manager 클래스에서 정의한 속성이나 메소드는 ProjManager나 FinManager 클래스에서 상속받아 활용될 수 있다. 동시에 ProjManager 자체내에서 요구되는 속성이나 메소드를 추가하여 클래스를 상세화 시킬 수 있다.

16.4.1 요약

이 장에서는 객체 지향적 요소를 분석하여 문제를 해결하는 방법에 대하여 사례를 통해 개발 과정을 살펴보았다. 문제를 객체지향적으로 분석하고, 이들 토대로 해당 클래스를 정의한 후 객체를 생성하였다. 메소드 호출을 통해 객체간의 상호작용을 일으켜 원하는 목적을 달성하는 과정을 배웠다. 클래스와 객체, 객체와 메소드 들의 관계와 이에 관련된 객체지향 개념들에 대해 자세히 알아보았다. 실제로 객체지향 프로그램을 개발할 때 이들 개념을 잘 이해한 상태에서 적절한 설계와 구현이 이루어지면 효과적인 프로그램 개발이 완성될 수 있다. 그렇지 않은 경우에는 객체지향적 개발 방법의 장점이 희석되거나 오히려 통상적인 구조적 프로그래밍 기법에 비해 비효율적인 결과로 이어질 수 있다. 따라서 객체지향적 관점에서 문제를 이해하고 분석하고, 설계 및 구현하는 방법에 익숙해져야 하며, 이를 토대로 저비용 고효율의 생산적인 소프트웨어 구축 방법을 잘 활용해야 한다.

C^{++} 객체지향 프로그래밍

초판 1쇄 인쇄   2013년 05월 05일
초판 1쇄 발행   2013년 05월 15일
지 은 이   김인국, 이계성
발 행 인   이범만
발 행 처   **21세기사** (제406-00015호)
          경기도 파주시 산남동 283-10 (413-130)
          Tel. 031-942-7861   Fax. 031-942-7864
          F-mail : 21cbook@naver.com
          Home-page : www.21cbook.co.kr
          ISBN 978-89-8468-481-2

정가 23,000원